UTB **2534**

Eine Arbeitsgemeinschaft der Verlage

Beltz Verlag Weinheim · Basel
Böhlau Verlag Köln · Weimar · Wien
Wilhelm Fink Verlag München
A. Francke Verlag Tübingen · Basel
Haupt Verlag Bern · Stuttgart · Wien
Verlag Leske + Budrich Opladen
Lucius & Lucius Verlagsgesellschaft Stuttgart
Mohr Siebeck Tübingen
C. F. Müller Verlag Heidelberg
Ernst Reinhardt Verlag München · Basel
Ferdinand Schöningh Verlag Paderborn · München · Wien · Zürich
Eugen Ulmer Verlag Stuttgart
UVK Verlagsgesellschaft Konstanz
Vandenhoeck & Ruprecht Göttingen
Verlag Recht und Wirtschaft Heidelberg
WUV Facultas Wien

Hansruedi Müller

Qualitätsorientiertes Tourismus-Management

Wege zu einer kontinuierlichen Weiterentwicklung

Haupt Verlag
Bern Stuttgart Wien

Prof. Dr. rer. pol. *Hansruedi Müller* (*1947) lehrt Freizeit und Tourismus an der Universität Bern/Schweiz und leitet seit 1989 das Forschungsinstitut für Freizeit und Tourismus (FIF). Seine wissenschaftliche Laufbahn begann er dort 1982 als Assistent bei Jost Krippendorf. Die wichtigsten praktischen Erfahrungen sammelte er während seiner langjährigen Karriere bei den Schweizerischen Bundesbahnen SBB.

Beim vorliegenden UTB handelt es sich um eine vollständige überarbeitete und erweiterte Neuauflage der im Jahre 2000 unter demselben Titel bei Haupt erschienen Hardcover-Ausgabe.

Bibliografische Information der Deutschen Bibliothek
Die Deutsche Bibliothek verzeichnet diese Publikation in der Deutschen Nationalbibliografie; detaillierte bibliografische Daten sind im Internet über <http://dnb.ddb.de> abrufbar.

ISBN 3-8252-2534-8

Alle Rechte vorbehalten
Copyright © 2004 by Haupt Berne
Jede Art der Vervielfältigung ohne Genehmigung des Verlages ist unzulässig
Printed in Germany

www.haupt.ch

Inhaltsverzeichnis

1 Qualitätsorientierung im Tourismus — 11
1.1 Qualitätsorientierung als Chance und Notwendigkeit — 12
1.2 Hoffnungen der Qualitätsoffensive — 14
1.3 Qualität als Kosten- oder Erfolgsfaktor — 14

2 Das Phänomen Qualität — 19
2.1 Qualitätsbegriff im Wandel — 20
2.2 Servicequalität — 22
   2.2.1 Das SERVQUAL-Modell — 23
   2.2.2 Das GAP-Modell — 29
2.3 Messung der Dienstleistungsqualität — 31
2.4 Qualität im Tourismus — 34

3 Qualitätsmanagement — 39
3.1 Geschichte des Qualitätsmanagements — 39
3.2 Der Begriff Qualitätsmanagement — 40
3.3 Grundsätze des Qualitätsmanagements — 43
3.4 Qualitäts-Steuerungsansätze — 45
3.5 Qualitätscontrolling — 46
3.6 Qualitätsmanagement als System — 48

4 Qualitätsmanagement-Ansätze — 53
4.1 Qualitätsmanagement-Konzepte — 53
4.2 ISO-Norm 9001 — 54
4.3 EFQM-Modell für Excellence — 57
4.4 Quality Awards — 63
   4.4.1 Malcolm Baldrige National Quality Award — 63
   4.4.2 European Quality Award — 64
   4.4.3 Schweizer Qualitätspreis für Business Excellence ESPRIX — 64
   4.4.4 Deming Preis — 64
4.5 2Q-Methode — 64
4.6 Kaizen — 66

5 Gästeorientierung 71

5.1	Ermittlung der Gästeerwartungen	71
5.2	Touristische Dienstleistungsketten	72
5.3	Festlegen von Qualitätsstandards	74
5.4	Weiterentwicklung der Qualitätsstandards	75
5.5	Reklamationsmanagement	76
	5.5.1 Bedeutung von Reklamationen	76
	5.5.2 Umgang mit Reklamationen	77

6 Qualitätsmanagement als Führungsaufgabe 81

6.1	Vorbildfunktion des Managements	81
6.2	Mitarbeiterorientierung	82
6.3	Organisation	85

7 Qualitätsoffensive im Schweizer Tourismus 89

7.1	Das 3-Stufen-Programm „Qualitätsmanagement im Schweizer Tourismus"	89
7.2	Qualitäts-Gütesiegel Stufe I	92
	7.2.1 Voraussetzungen zur Erlangung des Qualitäts-Gütesiegels Stufe I	93
	7.2.2 Serviceketten	94
	7.2.3 Qualitätsprofil	99
	7.2.4 Umgang mit Reklamationen	101
	7.2.5 Aktionsplan und Überprüfung der Ergebnisse	104
	7.2.6 Vorgehensschritte bei der Umsetzung	106
	7.2.7 Verfahrensgrundsätze	108
7.3	Qualitäts-Gütesiegel Stufe II	109
	7.3.1 Das Führungsprofil	110
	7.3.2 Das Basisprofil	113
	7.3.3 Die Mitarbeiterbefragung	117
	7.3.4 Die Gästebefragung	118
	7.3.5 Die Mystery-Person	120
	7.3.6 Der Auswertungsbericht – Das Qualitätshaus	122
	7.3.7 Der Aktionsplan	126
	7.3.8 Der Weg zum Gütesiegel	128

7.4	Qualitäts-Gütesiegel Stufe III	129
7.5	Evaluationen zum Qualitätsprogramm des Schweizer Tourismus	130

8 Qualitätsmanagement-Ansätze in der touristischen Praxis 133

8.1	Eine Branche auf dem Qualitätsweg	133
8.2	Schweizer Hotelklassifikation – Normen 2000	136
8.3	Qualitätsoffensive für Tourismusregionen in Bayern	139
8.4	Service-Initiative Südlicher Schwarzwald (D)	144
8.5	„Q for you" im Saastal	147
8.6	Qualität Plus Kleinwalsertal (A)	152
8.7	ISO-Zertifizierung der Tourismusorganisationen von Savognin/ Surses	155
8.8	Qualitätsstrategien für Destinationen	157
8.9	2Q-Zertifizierung für das Stella Hotel in Interlaken	159
8.10	European Quality Award für das Hotel Schindlerhof bei Nürnberg	164
8.11	ISO-Zertifizierung (9001 und 14001) des Hotels Inter-Continental in Zürich	168
8.12	ISO-Zertifizierung des Gasthofs Rössli, Werdenberg – Der Weg in einer Dreiergruppe	172
8.13	ISO-Zertifizierung der PILATUS-BAHNEN	175
8.14	ISO-Zertifizierung der railtour suisse sa	179

9 Öko-Management als partieller Qualitätsansatz 183

9.1	Begriffe	183
9.2	Unternehmens-ethische Denkmuster von Führungskräften	184
9.3	Dimensionen des Öko-Managements	186
9.4	Umweltmanagement-Systeme (UMS)	189
	9.4.1 Umweltmanagement-System nach ISO 14001	190
	9.4.2 Vergleich zwischen ISO 14001 und EMAS	195
	9.4.3 Umweltmanagement-System nach Green Globe	195
	9.4.4 Umweltmanagement-Systeme in der touristischen Praxis	197
9.5	Öko-Marketing	201
9.6	Öko-Gütesiegel	203

9.7		Transport-Energiebilanz	205
	9.7.1	Legitimierung der Transport-Energiebilanz	206
	9.7.2	Berechnungsgrundlagen und Ergebnisse	206
	9.7.3	Fazit	207
9.8		Aktuelle Situation der Umsetzung	210

10 Grundsätze auf dem Weg zu einer neuen Qualität im Tourismus 215

10.1	Erfolgsbausteine	216
10.2	Prioritäten unterschiedlicher Management-Zielsetzungen	217
10.3	Schritte auf dem Weg zu einem Total Quality Management	218

Literaturverzeichnis 225

Stichwortverzeichnis 231

Vorwort

Menschen, die Leistungen oder Produkte von ausserordentlich hoher Qualität anbieten, haben eine gemeinsame Eigenschaft: Sie sind beseelt vom Bestreben, die Qualität permanent weiterzuentwickeln. Unaufhaltsam interessieren sie sich für die Gästezufriedenheit, nähren ihre Entwicklungsvorstellungen, veredeln ihre Führungsqualitäten, animieren ihre Mitarbeitenden, vertiefen die Partnerschaften, überprüfen die Entscheidungen im Lichte ihrer nachhaltigen Wirkungen, fördern Innovationen und pflegen Details.

Touristiker mit genau diesen Qualitäten – Hoteliers und Bergbahnbetreiber, Gastronomen und Reiseveranstalter, Tourismusdirektoren und Skischulleiter – sind von einem „Qualitätsvirus" befallen, sie arbeiten stets an sich und nutzen gleichzeitig Managementmethoden, um die unterschiedlichen Qualitäten im Betrieb weiterzuentwickeln und das Erreichte abzusichern. Und weil sie es beseelt machen, haben sie Erfolg.

Wer sich auf den Qualitätsweg begibt, muss sich von einem Qualitätsvirus anstecken lassen. „Are you a Quality Junkie?", frage ich gerne Teilnehmer und Teilnehmerinnen an Qualitätsseminarien, denn um sich immer wieder zu motivieren, die Qualität der Dienstleistungen zu pflegen, sie zu hinterfragen und zu verbessern, ist eine gewisse Besessenheit notwendig.

Dieses Buch möchte aufzeigen, wie der Qualitätsweg ausgestaltet sein kann, welche Instrumente oder Hilfsmittel zur Verfügung stehen und wie sie anzuwenden sind. Möglichkeiten zur Umsetzung einer Qualitätskultur liegen vor allem in den Händen von Unternehmern und Unternehmerinnen. Von ihrer Ein- und Weitsicht, von ihrem Tun und Unterlassen hängt es ab, welche Entwicklung eingeschlagen wird. Die erwünschte Qualität wird aber nur dann möglich sein, wenn man selbst einen überzeugten und begeisterten Anfang macht. „Die kleine persönliche Revolution als Auftakt und Voraussetzung der grossen Veränderung", schrieb einmal Jost Krippendorf (1986, S. 85).

Im Jahr 2000 erschien die vorliegende Veröffentlichung als Hardcover-Version im Verlag Paul Haupt. Sie war nach relativ kurzer Zeit vergriffen. Ich habe sie deshalb vollständig überarbeitet, aktualisiert und in einzelnen Teilen erweitert. Zielpublikum und Kernbotschaft sind jedoch gleich geblieben, denn wer aufhört, besser zu werden, hört nach wie vor auf, gut zu sein.

Viele haben zu diesem Buch beigetragen. Persönlich danken möchte ich meinen Mitarbeitern und Mitarbeiterinnen, die durch ihre Vorbereitungs- und Forschungsarbeiten unzählige Denkanstösse und Inputs geliefert haben. Besonderen

Dank schulde ich auch Sabine Michel für die Durchsicht des ganzen Manuskriptes. Schliesslich möchte ich all jenen danken, bei denen ich – gebührend zitiert – geistige Anleihen aufgenommen habe. Ich habe versucht, sie nicht nur korrekt wiederzugeben, sondern sie zu interpretieren, auf den Tourismus zu übertragen oder weiterzuentwickeln. Ich hoffe, es ist mir gelungen.

Aus Gründen der sprachlichen Einfachheit und besseren Lesbarkeit habe ich auf eine durchgehende Verwendung der weiblichen und männlichen Form verzichtet. Zum Teil werden beide Formen verwendet, vorwiegend aber nur die männliche. Selbstverständlich sind immer beide Geschlechter gemeint. Ich bitte um Nachsicht.

Widmen möchte ich dieses Buch all jenen, die sich auf den Qualitätsweg begeben haben, sich weiterentwickeln möchten und Schritt für Schritt nach Höherem streben, im persönlichen wie auch im betrieblichen Bereich – ganz im Sinne von Kaizen. Ich hoffe, es werden viele sein.

Bern, im Winter 2003/04   Hansruedi Müller

1 Qualitätsorientierung im Tourismus

Alle scheinen sich einig zu sein: Qualität heisst das Schlüsselwort im Tourismus um den Jahrtausendwechsel. Total Quality Management (TQM) ist in aller Munde. „Qualität vor Quantität", „Qualitätsüber- statt Preisunterbietung", „Qualitätsbewusstsein", „Qualitätsoffensive" – so lauten die Parolen. Werden jedoch die Forderungen hinterfragt, wird offensichtlich: Hinter dem Qualitätsanspruch steckt eine Vielzahl von Vorstellungen, was Qualität bedeutet und was Qualitätsmanagement bewirken soll.

Die Diskussion um die Qualität ist nicht neu. Die Orientierung an einem qualitativen Wachstum wurde bereits Mitte der 80er-Jahre gefordert. Fischer (1985, S. 7) leitete sein Buch „Qualitativer Fremdenverkehr" mit der folgenden Feststellung ein: „Die touristische Entwicklung vollzieht sich in einem immer engeren Spannungsfeld von wirtschaftlichen, gesellschaftlichen und landschaftspolitischen Interessen. Die zunehmende (Über-)Erschliessung vieler Tourismusregionen führt zu einer weit verbreiteten Orientierungslosigkeit. Mit Blick auf die Zukunft wird so immer häufiger die Forderung nach qualitativem Fremdenverkehr laut."

Krippendorf/Müller (1986, S. 73) stellen im Synthesebericht zum MAB-Forschungsprogramm das qualitative Wachstum als erstrebenswertestes Entwicklungsszenario dar. Sie umschreiben das qualitative Wachstum als jede Zunahme der Lebensqualität, das heisst des wirtschaftlichen Wohlstandes und des subjektiven Wohlbefindens, die mit geringerem Einsatz an nicht vermehrbaren Ressourcen sowie abnehmenden Belastungen von Umwelt und Menschen erzielt wird.

Während Qualität in den 80er-Jahren primär eine volkswirtschaftliche und damit politische Dimension hatte, also eine Entwicklungsstrategie darstellte, wurde sie in der touristischen Betriebswirtschaft erst in den 90er-Jahren zu einem zentralen Thema. In seinem faszinierenden Buch „Qualität im Tourismus" kommt Kohl (1990, S. 154) zum Schluss: „Qualität im Tourismus ist auf allen Ebenen machbar. Und diese Qualität wird das Wettbewerbsinstrument Nummer eins in den kommenden Jahren – dem Jahrzehnt der Qualität. Ein harter Weg, der wieder Geld und persönlichen Einsatz kosten wird. Am teuersten wird es aber sein, nichts zu tun." Und er ruft allen Touristikern zu: „Qualität ist unsere Chance." Die Qualitätsorientierung am Ende des zwanzigsten Jahrhunderts löste damit die Marketingorientierung der 80er-Jahre, resp. die Produktions- und Verkaufsorientierung der 70er-Jahre ab. Orientierung heisst, dass innerhalb des gesamten Managements einem Aspekt eine besondere Aufmerksamkeit geschenkt wird, ohne jedoch die übrigen Aspekte zu vernachlässigen.

Abbildung 1: Management-Schwerpunkte im Zeitverlauf

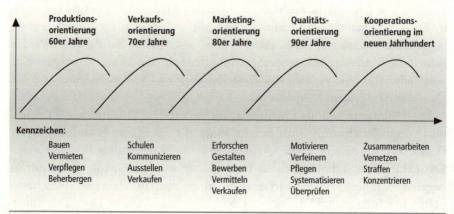

Quelle: In Anlehnung an M. Kohl: Qualität im Tourismus, Wien 1998, S. 22

1.1 Qualitätsorientierung als Chance und Notwendigkeit

Der qualitätsorientierte Managementansatz ist mehr als ein blosser Modetrend. Vielmehr gründet die Qualitätsoffensive einerseits in der tief schürfenden Krise, in der sich der Tourismus in vielen Regionen am Anfang der 90er-Jahre befand, andererseits in der hoffnungsvollen Chance, die dieser Ansatz bietet, nämlich sich von der Konkurrenz abzusetzen. Die hauptsächlichsten Ursachen für die Qualitätsoffensive sind wohl:

- *Zunehmende Konkurrenzierung:* Der Preiszerfall vor allem im Luftverkehr hat die Ferne immer attraktiver gemacht. Entwicklungsregionen haben den Tourismus zunehmend als wirtschaftlichen Rettungsanker entdeckt. Dies führte weltweit zu grossen Überkapazitäten in allen touristischen Teilbereichen. Der Tourismus in hoch entwickelten Volkswirtschaften gerät immer mehr unter Druck.

- *Zunehmende Rationalisierung:* Der Kostendruck zwang auch die Dienstleistungsbranche, Aufgaben möglichst rationell und vermehrt maschinell erledigen zu lassen. Damit wurde Qualität in vielen Serviceprozessen direkt durch das Management steuerbar. Zudem müssen persönlich erbrachte Dienstleistungen indirekt durch die Gestaltung von Abläufen und Umfeld der Mitarbeiter vermehrt beeinflusst werden (Bieger 1998b, S. 158).

- *Zunehmende Vermassung:* Kaufkraftstarke Individualgäste werden immer mehr durch den Massencharakter touristischer Angebote verdrängt. Im Zeitalter der Individualisierung führt dies zu Umsatz- und Rentabilitätsverlusten.

- *Neue Betriebsgrössen:* Mit zunehmender Betriebsgrösse ist es für das Management schwieriger, das Qualitätsverständnis eines Betriebes nur vorbildhaft zu prägen und es persönlich zu kontrollieren. Daher ist es wichtiger geworden, Qualität auch personenunabhängig zu definieren (Bieger 1998b, S. 158).

- *Abnehmende Attraktivität:* Im Zuge des rasanten touristischen Wachstums wurden viele ästhetische Sünden begangen. Natur und Kultur wurden freizeitgerecht zugerichtet, authentizitätslose Bauten entstanden, Eingriffe verunstalten da und dort die Landschaft, die nähere Umgebung wurde möbliert und im mit Hinweisschildern aller Art übersäht. Und alles geschah friedlich und beinahe unbemerkt.

- *Abnehmende Gastlichkeit:* Wohlstandserscheinungen machen sich auch in Tourismusorten immer mehr bemerkbar. Eine Art „Wir-haben-es-nicht-nötig-Mentalität" entwickelte sich da und dort. Es verbreitete sich eine abwehrende Haltung, Überheblichkeit, ja Arroganz den Gästen gegenüber. Servicebereitschaft, Zuvorkommenheit, Freundlichkeit oder sogar Gastfreundschaft wurden zunehmend verdrängt.

- *Veränderte Gästebedürfnisse:* Die Alltagssituation mit weit verbreiteten Merkmalen wie Stress, Vereinsamung, Wohlstandskoller oder ökologischen Bedrohungen haben zu einer verstärkten Sehnsucht nach Stimmigem, Schönem und Ausgefallenem geführt. Die zunehmende Reiseerfahrung verstärkte die Möglichkeit, Vergleiche unter Ferienangeboten anstellen zu können.

In dieser Situation machen touristische Anbieter harte Erfahrungen: Nur wenige Gäste beschweren sich über qualitative Mängel. Viel häufiger reagieren sie unauffälliger oder unbewusster: Sie kommen einfach nicht mehr.

Die Orientierung an einer ganzheitlich verstandenen Qualität stellt für traditionelle Reisedestinationen den einzigen erfolgsversprechenden Ausweg dar. Zudem bietet die Qualitätsorientierung vielfältige Möglichkeiten, sich gegenüber den Konkurrenten zu profilieren, Kosten zu sparen oder Mitarbeitende zu motivieren: ein viel versprechendes, aber bestimmt kein einfaches Unterfangen.

1.2 Hoffnungen der Qualitätsoffensive

Vieles kann angeführt werden, um die Krise im Tourismus zu begründen: Die harte Währung, zusätzliche Steuern und Abgaben, Kostenexplosion, Wetterkapriolen, Sicherheitsrisiken, Schneeunsicherheit, Globalisierung, Strukturkrise, veränderte Gästewünsche usw.. Die meisten dieser Ursachen sind von touristischen Kreisen oder gar von einzelnen Unternehmern kaum beeinflussbar. Als aktive Einflussbereiche bleiben im Wesentlichen nur die traditionellen Marketinginstrumente, also die Angebots- resp. Leistungsgestaltung, der Preis, die Distribution und die Marktbearbeitung mit Werbung, Public Relations und Verkaufsförderung.

Die Qualitätsoffensive zielt im Kern auf die Angebots- resp. Leistungsgestaltung. Mit einer qualitativen Verbesserung der angebotenen Leistungen sollen vor allem

- die Mitarbeitermotivation und damit
- die *Gästezufriedenheit* gesteigert sowie
- Konkurrenzvorteile erzielt werden.

Untersuchungen zeigen, dass durch die Senkung der Fehlerquoten, die Reduktion von Reklamationen und die Optimierung von Prozessen auch *Kostensenkungen* erhofft werden dürfen.

Wird die Qualitätsoffensive zu einem eigentlichen Total Quality Management (TQM) (vgl. Kapitel 3) ausgebaut, so können *zusätzliche Nutzen* entstehen:

- Imagebeeinflussung und damit Wettbewerbsvorteile durch Qualitätszertifizierung,
- Transparenz der Strukturen und Prozesse/Abläufe,
- klare Verantwortung und Kompetenzen,
- Reduktion der Risiken,
- Durchlaufzeitverbesserung.

Die Tourismuswirtschaft wurde in den letzten Jahren hart gefordert, einerseits durch die Einbettung in eine immer differenziertere Volkswirtschaft, andererseits durch eine immer härtere Konkurrenz. Will sie zukunftsfähig bleiben, so bleibt ihr kaum eine andere Wahl als eine klare Qualitätsstrategie.

1.3 Qualität als Kosten- oder Erfolgsfaktor

Lange Zeit vertrat man die Meinung, dass der Marktanteil ausschlaggebend für Wachstums- und Rentabilitätsaussichten sei. Erst in den letzten Jahren stellte sich in Studien heraus, dass der Marktanteil stark vom Faktor Qualität bestimmt

Qualitätsorientierung im Tourismus

wird. Insbesondere die in den USA im Rahmen des PIMS-Programms (Profit Impact of Market Strategies) laufenden Untersuchungen belegen diesen Zusammenhang. Die entscheidenden Vorteile von qualitätsorientierten Unternehmungen zeigen sich gemäss Studien vor allem in der

- Stärkung der Kundentreue,
- Verminderung der Gefährdung bei Preiskämpfen,
- Durchsetzbarkeit höherer Preise ohne Marktanteilsverluste,
- Reduktion der Marketingkosten,
- Steigerung der Marktanteile (vgl. Buzell/Gale 1989, S. 94).

Abbildung 2: Zusammenhang zwischen qualitätsabhängigen Kosten und Erlösen

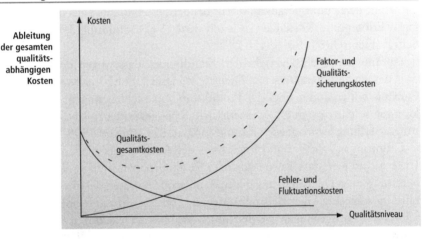

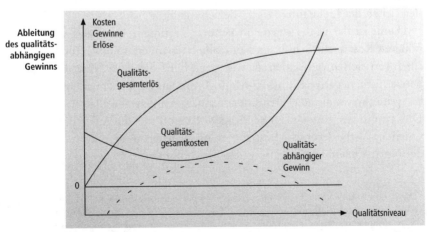

Quelle: B. Hentschel: Dienstleistungsqualität aus Kundensicht, Wiesbaden 1992, S. 57

Im Weiteren wurde herausgefunden, dass die *relative Qualität* einer Unternehmung (Qualität im Verhältnis zur Konkurrenz) den *relativen Preis* beeinflusst, jedoch nur kleine Auswirkungen auf die Kosten hat (Buzell/Gale 1989, S. 94).

Theoretisch können die Auswirkungen einer hohen Dienstleistungsqualität folgendermassen begründet werden: Hohe Dienstleistungsqualität wirkt tendenziell nachfragesteigernd und erlaubt höhere Preise. Im Weiteren reduziert sie Fehler- und Fluktuationskosten. Anfallende Kosten für Qualitätssteigerung und -sicherung werden durch das erwähnte Umsatzsteigerungs- und Kostensenkungspotenzial überkompensiert. Anzustreben ist dabei das *„gewinnoptimale Qualitätsniveau"*, was betont, dass Dienstleistungsqualität kein Maximierungsproblem darstellt, wie aufgrund der PIMS-Erkenntnisse zu vermuten wäre. Es gilt somit den Punkt herauszufinden, bei dem die Differenz aus qualitätsabhängigen Erlösen und Kosten am grössten wird. (Vgl. Abbildung 2, vorhergehende Seite)[1] (Hentschel 1992, S. 45ff).

Gummesson (1989) vertritt den Standpunkt, dass wegen der Komplexität und des Prozesscharakters der Dienstleistungserstellung die Kosten schlechter Qualität höher sind als bei der Produktion von Sachleistungen. Im Extremfall könnten solche Kosten bis zu einem Drittel der gesamten Kosten der Dienstleistungserstellung ausmachen (Gummesson, zit. in Grönroos 1995, S. 68).

Grönroos (1995, S. 65ff) folgert aus der Analyse verschiedener empirischer Untersuchungen, dass das tatsächliche Kostenproblem weniger durch eine Verbesserung der Dienstleistung verursacht wird, sondern vielmehr durch eine unnötig schlechte Dienstleistungsqualität. Sobald Fehlern, Problemen und Beschwerden nachgegangen werden muss, erhöhen sich dadurch Kosten für die Gäste. Mit dem *„Konzept der Beziehungskosten"* analysiert er die Kosten auf beiden Seiten der Lieferanten-Gäste-Beziehungen.

Damit ist das in der Praxis oft gehörte Argument, dass bessere Qualität mit höheren Kosten für Schulung, Kontrolle oder anderen notwendigen Infrastruktur-Investitionen verbunden sei, widerlegt. Die Kosten der Nicht-Qualität (Kundenverluste, negative Mund-zu-Mund-Propaganda, Ausschuss, aufwendige Verbesserungsmassnahmen, Demotivation u.ä.) werden nur allzu häufig vergessen. Dies ist mit der Tatsache zu begründen, dass oft nur die Aufwendungen für die Qualitäts-Verbesserungs-Massnahmen quantifiziert werden können. Die Kosten der Nicht-Qualität bleiben hingegen oft verborgen.

---

[1] Die in Abb. 2 dargestellten Beziehungen gelten unter folgenden Annahmen: Ein (exponentiell) steigender Verlauf der gemeinsamen Faktor- und Qualitätssicherungskostenkurve, ein (gegen eine nicht unterschreitbare Grenze asymptotisch) fallender Verlauf der gemeinsamen Fehler- und Fluktuationskostenkurve und ein (mit abnehmender Grenzrate) steigender Verlauf der Erlöskurve.

Zentrale Qualitätsmanagement-Grundsätze

1. **Nicht-Qualität senken als oberstes Ziel**
   „Let's start a Quality Maturity Process"
2. **Kosten senken – Ertrag steigern**
   „Quality without profit is no quality at all"
3. **Alle Nicht-Qualität ist die Folge von Management-(Fehl-)Entscheidungen**
   „Never try to push a rope"

Auch Heskett et al. (1991, S. 18) haben in Untersuchungen nachgewiesen, dass höhere Qualität bei gleich bleibenden oder sogar tieferen Kosten erzielt werden kann. Ihre Erkenntnisse:

- Hohe Qualität und konsequentes Qualitäts-Management sind Voraussetzungen für *die Verbesserung der Kosten- und Wertschöpfungsstruktur:* Durch klarere Prozesse und Vorgaben kann effizienter produziert werden.
- *Wettbewerbsvorteile:* Die höhere Produkt- oder Dienstleistungsqualität erhöht die Marktchancen und fördert den Absatz, vorausgesetzt, sie sind kundenorientiert und werden vom Kunden als solche wahrgenommen.

Die Reaktionskette von Deming (1986, S. 11) zeigt diesen Zusammenhang auf: verbesserte Qualität ⇨ verbesserte Produktivität ⇨ sinkende Kosten ⇨ wettbewerbsfähigere Preise ⇨ sicherere Marktanteile ⇨ Festigung des Unternehmens ⇨ sicherere Arbeitsplätze ⇨ langfristiger wirtschaftlicher Erfolg (return on investment).

Sarv (1992, S. 2) unterscheidet in interne und externe Vorteile des Qualitäts-Managements (vgl. Abbildung 3, folgende Seite).

Auch diese Studien belegen, dass die relative Qualität – also die Qualität im Verhältnis zur Konkurrenz – den relativen Preis beeinflusst. Kommt dazu, dass die Qualität nur geringfügig kostenwirksam ist. Aus diesen Zusammenhängen wird offensichtlich, dass Qualität einen Wettbewerbsfaktor darstellt, einen wesentlichen Einfluss auf die Rentabilität hat und damit den Unternehmenserfolg mitbestimmt.

> Die Frage darf nicht lauten, was Qualität kostet, sondern was es kostet, die Pflege der Qualität zu vernachlässigen.

Etwas zurückhaltender gibt sich diesbezüglich Bruhn (1998): Kundenzufriedenheit sei nicht unendlich steigerbar und der Zusammenhang zwischen Qualitätsverbesserung, Kundenzufriedenheit und ökonomischem Erfolg sei erst auf der Meta-Ebene nachgewiesen worden.

Abbildung 3: Kosten für Qualität versus Kosten für Nicht-Qualität

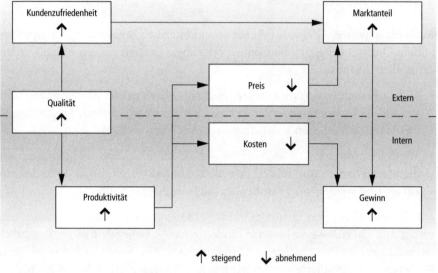

Quelle: S.S. Sarv: Total Quality Control Essentials, USA 1992

2 Das Phänomen Qualität

Alle sprechen von Qualität, doch gehen die Vorstellungen über dieses Phänomen weit auseinander. Für die einen bedeutet Qualität ein hoher Komfortstandard, für die andern, Kleinigkeiten ausserordentlich gut zu machen. Die einen erhoffen sich mit Qualität eine hohe Wertschöpfung, die andern mehr Gastlichkeit. Die einen denken an die Hardware, die andern an die Software. Die einen meinen Wachstum, die andern Schrumpfung. Die einen möchten Qualität entwickeln, die andern bewahren. Für die einen ist Qualität objektiv erfassbar, für die andern nur subjektiv erlebbar. Die einen verstehen unter Qualität Einzigartigkeit, andere ISO-Zertifizierung. Qualität wurde zu einem Phänomen mit sieben Siegeln.

Vieles deutet darauf hin, dass ganz unterbewusst mit Qualität Merkmale wie teuer, luxuriös, auserlesen oder individuell verbunden werden. Die Ansicht, dass Qualität in jedem Preissegment möglich sein sollte, findet aber eine immer grössere Verbreitung.

Eine schriftliche Befragung von zufällig ausgewählten Touristik-Unternehmen in Deutschland (vgl. Romeiss-Stracke 1995, S. 6) machte deutlich, dass unter Qualität primär Folgendes verstanden wird:
1. Informations- und Dienstleistungsservice,
2. Zufriedenstellung der Kunden und Erfüllung der Kundenwünsche,
3. Preis-Leistungs-Verhältnis,
4. Leistungsvorsprung gegenüber der Konkurrenz,
5. breitgefächertes oder besonderes Angebot,
6. Stammkunden und Weiterempfehlung,
7. Beständigkeit.

Romeiss-Stracke (1995, S. 6) folgerte aus dieser Untersuchung, dass das Thema „Qualität" in der Mehrzahl der touristischen Betriebe (noch) keines ist. Es seien vor allem die grösseren Unternehmen, die schon heute mit Qualitäts-Leitbildern oder Qualitäts-Standards arbeiten, doch fehle so etwas in den meisten kleineren Betrieben. Sie aber machen den grösseren Anteil in der Branche aus. Ob sie es weniger nötig haben oder ob es bis anhin noch nicht gelungen ist, das Thema „Qualität" verständlich und praxisnah zu vermitteln, bleibt offen.

2.1 Qualitätsbegriff im Wandel

Der Qualitätsbegriff im Management hat eine lange Geschichte. Angefangen hat es mit Qualitätskontrollen am Schluss des Produktionsprozesses. Später ging es um die Fehlervermeidung während des Prozesses, und heute geht es um eine integrale unternehmungspolitische Grundhaltung, die alle Managementprozesse erfasst.

Der Wandel des Qualitätsbegriffs kann ganz grob in drei charakteristische Phasen eingeteilt werden (in Anlehnung an Romeiss-Stracke 1995, S. 16):

In der 1. Phase wurde die Sicherung der Qualität mit Hilfe von *systematischen Qualitätskontrollen* angestrebt. Im Rahmen eines Verkäufermarktes genügten technische Standards. Man spricht aus heutiger Sicht von einem „little Q". Diese End-of-pipe-Massnahmen wurden an Spezialisten delegiert. Firmen wie Ford haben auf der Basis von Frederick W. Taylors „Priciples of work organisation" solche Methoden schon Anfang des 20. Jahrhunderts systematisch umgesetzt. Später ging daraus die von Deming begründete „Total Quality Control" (TQC) hervor, die er in seinem „Quality Control Handbook" publizierte.

In der 2. Phase wurde versucht, über *„Null-Fehler-Programme"* die Qualität in die Produktion einzubeziehen, um damit Kosten zu sparen. Die Verantwortung trugen fortan alle Produktions-Mitarbeiter und -Mitarbeiterinnen.

Erst in der 3. Phase wurde erkannt, dass Qualität ein ganzes Programm ist. Qualität wurde zur *Führungsaufgabe* und damit zur Chefsache. Das Total Quality Management (die Rundum-Qualität) oder das „big Q" war geboren.

Der facettenreiche Begriff „Qualität" wird in der Literatur sehr blumig umschrieben:

- „Qualität ist die Erfüllung von Anforderungen, wobei der Kunde über die Erfüllung entscheidet." (Frehr 1993, S. 2)
- „Qualität heisst, das, was man macht, perfekt machen." (Kohl, 1990, S. 99)
- „Qualität ist die erwartete Leistung minus der erbrachten. Ist das Resultat Null oder besser negativ, stimmt die Leistung, und der Gast ist zufrieden." (Weiermair 1995, S. 5)
- „Hohe Qualität heisst, Gewöhnliches aussergewöhnlich gut tun." (Kohl, 1990, S. 45)
- „Qualität heisst, dass der Kunde wiederkommt und nicht die Ware" (Seghezzi 1996, S. 16). Oder auf die Gastronomie bezogen: Qualität heisst, dass der Gast wieder kommt und nicht das Essen.

Das Phänomen Qualität

Da es sich beim Qualitätsmanagement um ein globales Phänomen handelt, sollte neben einleuchtenden und einprägsamen Umschreibungen auch ein allgemein gültiges Verständnis für Qualität herbeigeführt werden. In der umfangreichen Literatur wird der Begriff Qualität sehr kontrovers diskutiert. Garvin (1984, S. 23f) unterteilt die Definitionen beispielsweise in fünf zentrale Ansätze:
- absoluter Qualitätsbegriff („transcendent"),
- produktorientierter Qualitätsbegriff („product-based"),
- kundenorientierter Qualitätsbegriff („user-based"),
- herstellungsorientierter Qualitätsbegriff („manufacturing-based"),
- wertorientierter Qualitätsbegriff („value-based").

Die meisten Autoren sind sich jedoch einig, dass die Sicht respektive das Urteil des Kunden oder des Gastes der zentrale Massstab darstellt. Damit wird der Anspruch einer objektiven Messbarkeit verworfen und die subjektive Bewertung durch den Kunden akzeptiert.
In diese Richtung weist auch die offizielle Definition der ISO (International Organization for Standardization):

> „Qualität bedeutet, die Beschaffenheit einer Einheit bezüglich ihrer Eignung, festgelegte oder vorausgesetzte Erfordernisse zu erfüllen."

(ISO 1994-1)

Dieser Qualitätsbegriff ist zwar umfassend, jedoch keineswegs einfach. Deshalb einige Erläuterungen (vgl. Seghezzi 1996, S. 17):
  Als *Einheit* kann ein Produkt, eine Dienstleistung, eine organisatorische Gruppe, eine Institution etc. verstanden werden.
  Als *Beschaffenheit* ist die Gesamtheit der Merkmale und Eigenschaften dieser Einheit wie Beschleunigung, Verbrauch, Pünktlichkeit, Dauer, Komfort, Sicherheit, Zuverlässigkeit, Zuvorkommenheit usw. gemeint.
  Um die Qualität einer Einheit zu bewerten, muss ihre Beschaffenheit in Bezug auf eine Messgrösse bestimmt werden. Wie oben erläutert, stellen die subjektiven Bedürfnisse der anvisierten Zielgruppen die Messgrösse dar. Also:

> **Qualität ist die wahrgenommene oder erlebte Beschaffenheit eines Produktes, einer Leistung oder einer organisatorischen Einheit, gemessen an den Erwartungen der anvisierten Zielgruppen.**
> **Kurz: Qualität heisst, Erwartungen erfüllen.**

(Hansruedi Müller, 2000, S. 24)

Erwartungen der Gäste sind beispielsweise kurze Wartezeiten an der Seilbahn, kleine Portionen für Kinder im Restaurant, schnelle, kompetente und freundliche Auskünfte am Informationsschalter oder rollstuhlfähige Toiletten im Bahnhof.

2.2 Servicequalität

In den letzten Jahren hat innerhalb der Qualitätsdiskussion die Dienstleistungs- oder Servicequalität eine immer grössere Bedeutung erlangt. Wird ebenfalls die Sicht des Kunden in den Vordergrund gerückt, so kann Dienstleistungsqualität wie folgt definiert werden:

> „Dienstleistungsqualität ist die Fähigkeit eines Anbieters, die Beschaffenheit einer primär intangiblen und der Kundenbeteiligung bedürfenden Leistung aufgrund von Kundenerwartungen auf einem bestimmten Anforderungsniveau zu erstellen."

(Meffert H./Bruhn M. 1995, S. 199)

Abbildung 4: Mögliche Dimensionen der Dienstleistungsqualität bei Luftseilbahnen

Qualitäts-dimensionen	Tech Quality (Materielle Qualität)	Touch Quality (Emotionale Qualität)
Potenzial-Qualität	Transport- & Pistenanlagen, sonstige Infrastrukturen und Einrichtungen (Bergstationen, Pistenfahrzeuge etc.), Mitarbeiterqualifikationen etc.	Image des Unternehmens, Persönlichkeit des Personals etc.
Prozess-Qualität	Ticketing und Funktion der Zutrittssysteme, Einsteigvorgänge, Beherrschung des Transportvorgangs ohne lange Wartezeiten, Verpflegung etc.	Betriebsklima, Verhalten und Freundlichkeit des Personals, Atmosphäre der Warteräume etc.
Ergebnis-Qualität	Zustand der Pisten, Ablauf von Beschwerden etc.	Zufriedenheit des Gastes, entspanntes Ankommen, Verhalten bei Beschwerden etc.

Quelle: J. Michel: Erlebnis Berg – Qualitätsanforderungen an Luftseilbahnen und ihre Dienstleistungen, Berner Studien zu Freizeit und Tourismus, Bern 2001, S. 39

Damit wird geklärt, dass

- die Fähigkeiten des Anbieters Basis bilden für die Dienstleistungsqualität,
- nicht mit den Tastsinnen wahrnehmbare (intangible) Leistungen das Qualitäts-Management vor besondere Aufgaben stellt,
- Dienstleistungen immer eine Art Kundenbeteiligung voraussetzen,
- die Kundenerwartungen das Anforderungsniveau der Dienstleistung bestimmen.

Viele Autoren (z.B. Dreyer 1997, S. 105, Scherrieb 1999, S. 93) unterscheiden einerseits zwischen

- *Potenzialqualität,* also der Fähigkeit und Bereitschaft zur Erbringung einer Dienstleistung,
- *Prozessqualität,* also der Dienstleistung als Prozess an sich und
- *Ergebnisqualität,* also der Wirkung der entsprechenden Dienstleistung, andererseits zwischen der
- *Tech Quality,* also der Übermittlung materieller Qualität oder der „Erbringungsintensität", also jenem Teil der Dienstleistung, der vom Anbieter steuerbar ist (z.B. Vollservice oder Selbstbedienung) und
- *Touch Quality,* also der immateriellen, gefühlsmässig wahrnehmbaren Qualität, die eine Gefühlsregung des Gastes voraussetzt und entsprechend schwierig steuerbar ist.

Qualität hat somit äusserst viele Aspekte und kann ein Spektrum von exzellent bis miserabel erreichen.

2.2.1 Das SERVQUAL-Modell

Im Qualitätsmanagement gibt es zwei zentrale Ansätze, die versuchen, die Servicequalität zu erfassen und zu erklären: Das SERVQUAL- und das GAP-Modell.

In verschiedenen Studien haben Parasuraman, Zeithaml und Berry (1985) untersucht, auf welche Art und Weise Kunden/Gäste die Qualität von Dienstleistungen bewerten. Dabei wurden die folgenden beiden zentralen Erkenntnisse gewonnen:

- Die *Qualitätsbeurteilung* hängt nicht zwingend mit der Branche zusammen, sondern vollzieht sich meistens nach denselben Kriterien.
- *Gute Servicequalität* wird einem Dienstleister dann attestiert, wenn er die Erwartungen der Kunden übertrifft. Die Beurteilung wird primär aufgrund der

Differenz zwischen der erwarteten Leistung und der tatsächlich erbrachten oder wahrgenommenen Leistung gemacht.

Vier Aspekte beeinflussen die Erwartungen der Kunden/Gäste:

- Die mündliche Kommunikation der Kunden/Gäste (Mund-zu-Ohr-Propaganda),
- die persönliche Situation der Kunden/Gäste (Bedürfnisse),
- die vergangenen Erfahrungen mit dem Anbieter (auch wenn sie lange Zeit zurückliegen),
- die Kommunikation des Anbieters.

Aufgrund von empirischen Untersuchungen (Fokusgruppeninterviews) haben Parasuraman, Zeithaml und Berry (1985) zehn Qualitätsdimensionen definiert, welche bei der Beurteilung von Servicequalität durch die Kunden/Gäste einen wesentlichen Einfluss haben:

Abbildung 5: Dimensionen der Servicequalität

	Dimensionen	Beschreibung/Inhalte
1.	Materielles Umfeld (tangibles)	physical evidence
2.	Zuverlässigkeit (reliability)	getting it right the first time, honoring promises
3.	Entgegenkommen (responsiveness)	willingness, readiness to provide service
4.	Kompetenz (competence)	possession of required skills and knowledge af all employees
5.	Zuvorkommenheit, Freundlichkeit (courtesy)	politeness, respect, friendliness
6.	Vertrauenswürdigkeit (credibility)	honesty, trustworthiness
7.	Sicherheit (security)	physical, financial and confidentiality
8.	Erreichbarkeit (access)	ease of approach and contact
9.	Kommunikation (communication)	keeping customers informed in a language they can understand
10.	Kundenverständnis (understanding/ knowing customers)	knowing customer's needs and their requirements

Quelle: A. Parasuraman, V.A. Zeithaml, L.L. Berry: A Conceptual Model of Service Quality and its Implications for Future Research, in: Journal of Marketing, Vol. 49, Nr. 4, New York 1985, S. 47

Basierend auf solchen Untersuchungen können die unterschiedlichen Dimensionen der Servicequalität wie folgt zusammengefasst werden:

1. *Zuverlässigkeit* (Reliability): Die Zuverlässigkeit eines Betriebes, die versprochenen Leistungen zeitlich und qualitativ erfüllen zu können.
2. *Leistungs- und Fachkompetenz* (Competence): Versicherung, dass die in Aussicht gestellte Leistung fachgerecht (kompetent) und rasch erbracht werden kann.
3. *Freundlichkeit und Entgegenkommen* (Responsiveness): Fähigkeit der Mitarbeiter eines Betriebes, auf Kundenwünsche einzugehen und diese zuvorkommend erfüllen zu können.
4. *Einfühlungsvermögen* (Empathy): Fähigkeit der Mitarbeiter und Mitarbeiterinnen eines Betriebes, sich in die Kunden einzufühlen und die Erwartungen und Bedürfnisse zu erkennen.
5. *Materielles Umfeld* (Tangibles): Dazu zählen insbesondere das Erscheinungsbild und die Ausstattung eines Betriebes.

Diese fünf Schlüsseldimensionen der Servicequalität wurden von Zeithaml, Parasuraman und Berry (1992, S. 202) mit 22 Eigenschaften differenziert:

Abbildung 6:
Eigenschaften der Servicequalität von hervorragenden Service-Providern

Zuverlässigkeit („reliability")	
1.	Versprochene Termine werden auch eingehalten.
2.	Das Interesse ist erkennbar, ein Problem zu lösen.
3.	Der Service wird gleich beim ersten Mal richtig ausgeführt.
4.	Die Dienste werden zum versprochenen Zeitpunkt ausgeführt.
5.	Die Belege für die Kunden sind fehlerfrei.
Leistungs- und Fachkompetenz („competence")	
6.	Das Verhalten der Mitarbeiter weckt Vertrauen bei den Kunden.
7.	Bei Transaktionen fühlt man sich sicher.
8.	Mitarbeiter sind stets gleich bleibend höflich zu den Kunden.
9.	Mitarbeiter verfügen über das Fachwissen zur Beantwortung von Kundenfragen.
Freundlichkeit und Entgegenkommen („responsiveness")	
10.	Mitarbeiter können über die Zeitpunkte einer Leistungsausführung Auskunft geben.
11.	Mitarbeiter bedienen Kunden prompt.

12.	Mitarbeiter sind stets bereit, den Kunden zu helfen.
13.	Mitarbeiter sind nie zu beschäftigt, um auf Kundenwünsche einzugehen.
Einfühlungsvermögen („empathy")	
14.	Jedem Kunden wird individuell die Aufmerksamkeit gewidmet.
15.	Die Dienste werden zu Zeiten angeboten, die allen Kunden gerecht werden.
16.	Mitarbeiter widmen sich den Kunden persönlich.
17.	Interessen der Kunden liegen stets am Herzen.
18.	Mitarbeiter verstehen die spezifischen Servicebedürfnisse ihrer Kunden.
Materielles Umfeld („tangibles")	
19.	Die technische Ausstattung ist modern.
20.	Die Einrichtungen fallen angenehm ins Auge.
21.	Die Mitarbeiter sind ansprechend gekleidet.
22.	Die Broschüren und Mitteilungen für die Kunden sind ansprechend gestaltet.

Quelle: Zeithaml/Parasuraman/Berry 1992, in: M. Bruhn, Qualitätsmanagement für Dienstleistungen, 2. Auflage, Berlin/Heidelberg 1997, S. 202

Die fünf SERVQUAL-Dimensionen mit den 22 Eigenschaften wurden auch für die Hotellerie überprüft. Mok/Armstrong (1998, S. 381) haben dabei untersucht, ob bezüglich den Erwartungen von Hotelgästen verschiedener Nationen kulturelle Unterschiede auszumachen sind. Die Studie, die in Amerika durchgeführt wurde, stellte kaum signifikante Unterschiede zwischen Gästen aus UK, Japan, den USA, Australien und Taiwan fest, ausser, dass die Erwartungshaltungen der Japaner generell tiefer sind als diejenige der übrigen Gäste. Auffallend auch, dass die wichtigste Dimension stets die Zuverlässigkeit, die unwichtigste stets das materielle Umfeld ist.

> „You never get a second chance to change your first impression."

(Amerikanisches Sprichwort)

Abbildung 7:
Erwartungen von Gästen aus unterschiedlichen Ländern an die US-Hotellerie

Dimensionen der Servicequalität	Nationalitäten					
	UK	Japan	USA	Australien	Taiwan	Alle Nationen
Umfeld	5.51	4.64	5.62	5.62	5.83	5.44
Zuverlässigkeit	6.68	6.23	6.61	6.61	6.65	6.56
Reagibilität	6.57	6.05	6.43	6.52	5.41	6.40
Leistungskompetenz	6.65	6.16	6.41	6.46	6.56	6.45
Einfühlungsvermögen	6.39	5.58	6.35	6.26	5.83	6.08
Durchschnitt	6.36	5.73	6.28	6.29	6.26	6.19

Quelle: C. Mok, R.W. Armstrong: Expectations for hotel service quality: Do they differ from culture to culture?, in: Journal of Vacation Marketing, Vol. 4, No. 4, Manchester 1998, S. 387

(Bewertung: Maximum = 7, Minimum = 1)

Das SERVQUAL-Modell geht davon aus, dass der Gast Qualität als die Differenz zwischen persönlich erwarteter und erlebter Leistung einschätzt (Zweikomponentenansatz). Die Beurteilung der Qualität fällt demzufolge dann positiv aus, wenn das Erwartungsniveau bestimmt durch persönliche Bedürfnisse, Erfahrungen oder Empfehlungen der Kunden im Vergleich zur tatsächlichen Leistung tief und/oder das erlebte Niveau hoch ist und damit die Erwartungen übertrifft (Fuchs/Weiermair 1998, S. 212).

Die erwartete Dienstleistung hängt entscheidend von den bisherigen Erfahrungen der Kunden, von den persönlichen Bedürfnissen sowie den Empfehlungen und Beurteilungen von Bekannten im Umkreis des Gastes ab. Durch gezielte Kommunikationsmassnahmen kann jedoch auch der Anbieter je nach Bedarf eine gewisse Erwartung des Gastes auf- oder abbauen und so die Qualitätsbeurteilung beeinflussen. Untersuchungen zeigen, dass zudem der Preis in diesem Zusammenhang einen nicht zu vernachlässigenden Einfluss hat (vgl. Fuchs/Weiermair 1998, S. 214).

Abbildung 8: Das SERVQUAL-Modell

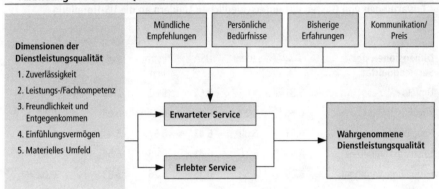

Quelle: In Anlehnung an A. Parasuraman, V.A. Zeithaml, L.L. Berry: A Conceptual Model of Service Quality and its Implications for Future Research, in: Journal of Marketing, Vol. 49, Nr. 4, New York 1985, S. 47

Es existieren vier Kongruitätstypen welche sich in der folgenden Tabelle zusammenfassen lassen:

Abbildung 9: Kongruenztypen

Wahrgenommene/ erlebte Leistung	Erwartete Leistung	Beurteilung der Leistung
hoch	hoch	positive Kongruenz
hoch	tief	positive Inkongruenz
tief	hoch	negative Inkongruenz
tief	tief	negative Kongruenz

Quelle: Fuchs M., Weiermair K.: Qualitätsmessung vernetzter Dienstleistungen am Beispiel des alpinen Wintertourismus, in: Tourismus Journal, Heft 2, Bd. 2, Stuttgart 1998, S. 223

Es liegt auf der Hand: Ist die wahrgenommene Qualität höher als die erwartete, so ist das Qualitätsurteil positiv, im umgekehrten Fall negativ. Da es sich bei der wahrgenommenen Leistung immer um subjektbezogene Bewertungen handelt, können Einflüsse aus dem Umfeld, der Reisebegleitung, dem Klima, dem sozialen Umfeld an der Zieldestination u.ä. für die Bewertung entscheidend sein.

2.2.2 Das GAP-Modell

Das so genannte GAP-Modell bringt zum Ausdruck, welche Lücken im Verlaufe der Erstellung einer Serviceleistung entstehen können, die zu einer Differenz zwischen der vom Kunden/Gast erwarteten und der wahrgenommenen Dienstleistung führen. Es basiert auf den SERVQUAL-Kriterien. Parasuraman, Zeithaml und Berry (1985, S. 44) weisen auf fünf Lücken (Gaps) hin, die in den gegenseitigen Beziehungen zwischen Anbieter und Kunden/Gast einen Einfluss haben.

GAP 1

Diskrepanz zwischen den tatsächlichen und den durch das Management wahrgenommenen Gäste- resp. Kundenerwartungen. Entstehungsgründe:
- Mitarbeiter/Vorgesetzte, die Leistungen entwickeln, haben selbst keinen oder zu wenig Gästekontakt.
- Ungenügende Marktforschung (Konkurrenz-, Produktforschung, Gästeanalyse, Auswertung von Primär- und Sekundärmaterial).
- Unterschiedliche Auffassungen über die Dimensionen von Qualität.

GAP 2

Diskrepanz zwischen den wahrgenommenen Gästeerwartungen und der anschliessenden Umsetzung in der Beschreibung der Dienstleistungsqualität (Standards). Entstehungsgründe:
- Interne Kommunikation ist mangelhaft (organisatorisch-strukturelle Barrieren, personell-kulturelle Barrieren).
- Eigenwillige Einstellung der Mitarbeiter, die am Erstellungsprozess der Dienstleistung beteiligt sind: z.B. zu starke Ausrichtung auf direkten monetären Ertrag.

GAP 3

Diskrepanz zwischen den Beschreibungen der Dienstleistungsqualität und der tatsächlichen Dienstleistungserstellung. Entstehungsgründe:
- Qualifikation und Motivation der Mitarbeitenden („falsche" Leute eingestellt oder schlechte Personalentwicklung).
- Ungenügende technische Ausstattung.
- Umfeldbedingungen des Unternehmens (einengende Konkurrenz, Änderungen der Marktsituation, Transparenz der Märkte, Wertmuster der Konsumenten, rechtliche Bestimmungen wie z.B. Ladenöffnungszeiten).

Abbildung 10: Das GAP-Modell im Überblick

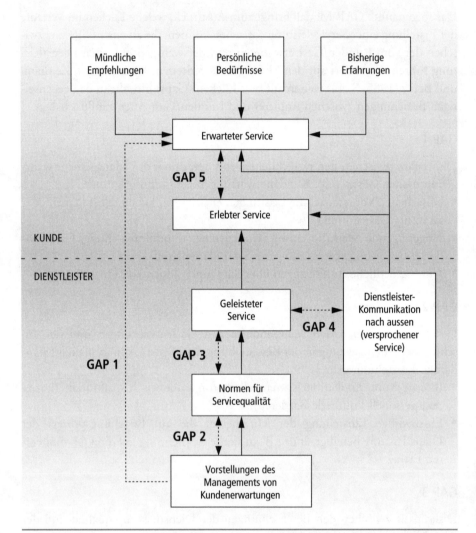

Quelle: Vgl. A. Parasuraman, V.A. Zeithaml, L.L. Berry: A conceptual Model of Service Quality and its Implications for Future Research, USA 1985, S. 44; übersetzt von M. Bruhn 1997

GAP 4

Diskrepanz zwischen der tatsächlich erbrachten Dienstleistung und der an den Gast gerichteten Kommunikation. Entstehungsgründe:
- Ungenügende Kommunikation in der Unternehmung zwischen der Kommunikationsabteilung und den Mitarbeitern, welche die Dienstleistung tatsächlich erbringen.
- Missverständliche Werbeaussagen, Interpretationsspielräume in der Kommunikation.

GAP 5

Diskrepanz zwischen der vom Kunden/Gast erwarteten und der durch das Unternehmen tatsächlich erbrachten und vom Kunden/Gast subjektiv wahrgenommenen resp. erlebten Leistung. Dieser zentrale 5. GAP kann durch die Reduktion der anderen Lücken verkleinert werden.

Kühn (1998) unterscheidet zwischen der vermeintlichen tatsächlichen Leistung und der subjektiv wahrgenommenen/erlebten Leistung einen weiteren GAP, der mindestens theoretisch denkbar ist.

2.3 Messung der Dienstleistungsqualität

Die Qualitätsbeurteilung für den Kunden/Gast ist bei einer Serviceleistung oft schwieriger als bei einem materiellen Gut. Dienstleistungen sind oft komplex aufgebaut. Vielfach ist nicht nur das Ergebnis wichtig, sondern auch der Leistungserstellungsprozess selbst, insbesondere, wenn der Kunde/Gast selber einen Teil der Qualität darstellt.

> „Nur was gemessen wird, wird auch getan."
>
> (Klaus Kobjoll)

Weil die Messung oder die Überprüfung der Dienstleistungs- oder Servicequalität schwierig ist, existieren in der Literatur sehr unterschiedliche Ansätze. Meffert und Bruhn (1995) unterteilen diese Ansätze in eine unternehmens- und eine kundenorientierte Perspektive (vgl. Abbildung 10). Bei den *unternehmensorientierten Ansätzen* kann die Beurteilung durch die Mitarbeiterinnen und Mitarbeiter oder durch die Geschäftsleitung erfolgen. Mitarbeiterorientierte Instrumente können beispielsweise merkmalsorientiert sein (Sicht der Mitarbeiterinnen über die Zufriedenheit der Kunden) oder die Zufriedenheit der Mitarbeiter mit internen Vorleistungen, das Vieraugenprinzip sowie betriebliches Vorschlagswesen umfassen. Demgegenüber betonen *managementorientierte Ansätze* die Bedeutung von Qualität als Führungsaufgabe und können wie die kundenorientierten Instrumente in differenzierte und undifferenzierte Messansätze unterteilt werden.

Der Differenzierungsgrad eines Qualitätsurteils ist nahezu beliebig. Auf der einen Seite steht das Pauschalurteil (beispielsweise die Gästezufriedenheit mit dem gesamten Aufenthalt), auf der anderen sehr differenzierte Bewertungen, die ihrerseits weiter in objektive und subjektive Urteile untergliedert werden können.

Die Unterscheidung in objektive und subjektive Beurteilungen zielt darauf ab, ob Merkmale intersubjektiv nachprüfbar sind (z.B. anhand von technischen Standards) oder eher individuellen Bedürfnissen der Nachfrager entsprechen.

Abbildung 11: Ansätze zur Messung von Dienstleistungsqualität

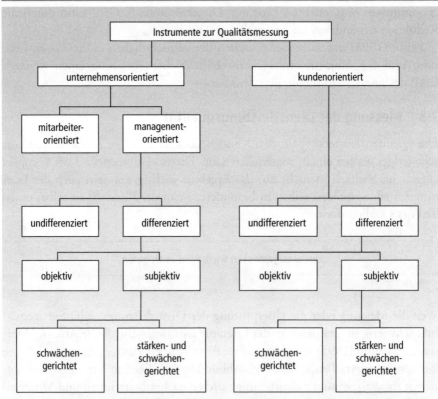

Quelle: In Anlehnung an H. Meffert, M. Bruhn: Dienstleistungsmarketing: Grundlagen, Konzepte, Methoden, Wiesbaden 1995, S. 205

Die subjektive Qualitätsmessung dagegen basiert auf Erwartungen, Gefühlen und Ansprüchen der Gäste und fällt sehr unterschiedlich aus. So werden die Meinungen über eine gute oder schlechte Atmosphäre in einem Hotel weit auseinander gehen. Trotzdem muss zu Steuerungszwecken versucht werden, die von den Gästen wahrgenommene Dienstleistungsqualität zu ermitteln und diese mit objektiven Standards zu operationalisieren.

Subjektive Sachverhalte wiederum können mit Hilfe von schwächen- oder stärkengerichteten Instrumenten gemessen werden. So wird unterschieden, ob eher die Beseitigung von qualitativen Schwächen oder die Weiterentwicklung von Stärken im Vordergrund steht. Stärken- und schwächenorientiert sind zum Beispiel die multiattributiven Messverfahren, die sequentielle Ereignismethoden oder die Methode der kritischen Ereignisse.

Multiattributverfahren gehen davon aus, dass Qualitätsurteile das Ergebnis individueller Einschätzungen über Qualitätsmerkmale sind. Sie können weiter in einstellungs- und zufriedenheitsorientierte Ansätze unterteilt werden und auch der SERVQUAL-Ansatz von Parasuraman/Zeithaml/Berry (1985/1992) gehört in diese Kategorie. Während die einstellungsorientierte Qualitätsmessung „als gelernte, relativ dauerhafte, positive oder negative innere Haltung gegenüber einem Beurteilungsobjekt" definiert wird, setzt die zufriedenheitsorientierte Messung an einem „konkreten, klar abgrenzbaren Konsumerlebnis als Konsumobjekt" an (Stauss/Hentschel 1991, S. 240f). Beim SERVQUAL-Ansatz (vgl. Kapitel 2.2.1) ist das Bezugsobjekt wie beim einstellungsorientierten Ansatz das Dienstleistungsunternehmen selbst, die Messung orientiert sich aber an erwarteter und erlebter Leistung und gleicht daher dem zufriedenheitsbezogenen Ansatz.

Die *Sequentielle Ereignismethode* basiert auf der Zerlegung des Dienstleistungsprozesses in Teilschritte. Mit einem sog. „Blueprinting" wird die Interaktion zwischen Kunden und Anbieter in einer konkreten Situation graphisch wieder gegeben (Shostack 1982). Kunden können damit gedanklich durch die Dienstleistung geführt werden und von positiven wie negativen Ereignissen berichten. Auch die Methode der kritischen Ereignisse (vgl. Kapitel 7.2.2.) fordert die Kunden auf, positive oder negative Erlebnisse anzugeben. Dabei wird keine graphische Gedankenstütze geliefert, was zur Folge hat, dass vor allem aussergewöhnliche sog. „Critical Incidents" erwähnt werden (Stauss/Hentschel 1991, S. 240).

2.4 Qualität im Tourismus

Qualität ist auch im Tourismus zu einen Schlüsselwort geworden. Zwar war vom qualitativen Wachstum – im Gegensatz zum quantitativen Wachstum – schon lange die Rede, doch hat die Qualitätsdiskussion erst kürzlich einen betriebswirtschaftlichen Akzent erhalten.

- Alle, die sich mit Qualität auseinandersetzen, wissen, dass sich Qualität nicht quasi automatisch einstellt; sie muss intendiert werden. Das Bestreben, konstant hochwertige Produkte anzufertigen und hervorragende Leistungen zu erbringen, ist im Tourismus schwieriger als in andern Bereichen, denn
- die Gäste fragen ein *Leistungsbündel* nach, das nach innen nur lose strukturiert ist und dessen Gesamtqualität durch viele Teilqualitäten zustande kommt,
- *komplementäre Leistungserbringer* wie beispielsweise der gesamte Verkehrssektor sind sehr bedeutungsvoll,
- *ursprüngliche Angebotsbestandteile* wie Wetter, Schneelage oder Gastfreundlichkeit, auf deren Qualität kaum Einfluss genommen werden kann, spielen in Bezug auf die Gästezufriedenheit eine entscheidende Rolle,
- die *Qualitätsvorstellungen* der Gäste sind extrem unterschiedlich,
- *räumliche und zeitliche Konzentrationen* (Wechselspiel zwischen Überfüllung und Unterbelegung) treten häufig auf.

Dazu kommen noch Gründe, die in der besonderen Beschaffenheit der touristischen Dienstleistung liegen (vgl. Krippendorf 1971, S. 15):

- *Abwesenheit:* Viele touristische Konsum-Entscheidungen werden getroffen, ohne die Qualität der bestellten oder gebuchten Leistung zu kennen; Qualität wird zur Vertrauensfrage.
- *Residenzprinzip:* Das Leistungserzeugnis kann nicht zum Nachfrager hingebracht werden; für den Konsum muss der Gast den Raum selber überwinden, seine eigene Leistung ist Voraussetzung und Bestandteil von Qualität im Tourismus.
- *Synchronität:* Leistungserstellung und Absatz resp. Konsum fallen zusammen; qualitative Mängel haben unmittelbare gravierende Folgen.
- *Immaterialität:* Ein bedeutender Teil der touristischen Leistungen sind abstrakte, d.h. intangible, nichtstoffliche, weder sicht- noch greifbare Konsumgüter; die situativen Qualitäten wie Stimmungen oder Befindlichkeiten sind zentral.

Das Phänomen Qualität

Im Tourismus Qualität zu bieten, ist aber nicht nur wegen den Besonderheiten der touristischen Leistungserstellung schwierig, sondern auch wegen den sehr breiten Qualitätsansprüchen der Gäste.

Abbildung 12: Struktur der Qualität im Tourismus

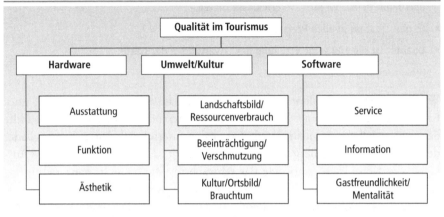

Quelle: In Anlehnung an F. Romeiss-Stracke: Service-Qualität im Tourismus, München 1995, S. 20

Qualität im Tourismus setzt sich aus sehr unterschiedlichen Komponenten zusammen: aus Hard- und Software, aus natürlichen und gebauten, aus abstrakten und materiellen, aus beeinflussbaren und unbeeinflussbaren Komponenten. Den Gast interessiert es aber kaum, wie diese Gesamtqualität zustande kommt: Er erwartet, dass ihm jede einzelne Komponente in hoher Perfektion und Schönheit zur Verfügung gestellt wird.

In Anlehnung an die weit verbreitete Unterteilung des touristischen Angebotes in ein ursprüngliches und ein abgeleitetes Angebot (oder auch Potenzial und Ausstattung), kann die Qualität im Tourismus auch unterteilt werden in
- die Qualität des ursprünglichen Potenzials und
- die Qualität der touristischen Ausstattung und Service-Leistungen.

Bei dieser Unterteilung wird die unterschiedliche Beeinflussbarkeit einzelner Qualitäts-Komponenten berücksichtigt: Für die Qualität der touristischen Ausstattung und Service-Leistungen tragen die Akteure im Tourismus die volle Verantwortung. Die Qualität des ursprünglichen Potenzials kann durch sie hingegen nur bedingt beeinflusst werden.

Nichtsdestotrotz sind touristische Anbieter oder ganze Ferienorte aufgerufen, Mittel und Wege zu finden, wie die Gesamtqualität ihres Leistungsbündels verbessert werden kann.

Mit Qualität zum Erfolg!

- Qualität ist eine Kette mit vielen Gliedern, vom Zöllner bis zum Hotelier.
- Qualität beinhaltet den persönlichen Kontakt mit dem Gast.
- Qualität heisst, dass wir unsere Dienstleistungen engagiert und mit Freude erbringen und damit dem Gast positive Erlebnisse bieten.
- Es gibt Qualität in allen Preisklassen.
- Qualität ist die 100%-ige Erfüllung der Erwartungen der Gäste.

(Schweiz Tourismus 1996)

Wie komplex die Qualitätsanforderungen an das „Wintererlebnis Berg" sind, hat Michel (2001) in einer breit angelegten Untersuchung aufgezeigt. Mit Hilfe der sequenziellen Ereignismethode hat er die unterschiedlichsten Kettenglieder des Wintererlebnisses Berg untersucht und belegt, dass die oft verwendete Aussage, „die Kette ist so stark wie das schwächste Glied", nicht ganz richtig ist. Es gibt sehr wichtige und auch eher unwichtige Kettenglieder. In der Dienstleistungskette „Wintererlebnis Berg" ist das Element „Pistenangebot" am bedeutungsvollsten, gefolgt vor „Skilifte", „Anreise", „Rettungsdienst", „Anstehen" und „Bergrestaurant". Weniger bedeutungsvoll sind „Nachbetreuung", „Fahrt mit der Bahn" oder auch „Unterhaltung".

Abbildung 13: Das „Erlebnis Berg" in Form einer Dienstleistungskette

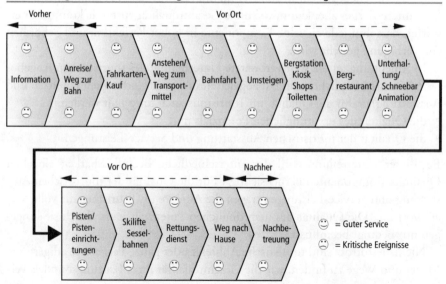

Quelle: J. Michel: Erlebnis Berg – Qualitätsanforderungen an Luftseilbahnen und ihre Dienstleistungen, Berner Studien zu Freizeit und Tourismus, Bern 2001, S. 123

Das Phänomen Qualität

Mit Hilfe einer Faktoranalyse hat Michel versucht, Gruppierungen unter 117 Befragungsvariablen auszumachen und verschiedene Themengebiete zu identifizieren. Insgesamt wurden für das „Wintererlebnis Berg" zwölf Faktoren identifiziert (Reihenfolge entsprechend ihrer Wichtigkeit: Sicherheit und Unterhalt (1), Erreichbarkeit und Eignung für Privatverkehr (2), Freundlichkeit und Atmosphäre (3), Pistenangebot, Beförderungskapazitäten und Schneekompetenz (4), Verpflegung/Preis-Leistungs-Verhältnis (5), Umgang mit den Gästen (6), Fahrkartenangebote (7), Komfort und Bequemlichkeit (8), Empfehlungen und Erfahrungen (9), Information über das Skigebiet/PR (10), Zusatzangebote (11) sowie Spass und Unterhaltung (12) (Michel 2003, S. 183ff).

3 Qualitätsmanagement

Viele Unternehmungen dürfen sich aus ihrer Tradition heraus rühmen, Qualität besonders zu pflegen. Qualitätsarbeit galt lange Zeit als mitteleuropäisches Erfolgsrezept. Zahlreiche Produkte – etwa Autos, Maschinen, Haushaltsgeräte, Werkzeug, Sackmesser, Hotels, Bahnen, Uhren und so weiter – geniessen diesbezüglich einen guten Ruf. Inzwischen haben sich zahlreiche Konkurrenten stark verbessert und die traditionellen Qualitätsanbieter in dieser Hinsicht teilweise eingeholt oder sogar überholt. Dies trifft auch auf den Tourismus zu.

Im Kapitel 2 wurde dargestellt, dass der Ursprung für den heutigen Qualitätsboom in den USA liegt, wo sich Wissenschafter (u.a. W.E. Deming oder J.M. Juran) bereits in den 50er-Jahren eingehender und systematischer mit dieser Thematik zu befassen begannen. Die praktische Umsetzung der neuen Qualitäts-Konzepte erfolgte jedoch zunächst in Japan. Der Erfolg der japanischen Industrie in den letzten Jahrzehnten basierte zu einem grossen Teil auf diesen Konzepten.

Erst in den 80er-Jahren konnte sich das Qualitätsmanagement auch in der amerikanischen Industrie so richtig durchsetzen, wohl nicht zuletzt aufgrund des dort zu dieser Zeit herrschenden Leidensdrucks. Mittlerweile hat sich das Qualitätsmanagement etabliert und wird weltweit praktiziert. Untersuchungen haben bewiesen, dass Unternehmen mit einem aktiven Qualitätsmanagement erfolgreicher sind als ihre Konkurrenz. Jährlich werden von diversen Organisationen Auszeichnungen für Unternehmen mit hohem Qualitätsniveau verliehen.

3.1 Geschichte des Qualitätsmanagements

Wenn Qualität bedeutet, gute Produkte anzufertigen oder hervorragende Leistungen zu erbringen, war eine Art „Qualitätsmanagement" schon immer ein zentrales Anliegen von Unternehmungen. Auch Fehler zu vermeiden gehört zu den wichtigsten unternehmerischen Tugenden. Doch erst mit der industriellen Massenproduktion wurde vermehrt eine systematische *Qualitätskontrolle* eingeführt. Beispielsweise steht das Jahr 1910 als Beginn der produktionsunabhängigen Qualitätsprüfung beim Automobilhersteller Ford.

In den 20er-Jahren setzte eine Art statistikgestützte Qualitätskontrolle ein. Mathematiker wie W. A. Shewhart entwickelten Kriterien, um Fehler, Reklamationen oder Rückweisungen zu klassifizieren. A.W. Feigenbaum leitete 1945 mit seinem Artikel „Quality as Management" die Periode der *Total Quality Control (TQC)* ein. Diese erweiterte Qualitätskontrolle, die den gesamten Produktionsprozess begleitete, wurde vorerst von den Amerikanern, später von den Japanern und erst ganz spät auch von den Europäern übernommen.

1961 begründete P. B. Crosby mit der Publikation „Zero Defects" innerhalb des Qualitätsmanagements den *Nullfehler-Anspruch*. „Doing it correctly for the first time" hiess das oberste Prinzip.

Seit Mitte der 60er-Jahre wurde das *Qualitätsmanagement* immer weiter verfeinert und gleichzeitig ausgeweitet. Gewandelt haben sich vor allem Ziel und Zweck: (Vgl. Seghezzi 1996, S. 16)

- 60er-Jahre: Einhaltung von Spezifikationen, d.h. Eignung für vorgegebene Verwendungszwecke,
- 70er-Jahre: Gebrauchstauglichkeit, d.h. Erfüllung von vereinbarten Kundenbedürfnissen,
- 80er-Jahre: Gebrauchsperfektionierung, d.h. Erfüllung von Kundenerwartungen,
- 90er-Jahre: Gebrauchsflexibilisierung, d.h. Erfüllung von Ansprüchen mehrerer und gleichzeitig multioptionaler Kundengruppen.

Parallel dazu haben die Japaner ihr *Kaizen* perfektioniert. Kaizen, das „Streben nach Vollkommenheit", gilt als umfassendstes Qualitätsmanagement-System (vgl. Kapitel 4.6).

3.2 Der Begriff Qualitätsmanagement

Der Begriff des Qualitätsmanagements hat sich in den letzten Jahren gewandelt. Lange Zeit stand vor allem die materielle und technische Beschaffenheit der Produkte im Vordergrund. Inzwischen werden jedoch auch „weichen" Faktoren wie Servicebereitschaft, Kompetenz und Zuverlässigkeit grosse Bedeutung beigemessen. Diese immateriellen Komponenten beeinflussen gerade im Tourismus die Qualität massgeblich, entsteht doch die touristische Leistungserbringung meistens durch den direkten Kontakt von Gastgeber und Gast. Nicht nur die Qualität des Ergebnisses, sondern auch die Art der Verrichtung spielt somit eine wichtige Rolle. So wird ein Gast in einem Restaurant einen schlechten Eindruck mit nach Hause nehmen, wenn zwar das Essen ausgezeichnet schmeckt, der Service jedoch zu wünschen übrig lässt.

Im Kapitel 2.1 wurde Qualität wie folgt definiert: „Qualität ist die wahrgenommene oder erlebte Beschaffenheit eines Produktes, einer Leistung oder einer organisatorischen Einheit, gemessen an den Erwartungen der anvisierten Zielgruppen." Trotz dieser zentralen Rolle der Kunden- resp. Gästebedürfnisse dürfen andere wichtige Aspekte nicht aus den Augen gelassen werden: die Qualitätsvorstellungen der Mitarbeiter und der Partner, die Qualitätsansprüche von Seiten der Gesellschaft und der natürlichen Umwelt sowie die eigenen unternehmerischen Überzeugungen.

Die Deutsche Gesellschaft für Qualität umschreibt Qualitätsmanagement als *„die Gesamtheit der qualitätsbezogenen Tätigkeiten und Zielsetzungen"* (Bruhn 1997, S. 28). Es handelt sich also um einen Managementansatz, der Qualität in den Mittelpunkt der Entscheidungen stellt und alle Geschäftsbereiche des Unternehmens umfasst. Über die Zufriedenheit von Kunden, Mitarbeitern und Gesellschaft wird ein langfristiger Unternehmenserfolg angestrebt.

Die internationale Norm DIN EN ISO 8402 definiert Qualitätsmanagement im Sinne einer allgemeinen Verständigungsnorm wie folgt:

„Das Qualitätsmanagement umfasst alle Tätigkeiten des Gesamtmanagements, die im Rahmen des Qualitätsmanagementsystems die Qualitätspolitik, die Ziele und Verantwortungen festlegen sowie diese durch Mittel wie Qualitätsplanung, Qualitätslenkung, Qualitätssicherung und Qualitätsverbesserung verwirklichen."

(DIN EN ISO 8402)

Wird Qualitätsmanagement umfassend, das heisst unter Einbezug aller Unternehmensbereiche und jedes einzelnen Mitarbeitenden verstanden, so spricht man auch von Total Quality Management (TQM). Dabei steht:

- *Total* für den Einbezug aller Bereiche und Mitarbeiter des Unternehmens, der Kunden/Gäste und Lieferanten,

- *Quality* für die konsequente Orientierung aller Aktivitäten (Arbeiten und Prozesse) an den Qualitätsanforderungen von internen und externen Kunden oder Gästen,

- *Management* für die Verantwortung und Initiative der obersten Führungsebene des Unternehmens für eine systematische Qualitäts-Sicherung und -Verbesserung.

Das Qualitätsmanagement umfasst drei Aspekte:

- *Qualitätsanspruch:* Das selbst festgelegte Leistungsniveau, um segmentsspezifische Gäste- und Mitarbeiterwünsche zu befriedigen.

- *Qualitätsentwicklung:* Die aktive Pflege dieses Leistungsniveaus und dessen kontinuierliche Verbesserung.

- *Qualitätssicherung:* Die bewusste Überprüfung des Leistungsniveaus sowie die Reaktionen bei festgestellten Abweichungen.

Abbildung 14: Aufbau des TQM entsprechend der DIN EN ISO 8402

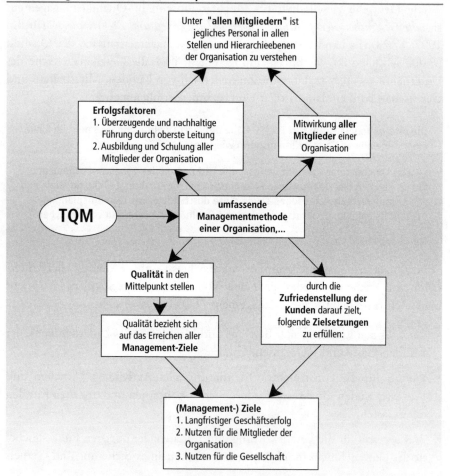

Quelle: T. Hummel, C. Malorny: Total Quality Management, Pocket Power, München/Wien 1996, S. 4

3.3 Grundsätze des Qualitätsmanagements

Das umfassende Qualitätsmanagement (TQM) orientiert sich an den folgenden Grundsätzen:

- *Gästeorientierung:* Die optimale Erfüllung der Kunden- bzw. Gästebedürfnisse steht im Mittelpunkt. Scherrieb (1999) spricht in diesem Zusammenhang auch von *Clienting*. Darunter werden sowohl interne, als auch externe Kunden oder Gäste verstanden. Jeder Mitarbeitende hat in diesem Sinne seine „Kunden". Dies können in bestimmten Tätigkeitsbereichen auch die eigenen Arbeitskollegen sein. Wesentlich ist, die Erwartungen seiner Gäste oder Kunden zu kennen und sie stets zu erfüllen versuchen.

- *Führungsverantwortung:* Die TQM-Philosophie muss durch die Betriebsleitung eingeleitet und vorgelebt werden. Qualität kann nicht delegiert werden, weder an externe Berater noch an interne Stabsstellen. Qualität wird zwar auf allen Stufen gelebt, ist jedoch grundsätzlich Chefsache. Sämtliche Führungskräfte müssen den kontinuierlichen Veränderungsprozess in Gang halten. Sie stellen die nötigen Ressourcen zur Verfügung und identifizieren sich mit der Philosophie. Das allgemeine Qualitätsbewusstsein fliesst in die strategischen Entscheide ein. Die innere Überzeugung des Managements ist dafür entscheidend.

> „Die Qualität der Produkte und Dienstleistungen wird niemals die Qualität der Führung übertreffen."
>
> (Harold R. McAlindon)

- *Mitarbeiterorientierung:* Die Servicequalität ist direkt abhängig von der Motivation und der Qualifikation der Mitarbeitenden. Nur zufriedene Mitarbeiterinnen und Mitarbeiter sind auf die Dauer in der Lage, den Gästen gegenüber qualitativ hoch stehende Leistungen zu erbringen. Dies gilt in besonderem Masse für Dienstleistungen. Teamarbeit und umfassende Partizipation sind Voraussetzungen für eine nachhaltige Verbesserung der Qualität. Jeder Mitarbeiter ist in seinem Bereich für die Erbringung einer bestimmten Leistung und damit für Qualität verantwortlich. Selbstkontrolle wird dabei gross geschrieben. Kompetenzen werden delegiert. Die Schulung und die gegenseitige Information sind in diesem Zusammenhang besonders wichtig.

- *Umweltorientierung:* Qualitätsmanagement darf nicht nur nach innen gerichtet sein, sondern orientiert sich an den Qualitätsansprüchen von Seiten der natürlichen Umwelt und der Gesellschaft. Dabei werden Umwelt und Gesellschaft nicht nur als ernst zu nehmende Rahmenbedingungen respektiert. Vielmehr beinhaltet Qualitätsmanagement einen aktiven Beitrag zur Verbesserung der Umweltsituation und der Lebensqualität.

- *Prozessdenken:* Jedes Produkt oder jede Dienstleistung ist ein Ergebnis eines Leistungsprozesses, in dessen Verlauf ein Arbeitsvorgang mit dem folgenden verknüpft ist. Die Qualität der Einzelprozesse bildet die Qualität des Ganzen. Deshalb ist die Überwachung der einzelnen Arbeitsabläufe oder Prozesse von zentraler Bedeutung. Im Qualitätsmanagement ist der Deming-Zyklus zum Inbegriff des Prozessdenkens geworden: Plan (Q-Planung) ⇨ Do (Q-Lenkung) ⇨ Check (Q-Sicherung) ⇨ Act (Q-Verbesserung) ⇨ Plan ...

- *Verbesserungsprozess:* Auftretende Fehler werden als Chance für Verbesserungen erkannt und genutzt. Sie helfen, die bestehenden Arbeitsabläufe in kleinen Schritten zu verbessern und an die veränderten Rahmenbedingungen anzupassen. Mit dem kontinuierlichen Zyklus von Planen – Realisieren – Überprüfen – Korrigieren wird im Laufe der Zeit das Qualitätsniveau allmählich erhöht.

- *Systematisches Vorgehen:* Qualitätsmanagement ist mehr als eine reine Philosophie. Es ist mit einem geplanten und systematischen Projektmanagement gleichzusetzen. Voraussetzung sind Planungsinstrumente, Organisationsstrukturen, Kompetenzen und Verantwortlichkeiten.

Abbildung 15: Das Qualitäts-Entwicklungs- und -Sicherungsrad

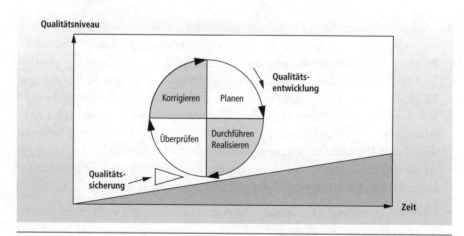

Qualitätsmanagement

3.4 Qualitäts-Steuerungsansätze

Wenn Qualitätsmanagement, wie soeben beschrieben, als Unternehmensführungssystem verstanden wird, ist es in jeder Unternehmung existent – allerdings in unterschiedlicher Ausprägung. Klein- und Grossbetriebe unterscheiden sich bezüglich ihres Qualitätsmanagements vor allem nach dem Grad der Detaillierung der Aufgaben zur Produkt- und Dienstleistungserstellung. Daher ist Qualitätsmanagement „keine Frage der Unternehmensgrösse, sondern eine Frage des Bewusstseins und des Kenntnisstandes. Während der Wert einer systematischen Finanzbuchhaltung oder Kostenrechnung selbst in Kleinbetrieben ausser Frage steht, (…) werden Qualitätsmanagementsysteme häufig fehl interpretiert und abgelehnt, trotz ihres weitaus höheren Beitrags zum langfristigen Unternehmenserfolg", schreibt Pompl (1996, S. 93).

In Anlehnung an die Organisationstheorie können Steuerungsansätze nach ihrer technokratischen, Struktur- und Kultur-Orientierung systematisiert werden (vgl. Benkenstein 1993, S. 1108ff).

Technokratische Steuerungsansätze
Ausgangspunkt der technokratischen Steuerungsansätze bildet die Identifikation und Vorgabe von Qualitätsstandards aller qualitätsrelevanter Dienstleistungsmerkmale. Diese Qualitätssteuerung ist nur für Merkmale geeignet, die sich in Standards überführen lassen. Beispielsweise kann die Führung eines Hotels vorgeben, dass die Gäste für ihren Massagetermin maximal fünf Minuten auf den Masseur warten müssen.

Dieser Ansatz vernachlässigt jedoch Dienstleistungen, die interaktionsintensiv und individuell sind. So können für die Art der Massage kaum technische Normen vorgegeben werden. Zudem kann bei einer allzu starren Einhaltung der technischen Vorgaben Flexibilität verloren gehen.

Strukturorientierte Steuerungsansätze
Die strukturorientierten Steuerungsansätze sehen dagegen vor, dass die von Qualitätsproblemen betroffenen Funktionsabteilungen des Dienstleisters direkt reagieren. Daher haben diese Ansätze meist tief greifende Veränderungen zur Folge. Es können einerseits Qualitätsabteilungen geschaffen und damit die Primärorganisation umstrukturiert werden. Diese sind dann mit der Messung, Steuerung und Kontrolle der Dienstleistungsqualität beauftragt. Andererseits können auch Qualitätszirkel oder -projektgruppen gebildet werden, die als eine Art Sekundärstruktur an die Organisation angegliedert werden.

Durch die intensivierte Interaktion zwischen den Funktionsbereichen wird die Flexibilität der Entscheidfindung und somit die Fähigkeit auf individuelle Gästebedürfnisse einzugehen, verbessert. Allerdings können die Prozesse zur Abstimmung der Aktivitäten verlängert und ein gewisses Konkurrenzdenken zwischen den Bereichen erzeugt werden.

Kulturorientierte Steuerungsansätze
Die kulturorientierten Ansätze versuchen, das Verhalten der Mitarbeiterinnen und Mitarbeiter durch Wertvorstellungen, Verhaltensnormen und Denkweisen zu beeinflussen. „Eine ausgeprägte Qualitätskultur ist dabei geeignet, komplexe Entscheidungssituationen vorzustrukturieren, Orientierungspunkte für die angestrebte Qualitätssteuerung abzustecken und schliesslich auch durch ihren heuristischen Charakter neuartige Verhaltensweisen zu stimulieren", schreibt Benkenstein (1993, S. 1110). Mittel dazu ist vor allem die Verankerung der Dienstleistungsqualität in Unternehmensgrundsätzen, Schulungen sowie die Unterstützung des Teamgedankens.

Mit einer ausgeprägten Qualitätsstruktur steigt die operative Flexibilität des Dienstleisters, weil der Abstimmungsbedarf zwischen den Funktionsbereichen sinkt. Im weiteren fördert die Qualitätskultur die Motivation der Mitarbeiter und verringert das Konfliktpotenzial zwischen den Unternehmensbereichen. Allerdings kann die Unternehmungskultur nur längerfristig beeinflusst werden.

Benkenstein (1993, S. 1111) betont, dass diese Ansätze nicht alternativ, sondern gemeinsam – je nach Dienstleistungstyp mit unterschiedlichen Schwergewichten – zur Qualitätssteuerung eingesetzt werden sollen. Für viele Tourismusbetriebe ist aufgrund des hohen Anteils an individuellen und persönlich zu erbringenden Dienstleistungen der kulturorientierte Ansatz ins Zentrum zu stellen.

3.5 Qualitätscontrolling

Beim „Controlling" handelt es sich um einen schillernden Begriff. Dies hängt damit zusammen, dass sich das Controlling in der Praxis entwickelte und sich die betriebswirtschaftliche Theorie erst anschliessend mit diesem neuartigen Phänomen auseinander setzte. Als Managementfunktion wird Controlling sehr unterschiedlich definiert, doch setzt sich das Verständnis durch, dass Controlling als Managementfunktion zu begreifen ist, die andere Funktionen (insbesondere Planung, Kontrolle und Informationsversorgung) koordiniert und damit unterstützt.

Qualitätsmanagement

Abbildung 16: Einordnung des Controllings in das Führungssystem

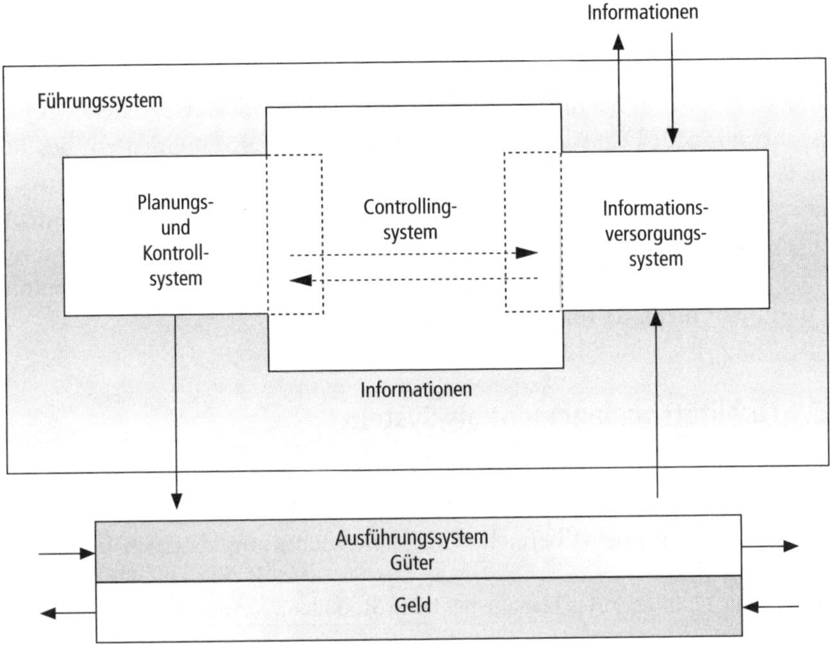

Quelle: In Anlehnung an P. Horvàth: Controlling, 3. Auflage, München 1990, S. 111

> „Controlling ist – funktional gesehen – ein System der Führung, das Planung und Kontrolle sowie Informationsversorgung systembildend und systemkoppelnd koordiniert und auf diese Weise Adaption und Koordination des Gesamtsystems unterstützt."

Horvàth (1979, S. 163) zitiert nach Thomas (1989, S. 20)

Das Qualitätscontrolling stellt einen Teilbereich des Controllingsystems eines Unternehmens dar. Ziel ist es, eine erwartungsgerechte, effiziente und koordinierte Unternehmensleistung sicherzustellen. Mit Hilfe eines Qualitätscontrollings sollen in Anlehnung an Horvàth (1990, S. 111) insbesondere das Planungs- und Kontrollsystem mit dem Informationsversorgungssystem gekoppelt werden.

Kühn (1999, S. 31) überträgt die Hauptaufgaben des Controllings auf das Qualitätsmanagement und kommt zu folgenden Teilaufgaben:

- *Aufgaben der Systembildung:* Entwicklung von aufeinander abgestimmten, qualitätsbezogenen Planungs-, Kontroll- und Informationsversorgungs-Systemen, die erwartungsorientierte und effiziente Leistungserstellungsprozesse ermöglichen.

- *Aufgaben der Systemkoppelung:* Sicherung der erwartungsorientierten und effizienten Leistungserstellungsprozesse durch Überwachung der Planungs- und Kontrollsysteme sowie der Informationsversorgung.

Bruhn (1998, S. 79) hat die Voraussetzungen an ein erfolgsversprechendes Qualitätscontrolling für Dienstleistungen in Form von acht „Komponenten" beschrieben: (1) Bewusstseins-, (2) Ganzheits-, (3) Koordinations-, (4) Integrations-, (5) Strategie-, (6) Umsetzungs-, (7) Konsistenz- und (8) Kontinuitätskomponente.

Damit wird deutlich, dass in der Literatur das Qualitätscontrolling so umfassend dargestellt wird, dass es das gesamte Qualitätsmanagement-System beinhaltet und nicht mehr als Teilaspekt verstanden wird.

3.6 Qualitätsmanagement als System

Die unterschiedlichen und vielfältigen Ansprüche an das Qualitätsmanagement zeigen, unter welchen Voraussetzungen in einem Unternehmen Qualität letztlich gedeihen kann. QM betrachtet die Unternehmung als einen Organismus

Abbildung 17: Integriertes Management: Die St. Galler Management-Pyramide

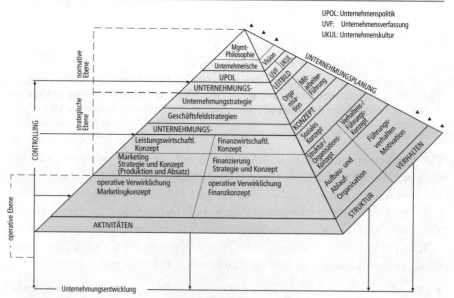

Quelle: K. Bleicher: Das Konzept Integriertes Management, Frankfurt 1992 und M. Schwaninger: Erfahrungen mit integraler Unternehmungsplanung im Fremdenverkehr, St.Gallen 1989, in: C. Kaspar: Management im Tourismus, St.Galler Beiträge zum Tourismus Nr. 13, St.Gallen 1994, S. 48

Qualitätsmanagement

Abbildung 18: Integriertes Qualitätsmanagement-System

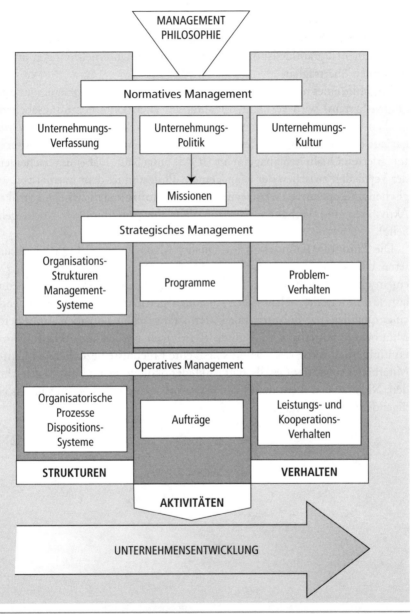

Quelle: H. D. Seghezzi.: Integriertes Qualitätsmanagement – Das St.Galler Konzept, München/Wien 1996, S. 49

mit zahlreichen Einflussfaktoren und Beziehungen, die zu optimieren sind. Um diesen komplexen Organismus fassen zu können, wurde beispielsweise an der Universität St. Gallen das St. Galler Managementkonzept entwickelt (Bleicher 1992) und in Form einer Pyramide dargestellt. Diese so genannte St. Galler Management-Pyramide ist umfassend und auf alle Unternehmungen und Organisationen übertragbar.

Mit Hilfe eines umfassenden oder integrierten Qualitätsmanagement-Systems (TQM-System) wird versucht, Qualität auf allen Unternehmungsebenen und in allen Managementbereichen ins Zentrum zu stellen (Seghezzi 1996, S. 233). hat auf der Grundlage des St. Galler Managementkonzepts sein System eines Integrierten Qualitätsmanagements (IQM) aufgebaut. Dabei unterscheidet er in der Vertikalen zwischen der Management-Philosophie, dem normativen, strategischen und operativen Management, in der Horizontalen zwischen Strukturen, Aktivitäten und Verhalten (Horizontale)(siehe Abbildung 18, vorhergehende Seite).

Die European Foundation for Quality Management (EFQM) hat zur besseren Übersicht den umfassendsten Qualitäts-Management-Ansatz (TQM) in einem einprägsamen Modell grafisch dargestellt. Das TQM wird in neun Teilaspekte unterteilt, welche unterschiedlich gewichtet werden: Ausgehend von einer qualifizierten Führung mit klaren strategischen Vorgaben, einer betonten Mitarbeiterorientierung und guten Ressourcen werden die Abläufe (Prozesse) kontinuierlich verbessert. Damit sollen gute Ergebnisse bezüglich der Gäste, der Mitarbeiter sowie der Gesellschaft (inkl. der ökologischen Umwelt) erreicht werden. Nicht zuletzt dient der Qualitätsprozess auch der Erreichung allseits befriedigender Geschäftsergebnisses (vgl. auch Kapitel 4.3).

Qualitätsmanagement

Abbildung 19: Das EFQM-Modell für Excellence

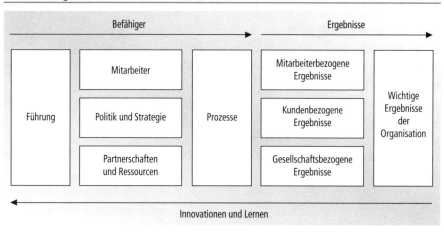

Quelle: Das EFQM-Modell für Excellence, Bruxelles 1999

Qualitätsmanagement-Systeme (QMS) möchten die Komplexität der TQM-Philosophie auflösen und sie auf vereinfachte Art und Weise fassbar machen. Nur so ist es möglich, geeignete Strukturen aufzubauen, Massnahmen einzuleiten und Verhalten im Sinne gesteigerter Qualitätsansprüche zu verändern.

4 Qualitätsmanagement-Ansätze

In den letzten Jahren hat die Anzahl der Qualitätsmanagement-Ansätze, -Konzepte und -Modelle stark zugenommen. Es ist dabei nicht immer einfach, den Überblick zu behalten. Teilweise unterscheiden sich die einzelnen Ansätze nur wenig, da sie oft auf denselben Grundprinzipien basieren. So sind die zwei Ziele der Qualifizierung der Mitarbeiter sowie die Qualitätssicherung des Produktes bei fast allen Ansätzen vorhanden. Diese beiden Ziele werden jedoch auf unterschiedlichen Wegen zu erreichen versucht.

4.1 Qualitätsmanagement-Konzepte

In der Qualitätsmanagement-Literatur wird oft zwischen Konzepten und Modellen unterschieden. Wir wählen „Qualitätsmanagement-Ansatz" als übergeordneten Begriff. Die Qualitätsmanagement-Konzepte enthalten die Vorstellungen, wie ein Unternehmen seine Qualitätsziele umsetzen und dabei die Bedürfnisse der Anspruchsgruppen erfüllen will. Das Gedankengut des Konzeptes bildet die Grundlage für die Ausgestaltung des Qualitätsmanagements im Betrieb. Der Schritt vom abstrakten Konzept zur Umsetzung im Qualitätsmanagement ist gross und enthält die Gefahr eines Misserfolgs. Qualitätsmanagement-Modelle möchten diesen Schritt erleichtern. Mit Hilfe der Modelle lassen sich die Konzepte darstellen. Sie lassen das Qualitätsmanagement-System besser erkennen und können Zusammenhänge aufzeigen.

Inhalte einzelner Konzepte:

- Bei der *Qualitätsprüfung* handelt es sich um eine Kontrolle der Zwischen- und Endprodukte mit dem Ziel, fehlerhafte Produkte und Leistungen aussortieren zu können; sie entspricht einer „End-of-Pipe-Massnahme" und ist für Dienstleistungen schlecht geeignet resp. nicht sinnvoll.

- Die *Qualitätslenkung* setzt beim Herstellungsprozess an und soll auf diese Weise verhindern, dass überhaupt fehlerhafte Produkte entstehen; Interne Lieferanten und Serviceketten erhalten dadurch eine entscheidende Bedeutung.

- Die *Qualitätssicherung* geht noch einen Schritt weiter und umfasst zusätzlich den Bereich der Unternehmensführung.

- Bei der *Qualitätsverbesserung* ist die Perspektive nicht in erster Linie auf einen zu erreichenden Qualitätsstandard gerichtet, sondern auf die kontinuierliche Verbesserung des Standards und die Weiterentwicklung des Qualitätsmanagements.

- Das *Total Quality Management* stellt das umfassendste Konzept dar, weil es mehrdimensional ausgelegt ist und die Dimensionen Qualität, Zeit und Kosten gleichzeitig berücksichtigt werden. TQM geht damit über den Aufgabenbereich der Bewirtschaftung der Qualität hinaus und entspricht einem generellen, auf Qualität ausgerichteten Managementansatz unter Einbezug aller Beteiligter. Die entscheidende Rolle kommt damit dem Menschen zu.

Die Konzepte schliessen sich nicht gegenseitig aus und lassen sich auch nicht ohne inhaltliche Überschneidungen darstellen. Ein Qualitätsmanagement in einer Unternehmung kann also sehr wohl Elemente von verschiedenen Konzepten beinhalten.

Abbildung 20: Qualitätsmanagement-Konzepte und -Modelle

Konzept	Modell
Qualitätssicherung und -lenkung (ISO 9004)	ISO 9001:2000 Qualitätsprogramm Schweizer Tourismus Stufe III
Management by Quality Objectives	2Q (Frey Akademie)
Qualitätsverbesserung	Kaizen Qualitätsprogramm Schweizer Tourismus Stufe 1
Total Quality Management (TQM)	EFQM European Quality Award (EQA) Malcolm Baldrige National Quality Award (MBNQA) Schweizer Qualitätspreis für Business Excellence ESPRIX (SAQ) Qualitätsprogramm Schweizer Tourismus Stufen II und III

Quelle: In Anlehnung an H. D. Seghezzi: Integriertes Qualitätsmanagement, München/Wien 1996, S. 198

4.2 ISO-Norm 9001

„ISO" steht für International Organisation for Standardization. Die Qualitätsnormen bei ISO trugen einst die Nummern 9001 bis 9004. Sie stammten aus dem Jahre 1987, wurden 1994 angepasst und im Jahre 2000 vollständig überarbeitet. Es entstand die ISO-Norm 9001:2000.

Qualitätsmanagement-Ansätze

Vier Ziele stehen im Vordergrund einer ISO-Zertifizierung:
- Transparenz über Kompetenzen und Verantwortung im Unternehmen (jeder weiss, was er zu tun hat),
- Optimierung von Prozessen und damit Kostenersparnisse,
- Erkennen von Risiken und vorbeugenden Massnahmen,
- Korrektur von Fehlern und Beseitigung ihrer Ursachen.

> „Für mich ist die ISO-Zertifizierung der Führerschein,
> um überhaupt in Richtung Business Excellence los zu fahren."

(Klaus Kobjoll)

Zur Erreichung dieser Ziele wurden die alten ISO-Normen 9001 mit dem Schwerpunkt Qualitätslenkung und -sicherung, 9002 mit dem Schwerpunkt Qualitätssicherung und 9003 mit dem Schwerpunkt Qualitätskontrolle einer gründlichen Revision unterzogen. Sie wurden im Jahr 2003 bedeutungslos. Mit den neuen ISO-Norm 9001:2000 müssen die Betriebe zwingend auf prozessorientierte Abläufe umstellen. Dabei erhält der Kundenfokus ein grösseres Gewicht.

Abbildung 21: Prozessmodell ISO 9001:2000

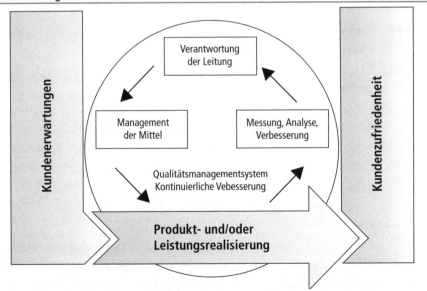

Quelle: Muster, A: ISO 9000:2000: Schritte zur Prozessorientierung, in: Management & Qualität 02/2000, S. 19

Die hauptsächlichen Inhalte der Revision können in vier Kapitel zusammengefasst werden:

- *Verantwortung der obersten Leitung:* Die Geschäftsleitung verpflichtet und engagiert sich für die Umsetzung des Leitbildes, der Strategien zur ausgeprägten Kundenorientierung, des Qualitätsmanagement-Systems und überprüft regelmässig die Wirksamkeit des QMS.
- *Management der Mittel:* Das Personal ist optimal befähigt, die erwarteten Leistungen zu erbringen. Die Aus- und Weiterbildungsbedürfnisse sind erkannt und werden umgesetzt. Der Informationsfluss ist optimal sichergestellt und die gesamte Infrastruktur ist bereitgestellt.
- *Produkt- und Leistungsrealisierung:* Die Prozesse zur Erbringung der Leistungen sind so gestaltet, dass die Kundenanforderungen, die Entwicklungstätigkeiten, die Lieferantenauswahl, die Leistungserbringung sowie das Controlling zuverlässig funktionieren und laufend optimiert werden können.
- *Messung, Analyse und Verbesserung:* Die Instrumente zur Messung der Zielerreichung und zu laufenden Verbesserungen sind vorhanden und werden eingesetzt. Die Analyseresultate werden in die Entscheidprozesse einbezogen.

Die Rolle und Ziele der neuen Kernnormen ISO 9001 und 9004 können gemäss Campbell/Scheibeler (2000, S. 2.3) wie folgt umschrieben werden:
- Beide Normen haben eine identische Grundstruktur, die auf dem vorgegebenen Prozessmodell basiert.
- Die ISO-Norm 9001:2000 ist auf die Steigerung der Effektivität (d.h. Konformität mit festgelegten Forderungen) ausgelegt.
- Die ISO-Norm 9001:2000 zielt mit dem Konzept der „ständigen Verbesserung" und der „Prävention" auch auf die Qualitätssicherung ab.
- Die ISO 9004:2000 soll – als „Brücke zum TQM" – sowohl „Effektivität" als auch „Effizienz" (d.h. Qualität der Leistung der Organisation und ihre Verbesserung) behandeln.
- Die ISO 9004:2000 berücksichtigt das Konzept eines Nutzens für alle Interessenspartner.
- Die ISO 9001:2000 weist eine erhöhte Kompatibilität mit den Normen der ISO 14000er- Serie auf. Sie ist in andere Managementsysteme integrierbar.
- Beide Kernnormen sind prozessorientiert gestaltet und können flexibel den unterschiedlichen Betriebstypen angepasst werden. Um den individuellen Be-

langen und Tätigkeiten der Betriebe zu entsprechen, sind die neuen Normen „massgeschneidert" applizierbar.
- Beide Kernnormen sind anwenderfreundlich gestaltet und in einer klaren Sprache ausgedrückt.
- Beide Kernnormen begünstigen interne Audits resp. die Selbstbewertung.

Die revidierte Fassung soll mithelfen, Qualitätsregelungen auch in jenen Unternehmen einzuführen, welche sich bis anhin aufgrund der Industrielastigkeit und Komplexität des Normenkatalogs abschrecken liessen.

Das *Vorgehen zur Zertifizierung* kann kurz wie folgt zusammengefasst werden (Seghezzi/Caduff 1997, S. 79):
- Offizielle Anmeldung bei zur Zertifizierung berechtigten Zertifizierungsstellen.
- Selbstbeurteilung des Unternehmens.
- Einleiten von Massnahmen.
- Zertifizierungs-Audit (Fremdbeurteilung nach strengen Kriterien).
- Antrag zur Zertifikatserteilung (Auditergebnis an Zertifizierer).

Der interne und externe Aufwand für die Erarbeitung, Implementierung und Zertifizierung des QMS ist beträchtlich und dauert im Normalfall zwischen einem und zwei Jahren (vgl. Praxisbeispiele Kapitel 8). Ein Zertifikat ist in seiner Gültigkeitsdauer auf 3 Jahre beschränkt und erfordert eine jährliche Überprüfung.

Das Qualitätssystem ISO 9001:2000 ist im Tourismus noch nicht stark verbreitet, obwohl in den letzten Jahren immer mehr Hotels, Bergbahnen, Busbetriebe, Tourismusorganisationen oder Reiseveranstalter die Vorteile dieses QMS entdeckt haben (vgl. Kapitel 8).

4.3 EFQM-Modell für Excellence

Die European Foundation for Quality Management (EFQM) hat ein Qualitätsstandard-Modell erarbeitet mit dem Ziel, Qualitätsvorgaben international zu vereinheitlichen. Dabei wurden die einzelnen Modellelemente gewichtet. Das EFQM-Modell für Excellence umfasst alle Aspekte einer Unternehmung und stellt damit einen umfassenden TQM-Ansatz dar.

Abbildung 22: Das EFQM-Modell für Excellence

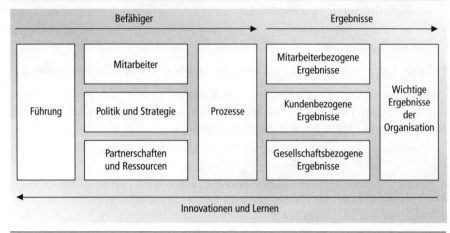

Quelle: Das EFQM-Modell für Excellence, Bruxelles 1999

Die einzelnen Modellelemente umfassen grob die folgenden Aspekte (EFQM 1999, S. 12ff):

1. Führung
Das Kriterium Führung ist mit 10% der zu vergebenden 1000 Punkte gewichtet und hinterfragt, wie die Führungskräfte ihre Mission und Vision erarbeiten und wie sie deren Erreichen fördern:
- Führungskräfte erarbeiten die Mission, die Vision und die Werte und agieren als Vorbilder für eine Kultur der Excellence.
- Führungskräfte stellen durch persönliches Mitwirken sicher, dass das Management der Organisation entwickelt, eingeführt und kontinuierlich verbessert wird.
- Führungskräfte bemühen sich um Kunden, Partner und Vertreter der Gesellschaft.
- Führungskräfte motivieren und unterstützen die Mitarbeiter der Organisation und erkennen ihre Leistungen an.
- Führungskräfte erkennen den Veränderungsbedarf und treiben ihn voran.

2. Politik und Strategie
Das Kriterium Politik und Strategie wird mit 8% gewichtet und hinterfragt, inwiefern Mission und Vision durch klare, auf die Interessengruppen ausgerichtete Strategien eingeführt und durch entsprechende Pläne, Ziele und Prozesse unterstützt werden:

- Politik und Strategie beruhen auf den gegenwärtigen und zukünftigen Bedürfnissen und Erwartungen der Interessengruppen.
- Politik und Strategie beruhen auf Informationen von Leistungsmessungen, Marktforschung, sowie den lernorientierten und kreativen Aktivitäten.
- Politik und Strategie werden entwickelt, überprüft und nachgeführt.
- Politik und Strategie werden kommuniziert und durchgängig in ihr Prozessnetzwerk umgesetzt.

3. Mitarbeiter

Das Kriterium Mitarbeiter wird mit 9% gewichtet und hinterfragt, wie das Wissen und das gesamte Potenzial der Mitarbeiter auf individueller, teamorientierter und organisationsweiter Ebene gemanagt, entwickelt und freigesetzt wird und wie diese Aktivitäten geplant werden, um das effektive Funktionieren zu unterstützen:

- Mitarbeiterressourcen werden geplant, gemanagt und verbessert.
- Das Wissen und die Kompetenzen der Mitarbeiter werden ermittelt, ausgebaut und aufrecht erhalten.
- Mitarbeiter sind beteiligt und zu selbständigem Handeln ermächtigt.
- Die Mitarbeiter und die Organisation führen einen Dialog.
- Mitarbeiter werden belohnt und anerkannt. Man kümmert sich um sie.

4. Partnerschaften und Ressourcen

Das Kriterium Partnerschaften und Ressourcen wird mit 9% gewichtet und hinterfragt, wie die externen Partnerschaften und die internen Ressourcen geplant und gemanagt werden, um das effektive Funktionieren der Prozesse zu unterstützen.

- Externe Partnerschaften werden gemanagt.
- Finanzen (Ressourcen, Investitionen, Risiken) werden gemanagt.
- Gebäude, Einrichtungen und Material werden gemanagt, Lagerbestände optimiert und Abfälle minimiert.
- Technologie, Informationen und Wissen werden gemanagt.

5. Prozesse

Das Kriterium Prozesse wird mit 14% gewichtet und hinterfragt, wie die Abläufe gestaltet, gemanagt und verbessert werden, um alle Interessengruppen vollumfänglich zufrieden zu stellen und die Wertschöpfung für diese zu steigern:

- Prozesse werden systematisch gestaltet und gemanagt.
- Prozesse werden – sofern nötig – innovativ verbessert, um die Wertschöpfung für Kunden und andere Interessengruppen zu steigern.

- Produkte und Dienstleistungen werden anhand der Bedürfnisse und Erwartungen von Kunden entworfen und entwickelt.
- Die Herstellung, Lieferung und Wartung von Produkten und Dienstleistungen werden optimiert.
- Kundenbeziehungen werden gepflegt und vertieft.

6. Kundenbezogene Ergebnisse

Das Kriterium kundenbezogene Ergebnisse wird mit 20% gewichtet und hinterfragt, was im Hinblick auf die externen Kunden erreicht wird:
- Messergebnisse aus der Sicht der Kunden (Kundenwahrnehmungen) bezüglich folgender Aspekte: Image, Produkte und Dienstleistungen, Verkaufs- und Kundendienstleistungen, Loyalität.
- Leistungsindikatoren im Sinne von internen Vorgaben, um die Leistungen zu überwachen, zu verstehen, vorherzusagen und zu verbessern, bezüglich folgender Aspekte: Image, Produkte und Dienstleistungen, Verkaufs- und Kundendienstleistungen, Loyalität.

7. Mitarbeiterbezogene Ergebnisse

Das Kriterium mitarbeiterbezogene Ergebnisse wird mit 9% gewichtet und hinterfragt, was im Hinblick auf die Mitarbeitenden erreicht wird:
- Messergebnisse aus der Sicht der Mitarbeitenden (Wahrnehmungen) bezüglich der Aspekte Motivation und Zufriedenheit.
- Leistungsindikatoren im Sinne von internen Vorgaben, um die Leistungen zu überwachen, zu verstehen, zu prognostizieren und zu verbessern, bezüglich folgender Aspekte: erreichte Leistungen (z.B. Produktivität), Motivation und Beteiligung (z.B. Vorschlagswesen), Zufriedenheit (z.B. Abwesenheiten), Dienstleistungen für die Mitarbeiter der Organisation (z.B. Bewertung der Schulung).

8. Gesellschaftsbezogene Ergebnisse

Das Kriterium gesellschaftsbezogene Ergebnisse ist mit 6% gewichtet und hinterfragt, was in Bezug auf die lokale, nationale und internationale Gesellschaft sowie die Umweltvorsorge geleistet wird:
- Messergebnisse (Wahrnehmungen) aus der Sicht der Gesellschaft bezüglich folgender Aspekte:
    - Verhalten als verantwortungsbewusster Mitbürger.
    - Mitwirkung in der Gemeinschaft des Standortes.
    - Massnahmen, um Belästigungen und Schäden infolge der Tätigkeit und/oder während der Lebensdauer der Produkte zu vermindern und zu vermeiden.

Qualitätsmanagement-Ansätze

- Massnahmen, die zur Schonung und nachhaltigen Bewahrung der Ressourcen beitragen.
- Leistungsindikatoren im Sinne von internen Vorgaben, um die Leistungen zu überwachen, zu verstehen, zu prognostizieren und zu verbessern, bezüglich folgender Aspekte:
  - Veränderungen bei der Beschäftigtenzahl.
  - Berichterstattungen in den Medien.
  - Zusammenarbeit mit Behörden.

9. Wichtige Ergebnisse der Organisation
Das Kriterium wichtige Ergebnisse der Organisation ist mit 15% gewichtet und hinterfragt, was in Bezug auf die geplanten Leistungen erreicht wurde:
- Wichtige leistungsbezogene finanzielle und nichtfinanzielle Ergebnisse wie Aktienpreis, Dividenden, Reingewinn, Budgeteinhaltung, Marktanteil, Erfolgsraten etc.
- Wichtige leistungsbezogene Indikatoren im Sinne von operationellen Ergebnissen, um die erwarteten Ergebnisse zu überwachen, zu verstehen, zu prognostizieren und zu verbessern, bezüglich folgender Aspekte:
  - Prozesse (Innovationen, Durchlaufzeiten, Fehlerraten etc.).
  - Externe Ressourcen und Partnerschaften (Preise der Lieferanten, Wertschöpfung gemeinsamer Partnerschaften etc.).
  - Finanziell (Abschreibungen, Kapitalrenditen etc.).
  - Gebäude, Einrichtungen und Material (Auslastung, Verbrauch an Versorgungsleistungen etc.).
  - Technologie (Patente, Lizenzen etc.).
  - Information und Wissen (Verfügbarkeit, Integrität, intellektuelles Kapital etc.)

Das QM-Modell konzentriert sich stark auf die Kundenzufriedenheit (20%) und die Geschäftsergebnisse (15%). Die gesellschaftliche Verantwortung mit den darin integrierten ökologischen Aspekten wird nur mit 6% gewichtet. Aus Tourismussicht und um dem Nachhaltigkeitsanspruch gerecht zu werden, müsste das Element „Gesellschaftsbezogene Ergebnisse" stärker gewichtet werden.

Für das *Vorgehen* werden acht Schritte vorgeschlagen: 1. Engagement entwickeln, 2. Selbstbewertung planen, 3. Team(s) zur Durchführung der Selbstbewertung einrichten und schulen, 4. Pläne bei den Betroffenen bekannt machen, 5. Selbstbewertung durchführen, 6. Aktionsplan ausarbeiten, 7. Aktionsplan durchführen, 8. Fortschritte kontrollieren (vgl. EFQM 1995, S. 37).

Das EFQM-Modell kann für eine Reihe von Aktivitäten wie Selbstbewertung, Bewertung durch Dritte, Benchmarking oder als Grundlage für die Bewerbung um Qualitätspreise verwendet werden. Dabei hilft eine Wegweiserkarte und eine Radar-Bewertungsmatrix.

Die *Wegweiserkarte* möchte Verbesserungsmöglichkeiten aufzeigen, indem u.a. die folgenden Fragen gestellt werden (vgl. EFQM 1999, S. 32):

Befähigerkriterien:
- Ist das Vorgehen fundiert – auf die Bedürfnisse der Interessengruppen ausgerichtet – unterstützend für Politik und Strategie – mit andern Vorgehensweisen verknüpft – nachhaltig – innovativ – flexibel – messbar?
- Ist die Umsetzung in allen betroffenen Bereichen eingeführt – so eingeführt, dass die Fähigkeiten voll zum Tragen kommen und der geplante Nutzen erzielt werden kann – systematisch – von allen Interessengruppen verstanden und akzeptiert?
- Wird das Vorgehen und seine Umsetzung regelmässig auf Effektivität und Lernmöglichkeiten überprüft – mit Konkurrenten und Klassenbesten verglichen (Benchmarking) – anhand der Outputs und Leistungsmessungen verbessert?

Ergebniskriterien (Auswahl):
- Decken die Ergebnisse alle vorhandenen Interessegruppen ab?
- Weisen sie positive Trends oder gute Ergebnisse über einen längeren Zeitraum auf?
- Werden die Ergebnisse mit anderen verglichen – schneiden sie im Vergleich gut ab?
- Weisen sie eine Ursache-Wirkungs-Verknüpfung mit den Vorgehensweisen auf?
- Bieten sie ein gesamtheitliches Bild?

Mit Hilfe der *Radar-Bewertungsmatrix* möchte die Punktebewertung harmonisiert werden.

Bei den Befähigerkriterien wird unterschieden nach
- Vorgehen: Fundiertheit und Integrationsgrad,
- Umsetzung: Einführungsgrad und Systematik,
- Bewertung und Überprüfung: Messung, Lerneffekte und Verbesserung.

Qualitätsmanagement-Ansätze

Bei den Ergebniskriterien wird unterschieden ob
- Trends (mit einem Zeithorizont von 3 Jahren) berücksichtigt werden,
- Ziele erreicht werden und angemessen sind,
- Vergleiche vorgenommen werden,
- Ursachen aufgespürt werden.

Alle Teilaspekte werden mit einem Erfüllungsgrad von 0%, 25%, 50%, 75% oder 100% bewertet.

Das EFQM-Modell wurde im Jahr 2003 erneut überprüft und den schnellen Veränderungen in allen Wirtschaftsbereichen angepasst. Die Struktur des Modells blieb allerdings unverändert. Inhaltliche Änderungen thematisieren vor allem Aspekte, deren gesellschaftliche Bedeutung zunehmend wichtiger werden, z.B. das soziale Verhalten der Wirtschaft, die Nachhaltigkeit von strategisch wichtigen Entscheidungen oder die Ethik der Unternehmensführung.

> „Wer aufhört, besser zu werden, hört auf, gut zu sein."

(Hartmut Eklöh)

4.4 Quality Awards

4.4.1 Malcolm Baldrige National Quality Award

Die bekannteste Qualitätsauszeichnung ist der *Malcolm Baldrige National Quality Award*. Die Beurteilungskriterien für diese Auszeichnung bildeten einst die Grundlage für das EFQM-Modell. Es handelt sich um folgende Aspekte (Vgl. Seghezzi 1996, S. 220):
- Leadership
- Information and Analysis
- Strategic Quality Planning
- Human Resource Development and Management
- Process Management
- Business Results
- Customer Focus and Satisfaction.

Der Preis wurde 1993 an die amerikanische Hotelkette Ritz Carlton vergeben.

4.4.2 European Quality Award

Auch die EFQM vergibt jährlich einen Qualitätspreis, den European Quality Award. Bewertet werden alle Bereiche gemäss EFQM-Modell. Im Kapitel 8 wird das Vorgehen am Beispiel des Hotels Schindlerhof in Nürnberg beschrieben.

4.4.3 Schweizer Qualitätspreis für Business Excellence ESPRIX

1998 wurde von der Schweizerischen Arbeitsgemeinschaft für Qualitätsförderung (SAQ) erstmals der Schweizer Qualitätspreis für Business Excellence ESPRIX ausgeschrieben. Der Preis möchte
- Motivation und Impulse vermitteln,
- Austausch zwischen qualitätsorientierten Betrieben fördern,
- Öffentlichkeit und Anerkennung für exzellente Leistungen schaffen.

Die Bedingungen für die Selbstbeurteilung orientieren sich am EFQM-Modell. Sie sind für kleinere und mittlere Betriebe (bis 250 Mitarbeiter) und für grössere Betriebe bezüglich Detaillierungsgrad etwas unterschiedlich.

Beim Bewertungsprozess durch die Assessoren werden die Befähiger-Kriterien bezüglich Vorgehen (verwendete Methoden, Systematik, Prüfzyklen etc.) und Umsetzung sowie die Ergebnis-Kriterien bezüglich Qualität (positive Veränderungen, Vergleiche mit Mitbewerbern etc.) und Umfang (Einbezug aller Tätigkeitsbereiche, Umsetzungsgrad etc.) beurteilt (SAQ 1998, S. 31). Im Jahre 2002 stiess das Hotel Saratz in Pontresina in den Kreis der Finalisten vor.

4.4.4 Deming Preis

In Japan existiert der Deming Preis als Qualitätswettbewerb. Dieser Preis wurde bereits in den 50er-Jahren eingeführt und hat wesentlich zum Qualitätsbewusstsein in Japan beigetragen.

4.5 2Q-Methode

Das von Karl Frey von der ETH Zürich entwickelte mitarbeiterorientierte Qualitäts- und Qualifizierungsmodell (Management by Quality Objectives) hat zum Ziel, Betriebe zu einer eigentlichen Qualitätskultur zu führen. Das eine Q steht für Qualität (Sicherung und Entwicklung von Qualität, Beitrag zu Total Quality), das andere für Qualifizierung (Sicherung von beruflichem Können, Persönlichkeitsentwicklung, Selbstführung und Beurteilung).

Qualitätsmanagement-Ansätze

Mit Hilfe des 2Q-Modells sollen die folgenden *Wirkungen* erzielt werden (Frey 1993, S. 4):
- Alle Mitarbeitenden aktivieren,
- Qualität im ganzen Betrieb sichern und entwickeln,
- Vorhaben besser umsetzen (höhere Produktivität),
- Mitarbeiter und Mitarbeiterinnen weiterbringen,
- Gespräche über die Arbeit zwischen den Mitarbeitern fördern,
- Kosten senken,
- Innovationen auslösen.

Die 2Q-Methode weist vier Strukturelemente auf: 1. Visionen, Ziele, Politiken und Strategien, 2. Optionen im Sinne eines Orientierungsrasters für alle Mitarbeitenden (Management by Objectives), 3. Beziehungen zwischen Kunden und Mitarbeitern, 4. Führungszyklen auf allen Führungsebenen mit Hilfe des Qualitäts-Planes (Limacher 1995, S. 45).

Der Qualitäts-Plan, der zwischen Vorgesetzten und Mitarbeitern erstellt wird, bildet das Kernstück der 2Q-Methode. Das *Vorgehen* bei der Erarbeitung des Q-Planes wird wie folgt umschrieben:
1. Optionenkatalog erarbeiten.
2. Mitarbeitende wählen bestimmte Optionen aus. Gegebenenfalls werden sie teilweise durch Vorgesetzte oder Team vorgegeben.
3. Mitarbeitende konkretisieren Rahmenaussagen in der Option für die eigenen Verhältnisse und erstellen den eigenen Q-Plan mit vier Elementen.
4. Mitarbeitende besprechen den Q-Plan mit der vorgesetzten Person. Er wird genehmigt oder angepasst und gilt als Vereinbarung.
5. Durchführung des Q-Plans während der entsprechenden Periode. Wenn nötig werden am Q-Plan Korrekturen vorgenommen. Es erfolgen Zwischenkontrollen und eine Erfolgsfeststellung.
6. Auswertungsgespräch und Neubeginn mit dem zweiten Schritt (Frey 1994, S. 11).

Erster Schweizer Hotelbetrieb, der die 2Q-Methode umsetzte und entsprechend zertifiziert werden konnte, war das Hotel Stella in Interlaken (vgl. Kapitel 8).

„Das Qualitätsmanagement muss nicht Fehler korrigieren, sondern vermeiden."

(Jakob Limacher)

Abbildung 23: Q-Plan

Betrieb .... Blatt Nr. ......

Qualitätsentwicklungsplan

Name/Vorname: ....

Zeitperiode: vom .... bis ....

1. Worum geht es? (Aufgabe, Bereich, Problem, Ziel)

....
....
....
....

2. Was möchte ich verbessern? (Zielsetzung)

....
....
....
....

3. Was verändere ich ganz konkret? (Massnahme, Verhaltensänderung, Aktion)

....
....
....
....

4. Wie wird der Erfolg kontrolliert? (Persönlich, Vorgesetzte)

....
....
....
....

Quelle: in Anlehnung an K. Frey: 2Q – Dokumentation zum Vortrag, Zürich 1994

4.6 Kaizen

Parallel zur Entwicklung von Qualitäts-Management-Systemen im Westen haben die Japaner ihr Kaizen perfektioniert. Kai bedeutet verändern, reformieren, anstreben und Zen heisst verbessern, vervollkommnen. Kaizen könnte also mit „Streben nach Vollkommenheit" übersetzt werden, im Wissen, dass Vollkommenheit nie erreicht werden kann. Mit Kaizen wird versucht, eine neue Unternehmenskultur zu entwickeln, nämlich die Fähigkeit, gemeinschaftsorientiert und hierarchieübergreifend zu kommunizieren. Damit soll aus dem Individu-

Qualitätsmanagement-Ansätze

al-Egoismus und aus der Selbstgerechtigkeit ausgebrochen werden. Kaizen hat zum Ziel, dass die Mitarbeiter verstärkt für- und miteinander denken und sich gemeinsam weiterentwickeln – Tag für Tag (Seeli 1994, S. 45).

> „Wer Kaizen verinnerlicht hat, stellt bei jedem Gegenstand, der ihm oder ihr in die Hände gelangt, zwangsläufig Verbesserungs-Überlegungen an."
>
> (Peter Seeli)

Kaizen umfasst die beiden Hauptaufgabenbereiche „Verbesserung" (Qualitäts-Entwicklung) und „Erhaltung" (Qualitäts-Sicherung), wobei Ersteres primär Aufgabe des Managements ist, Letzteres eher Aufgabe der Mitarbeitenden. Die Arbeit eines (Mit-)Arbeiters beruht hauptsächlich auf vorgegebenen, vom Management festgesetzten Standards. Je höherrangig ein Manager ist, desto intensiver hat er sich mit Verbesserungsprozessen zu befassen. Jeder einzelne Mitarbeiter wird jedoch stufengerecht einbezogen und hat sich am Verbesserungsprozess zu beteiligen. Nach westlicher Auffassung obliegt die Qualitäts-Entwicklung oft nur dem oberen Management oder einzelnen Abteilungen. Im Kaizen wird das Partizipationsprinzip im TQM vollkommen umgesetzt.

Abbildung 24: Prinzipielle Aufgabenteilung im Kaizen

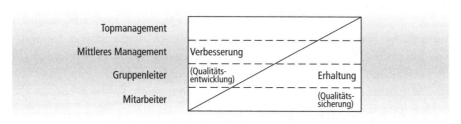

Quelle: In Anlehnung an: M. Imai: KAIZEN – Der Schlüssel zum Erfolg der Japaner im Wettbewerb, München 1992, S. 26

Ein Vergleich zwischen dem fernöstlichen Kaizen mit dem im Westen so verbreiteten Innovationsmanagement zeigt, dass die Kombination dieser beiden Ansätze Erfolg versprechend sein könnte. Beide Ansätze weisen sehr unterschiedliche Merkmale auf, verfolgen aber dasselbe Hauptziel: Erfolg durch Verbesserungsprozesse.

Abbildung 25: Merkmale von Kaizen und Innovationsmanagement

		KAIZEN	Innovation
1.	Effekt	langfristig aber undramatisch	kurzfristig, aber dramatisch
2.	Tempo	kleine Schritte	grosse Schritte
3.	Zeitlicher Rahmen	kontinuierlich steigend	schrittweise unterbrochen
4.	Erfolgschance	gleich bleibend hoch	schubweise und unbeständig
5.	Protagonisten	alle	einzelne Innovationen
6.	Vorgehensweise	Kollektivgeist, Gruppenarbeit, Systematik	individuelle Ideen und Anstrengungen
7.	Devise	Erhaltung und Verbesserung	Neuaufbau und Konzentration der Kräfte
8.	Erfolgsrezept	konventionelles Know-how und aktueller Stand der Technik	technologische Errungenschaften, neue Erfindungen, neue Theorien
9.	Praktische Voraussetzungen	kleines Investment, grosser Einsatz zur Erhaltung	grosses Investment, geringer Einsatz zur Erhaltung
10.	Erfolgsorientierung	Software	Hardware
11.	Bewertungskriterien	Leistung und Verfahren für bessere Ergebnisse	Rentabilität und Gewinn
12.	Wirtschaftszyklus	geeignet für eine langsam wachsende Wirtschaft	geeignet für eine rasch wachsende Wirtschaft

Quelle: In Anlehnung an: M. Imai: KAIZEN – Der Schlüssel zum Erfolg der Japaner im Wettbewerb, München 1992, S. 48

Während im Kaizen der Verbesserungsprozess kontinuierlich in kleinen Schritten erfolgt, werden im Innovationsmanagement Qualitätsverbesserungen durch sprunghafte Investitionen angestrebt. Oft fehlt nach einem grossen Innovations-Effort die Kraft und die Motivation, auf Kleinigkeiten zu achten und „Kinderkrankheiten" zu beheben. Folge: Nach dem innovationsbedingten Qualitätssprung nimmt die alltäglich gelebte Qualität langsam ab. Grafisch können die beiden Ansätze wie folgt dargestellt werden:

Qualitätsmanagement-Ansätze

Abbildung 26: Verbesserungsprozesse durch Innovationen und Kaizen

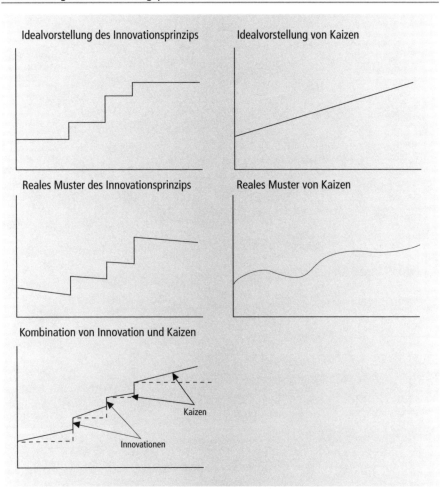

Quelle: In Anlehnung an: M. Imai: KAIZEN – Der Schlüssel zum Erfolg der Japaner im Wettbewerb, München 1992, S. 50

Um nach jeder Innovation den erreichten Qualitätsstandard zu halten oder gar zu verbessern, müssten eine Reihe von Kaizen-Aktivitäten einsetzen. Die Kombination der beiden Denkweisen stellt ein Ansatz mit viel Synergiepotenzial dar.

5 Gästeorientierung

Qualität wird ganz wesentlich von den Erwartungen der Gäste bestimmt. Die Gästebedürfnisse unterliegen jedoch einem stetigen Wandel. Dieser Wandel äussert sich immer weniger in klar erkennbaren Trends, sondern zunehmend im Vorhandensein verschiedener Vorlieben.

So unterschiedlich die Menschen in ihrem Äusseren, aber auch in ihren inneren Überzeugungen, Vorlieben und Verhaltensmustern sind, so unterschiedlich sind auch die individuellen Bedürfnisse und Erwartungen der Gäste bezüglich der gewünschten Dienstleistungen. Was der eine Gast schätzt, kann für den anderen eine Enttäuschung sein. Es ist deshalb für den touristischen Anbieter notwendig, die Erwartungen seiner wichtigsten Gästegruppen zu kennen, um seine Leistungen entsprechend anpassen zu können.

5.1 Ermittlung der Gästeerwartungen

Die folgende Aufstellung zeigt ein mögliches Vorgehen auf, wie Gästeerwartungen ermittelt werden können:
- Mitarbeiter mit Gästekontakt müssen stets mit offenen Augen und Ohren durch den Betrieb gehen.
- Sämtliche ausgesprochenen und unausgesprochenen Wünsche der Gäste werden notiert und gesammelt.
- Gäste persönlich und ernsthaft danach fragen, ob sie mit dem Angebot zufrieden sind (nicht nur Floskeln).
- Gäste nach Zusatzwünschen fragen.
- Partner (z.B. Taxichauffeur, Skilehrer, Animateur) fragen, was Gäste vom eigenen Angebot halten.
- Periodisch schriftliche Gästebefragungen durchführen und auswerten.
- Gästereklamationen systematisch auswerten und daraus mögliche weitere Erwartungen ableiten.

Die Auseinandersetzung mit den Erwartungen der Gäste liefert wertvolle Informationen für die Gestaltung der Dienstleistung. Dabei muss beachtet werden, dass sich die Gästewünsche bezüglich der erbrachten Dienstleistung in verschiedene Stufen (Hierarchien) gliedern lassen:

1. *Grundnutzen:* Der primäre Zweck einer Leistung, z.B. beim Busreiseveranstalter der bequeme Sitzplatz und der sichere Transport direkt ans Ziel.

2. *Erwartetes:* Das was der Gast aus der Erfahrung heraus kennt und wünscht, z.B. beim Busunternehmen die Getränke und die Toilette an Bord.
3. *Erwünschtes:* Dinge, die der Gast nicht als selbstverständlich voraussetzt, die er aber als angenehm empfindet, z.B. wenn der Reiseleiter auf Sonderwünsche der Busreisegruppe eingeht.
4. *Unerwartetes:* Überraschende Leistungen, die den Gast begeistern, z.B. das Überreichen eines parfümierten Erfrischungstuchs nach einem Stadtrundgang oder das Ausschenken von Champagner auf Kosten des Unternehmens an einem schönen Aussichtspunkt.

In diesem Zusammenhang spricht Klaus Kobjoll von *der „täglichen Wiederholungsqualität"*, von der *„Erwartungsqualität"* und von der *„Überraschungsqualität"*. Vor allem im letzten Bereich kann sich jedes Qualitätsteam kreativ austoben.

Das Erkennen der Hierarchie der Gästeerwartungen ermöglicht es dem Anbieter, die eigene Dienstleistung spannend und abwechslungsreich zu gestalten. Gäste wollen nicht nur Grundbedürfnisse erfüllt wissen, sie freuen sich auch an den Zusatzleistungen und wollen Überraschungen emotional erleben.

Zu beachten ist jedoch, dass die unerwarteten Überraschungsmomente mit zunehmender Reiseerfahrung der Gäste in die Kategorie „Erwünschtes" oder sogar „Erwartetes" zurückfallen. Die Gästeerwartungen können sich somit im Laufe der Zeit weiterentwickeln und neue Anforderungen an die qualitative Ausgestaltung der Dienstleistungen stellen. Deshalb ist einerseits mit Überraschungen zurückhaltend umzugehen. Andererseits ist Qualitätsmanagement als fortlaufender Verbesserungsprozess zu verstehen.

5.2 Touristische Dienstleistungsketten

Im Tourismus ist bezüglich Qualitätsverbesserung vor allem das Denken in Prozessen wichtig. Dabei ist der Gästesicht erste Priorität einzuräumen. Gefordert wird ein „neues Produktionsmodell", eine Art „geistige Landkarte", das auf einer Dienstleistungskette basiert. Dabei interessiert nicht nur das Ergebnis, also die Endqualität, sondern auch das Erlebnis während der Leistungserbringung, also die Verrichtungsqualität (Bieger 1998a, S. 10f).

Der Kontakt zwischen Gästen und Mitarbeitern der Unternehmung wird in der Literatur oft auch als *„moment of truth"* (Augenblick der Wahrheit) bezeichnet. Albrecht (1988, zit. in Stauss 1995, S. 382) definiert diesen als „any episode in which the customer comes into contact with any aspect of the organization and gets an impression of the quality of its service." Diese Gästekontaktpunkte wer-

Gästeorientierung

den bei Dienstleistungen so hervorgehoben, weil die Gästebeteiligung während der Leistungserbringung zentral ist (vgl. Kapitel 2.4) und sie daher nicht vollständig standardisiert werden können. Der Dienst-leistungs- oder Serviceketten-Ansatz ist in diesem Sinne auch stark auf die „moments of truth" ausgerichtet.

Die Dienstleistungskette kann sowohl als Grundlage für die Messung der Gästezufriedenheit dienen, indem sie als Basis für die zu beurteilenden Kriterien genommen wird, wie auch als Steuerungshilfe, denn sie erleichtert es, die aus Gästesicht wichtigen Prozesse und Ressourcen zu identifizieren. Im Kapitel 7.2.2 wird diese Verwendung am Beispiel des Qualitätsprogramms für den Schweizer Tourismus aufgezeigt.

Im Tourismus fragen Gäste nicht nur Dienstleistungsketten einzelner Leistungsträger nach, sondern ganze Leistungsbündel, die von unterschiedlichen Leistungsträgern erbracht werden. Ein Feriengast wird beispielsweise Leistungen wie Unterkunft, Verpflegung, Transport, Sportangebote und ähnliches in Anspruch nehmen. Das Ferienerlebnis wird er als Gesamtpaket erleben. Die vom Gast beanspruchten Leistungen reihen sich einer Kette gleich aneinander. Die Qualität jeder einzelnen Leistung beeinflusst die Qualität des Gesamterlebnisses und umgekehrt.

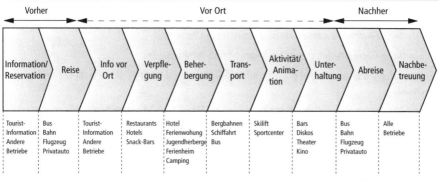

Abbildung 27: Die touristische Dienstleistungskette

Aufgrund der verschiedenen Leistungsträger, die gemeinsam das Produkt „Ferien" oder „Kongress" oder „Event" gestalten, ist es schwierig, den gesamten Prozess zu optimieren und die Kette in seiner Gesamtqualität zu beeinflussen. Es ist deshalb notwendig, dass bei möglichst allen Leistungserbringern ein hohes Qualitätsbewusstsein angestrebt wird. Voraussetzung ist ein gutes gegenseitiges Verständnis unter den einzelnen Partnern sowie die Optimierung der Schnittstellen. Dieser Grundgedanke ist zentral für das Qualitätsmanagement auf Destinationsebene.

Im Kapitel 8 sind einige Praxisbeispiele für Qualitätsmanagement-Ansätze auf Destinationsebene dargestellt.

5.3 Festlegen von Qualitätsstandards

Um im täglichen Geschäft eine gewisse „Einheit des Handelns" zu gewährleisten und den Mitarbeitern verbindliche Vorgaben für die Erledigung ihrer Aufgaben geben zu können, empfiehlt es sich, konkrete Qualitätsstandards festzulegen. Solche Qualitätsstandards sollen nicht von aussen übernommen, sondern für jeden Betrieb individuell definiert werden.

Gefragt sind möglichst prägnante und konkrete Qualitätsstandards. Pauschalaussagen im Sinne von „Freundlichkeit ist uns wichtig" sind wenig sinnvoll. Die Glaubwürdigkeit der Qualitätsoffensive in einem Betrieb erhöht sich mit der Überprüfbarkeit der definierten Standards.

Die folgende Aufstellung zeigt allgemeine Qualitätsstandards, die unabhängig vom jeweiligen touristischen Angebotsbereich Gültigkeit haben. Bezüglich der Formulierungsarten wird unterschieden nach neutraler, nach gäste- und nach mitarbeiterorientierter Form.

Neutrale Form

- Das Telefon wird spätestens nach dem dritten Klingeln abgenommen.
- Schriftliche Anfragen werden innert 3 Arbeitstagen behandelt.
- Sämtliche Gäste werden persönlich begrüsst und verabschiedet.
- Das aufliegende und angeschlagene Informationsmaterial ist stets aktuell, sauber und ansprechend.
- Alle Mitarbeiter mit Gästekontakt sind mit einem Namensschild angeschrieben.
- Auf schriftliche Gästereklamationen wird innerhalb von 2 Tagen reagiert.

Damit die Gästeorientierung stärker zum Ausdruck kommt, können dieselben Qualitätsstandards auch aus dem Blickwinkel der Kunden beschrieben werden:

Gästeorientierung

- Unser Gast wird spätestens nach dem dritten Klingeln am Telefon bedient.
- Unser Gast wird von sämtlichen Mitarbeitern stets freundlich gegrüsst, wenn möglich mit Namen.
- Unser Gast erhält spätestens nach drei Arbeitstagen Antwort auf schriftliche Anfragen.

Gästeorientierung

Die Formulierung der Qualitätsstandards aus der Sicht der Mitarbeitenden verstärkt die Verbindlichkeit:

Mitarbeiterorientierung

- Wir nehmen das Telefon spätestens nach dem dritten Klingeln ab.
- Wir grüssen sämtliche Gäste stets freundlich, möglichst mit dem Namen.
- Wir beantworten schriftliche Gästeanfragen spätestens innerhalb von drei Arbeitstagen.

Werden die Qualitätsstandards publiziert, d.h. auch für den Gast sichtbar im Betrieb angeschlagen, erhöht sich deren Verbindlichkeit nochmals.

5.4 Weiterentwicklung der Qualitätsstandards

Hat ein Betrieb bereits Erfahrung im Umgang mit Qualitätsstandards, kann die Formulierung und Umsetzung analog der Gästeerwartungen weiter differenziert werden. Beispielsweise kann das Qualitätsniveau verändert werden: eine selbstverständliche Qualität (Erwartetes), eine ansprechende Qualität (Erwünschtes) und eine überraschende Qualität (Unerwartetes). Dadurch kann sich der Betrieb in einzelnen Bereichen gezielt von seinen Konkurrenten abheben.

Art der Qualität	selbstverständlich	ansprechend	überraschend
Qualitätsstandards bezüglich Anmeldung am Telefon	Wir begrüssen unsere Gäste am Telefon stets freundlich mit: „Hotel Schweiz, Meier"	Wir begrüssen unsere Gäste am Telefon stets freundlich mit: „Willkommen im Hotel Schweiz, Meier"	Wir begrüssen unsere Gäste am Telefon stets freundlich mit: „Halli-Hallo Hotel Schweiz, Sie sprechen mit Eva Meier"
Qualitätsstandards bezüglich Sauberkeit in der Toilette	Wir legen Wert auf saubere, gepflegte Toiletten und kontrollieren diese halbtäglich (mit Eintrag ins Kontrollblatt)	Wir legen Wert auf saubere, gepflegte Toiletten und kontrollieren diese jede zweite Stunde (mit Eintrag ins Kontrollblatt). Sämtliche Toiletten riechen angenehm und zeichnen sich durch eine erfrischende Duftnote aus.	Wir legen Wert auf saubere, gepflegte Toiletten und kontrollieren diese stündlich (mit Eintrag ins Kontrollblatt). Die Toiletten riechen stets angenehm. Den Benutzern werden Erfrischungstüchlein und verschiedene Parfums angeboten
	etc.	etc.	etc.

Auch diesbezüglich ist Vorsicht geboten, denn zu viele Überraschungen wirken theatralisch und stumpfen ab.

5.5 Reklamationsmanagement

Reklamationen haftet häufig etwas Negatives an, weil sie enttäuschte Erwartungen und damit Unzufriedenheit der Gäste zum Ausdruck bringen. Für den Betrieb bedeutet die Reaktion auf eine Gästereklamation zunächst einen zusätzlichen Arbeitsaufwand. Es erstaunt daher nicht, dass sich viele Mitarbeitende Reklamationen gegenüber ablehnend verhalten und versuchen, sie zu minimieren.

> „Gäste beschweren sich nicht – sie kommen einfach nicht mehr."
>
> (Manfred Kohl)

5.5.1 Bedeutung von Reklamationen

In Beschwerden stecken aber Chancen. Sie können wertvolle Hinweise zur Verbesserung der Dienstleistung und zur Erhöhung der Gästezufriedenheit liefern. Es können daraus Veränderungen der Bedürfnisse und Erwartungen der Gäste abgeleitet werden. Ein zielgerichteter Umgang mit Reklamationen ist daher von grosser Bedeutung, um den Gast zufrieden zu stellen und die Dienstleistung an geänderte Bedürfnisse anzupassen.

In einer Befragung von Hotelbetrieben (Siegenthaler 1998) wurden die wichtigsten Gründe für Beschwerden untersucht. Das folgende Pareto-Diagramm zeigt einerseits die prozentuale Häufigkeit der verschiedenen Gründe für Reklamationen in den befragten Hotelbetrieben. Anderseits stellt es die kumulierte Häufigkeit der verschiedenen Reklamationen dar.

Abbildung 28: Beschwerdegründe in der Hotellerie

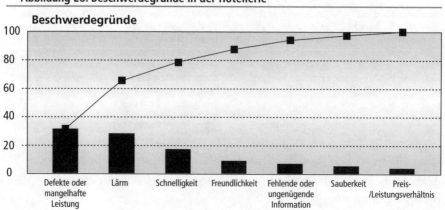

Quelle: Andrea Siegenthaler: Beschwerdemanagement im Tourismus überprüft am Beispiel der Schweizer Hotellerie, Bern 1998

Gästeorientierung

Gemäss der 80:20-Faustregel lassen sich die wichtigsten Problemschwerpunkte eruieren. Handlungsbedarf besteht insbesondere in den drei Bereichen defekte oder mangelhafte Leistung, Lärm und Schnelligkeit des Personals. Sie machen rund 80% der Beschwerdegründe in den befragten Hotelbetrieben aus.

Wie wichtig es ist, Reklamationen nicht als Gefahr sondern als Chance zu verstehen, macht eine Untersuchung beim Industriebetrieb ABB (1994) deutlich. Sie zeigt, dass eine zufriedenstellende Reklamationsbearbeitung sogar zu einer höheren Kundenbindung führt als wenn kein Mangel aufgetreten wäre. Diese Tatsache kann gut auf touristische Leistungen übertragen werden, denn das ideelle Engagement eines Gastes und die Identifikation mit dem Betrieb ist bei Reklamationen tendenziell höher als bei einer blossen Akzeptanz des Gebotenen. Gelingt es, den Gast wieder zufrieden zu stellen, werden negative Gefühle in positive umgewandelt.

Abbildung 29: Reklamationsbearbeitung und ihre Folgen

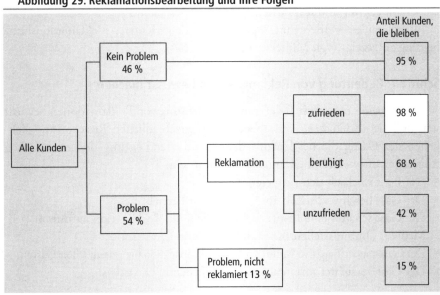

Quelle: ABB, Baden 1994

5.5.2 Umgang mit Reklamationen

Wie soll auf Reklamationen reagiert werden? Wie wird die Unzufriedenheit der Gäste aufgedeckt? Welches sind die Reaktionsmöglichkeiten, wenn Gäste mit der Leistung des Anbieters nicht zufrieden sind? Welche Instrumente stehen zur Verfügung? Diese und weitere Fragen stehen im Mittelpunkt eines aktiven

Reklamationsmanagements. Grundsätzlich kann zwischen einem passiven und einem aktiven Reklamationsmanagement unterschieden werden. Mit einer *passiven resp. reaktiven Beschwerdebehandlung* wird versucht, die Gäste „kostenminimierend" zufriedenzustellen. Sie wird insbesondere dort praktiziert, wo Gästebindung kein zentrales Anliegen ist, also beispielsweise bei Taxichauffeuren.

Im Tourismus wird ein *aktives Beschwerdemanagement* primär aus vier Gründen praktiziert (Pompl/Lieb 1997, S. 188f):
- Vermeidung von Kundenabwanderungen,
- Reduzierung negativer Mundwerbung,
- Informationsgewinnung,
- Abwehr unberechtigter Ansprüche.

Die Autoren kommen zum Schluss, dass ein aktives Beschwerdemanagement oft rentabler ist als ein passives, auch wenn die Rentabilität des Beschwerdemanagements nur schwer und unpräzise ermittelt werden kann.

Im Folgenden werden fünf Aspekte einer zielgerichteten Reklamationsbearbeitung aufgezeigt (vgl. Müller et al. 1997, S. 6.4).

Schritt 1: Bedeutung von Reklamationen bewusst machen

Alle Mitarbeiter müssen sich der grossen Bedeutung von Reklamationen bewusst sein und sie als Chancen verstehen. Die unterschiedlichen Reaktionsmöglichkeiten der Gäste, die bei Unzufriedenheit mit der Leistung des touristischen Anbieters auftreten können, müssen bekannt sein:
- Der Gast wechselt den Anbieter,
- Der Gast beschwert sich beim betreffenden Betrieb,
- Der Gast schaltet eine Institution ein, die seine Reklamation aufnimmt (z.B. Medien, Ombudsstellen, Konsumentenschutz),
- Der Gast macht negative Mund-zu-Mund-Propaganda bei potenziellen Gästen,
- Der Gast verzichtet fortan auf die entsprechende Dienstleistung.

Schritt 2: Reklamationen stimulieren

Dem Gast sollen Möglichkeiten zur Äusserung von Reklamationen (aber auch von Komplimenten) gegeben werden, um Gelegenheit zu erhalten, die Zufriedenheit des Gastes wieder herzustellen. Verschiedene Instrumente stehen dabei zur Verfügung:
- Ernst gemeinte Aufforderung an den Gast, Anregungen, Wünsche oder Defizite mitzuteilen, indem das offene Gespräch gesucht wird.

Gästeorientierung

- Aufstellen eines „Mecker- oder Kommentarkastens", einer Anregungs- oder Beschwerdebox.
- Anbringen eines „Feedback-Brettes", an dem Rückmeldungen deponiert werden können.
- Auslage von Meinungskarten („Comment-Cards"), z.b. im Hotel auf dem Nachttisch und nicht in der Schreibmappe versteckt.
- Einsatz von Fragebogen zur Messung der Gästezufriedenheit.

Schritt 3: Reklamationen gekonnt entgegennehmen

Während und nach Reklamationen kommt es auf die richtige Reaktion des Mitarbeiters an. Schon bei der Annahme der Reklamation muss vermieden werden, dass durch falsche Reaktionen der Mitarbeiter die Unzufriedenheit des Gastes gesteigert wird. Um dies zu vermeiden, sollten verschiedene Voraussetzungen erfüllt sein:

- Zusammenstellung von Schulungsprogrammen für Mitarbeiter mit direkten Gästekontakten.
- Erstellung eines Leitfadens für Reklamationsgespräche.
- Festlegung der Zuständigkeiten bei Reklamationen.
- Bestimmung der Entscheidungskompetenzen von Mitarbeitern, die mit Gästereklamationen konfrontiert werden können.
- Ausfertigung von Formularen zur Reklamationserfassung und -meldung.
- Regelung des spezifischen Ablaufs nach Entgegennahme einer Reklamation.

Mitarbeiter, die mit dem verärgerten Gast konfrontiert werden, müssen vor allem Ruhe bewahren. Als Merksatz gilt: *„Ruhig, ernst und sachlich bleiben."*

Merksätze für den Umgang mit Reklamationen

- Dem Gast zuhören und vorerst gar nichts sagen.
- Den Augenkontakt nicht zu lange halten.
- Ein ernstes Gesicht machen.
- Vor der Antwort eine lange Pause einschalten.
- Sich für die Reklamation verantwortlich erklären.
- Ich-Aussagen machen: „Das tut mir wirklich leid", „Ich nehme das sehr ernst", „Ich bin überrascht und beunruhigt".
- Den Gast fragen, wie man ihn wieder zufrieden stellen könnte.
- Dem Gast konkrete Vorschläge machen, um ihn zufriedenzustellen, und sie einhalten.
- Das weitere Vorgehen vereinbaren, falls nicht sofort reagiert werden kann.

(Harry Holzheu, 1997)

Schritt 4: Reklamationen bearbeiten

Gästereklamationen dürfen in keinem Fall liegen bleiben. Gemeinsam mit den Verantwortlichen muss versucht werden, die aufgetretenen Probleme umgehend zu lösen. Dabei ist die Zufriedenstellung des Gastes noch während seiner Anwesenheit oder seines Aufenthaltes nicht nur die schnellste und kundenfreundlichste, sondern meist auch die kostengünstigste Lösung. Zur Bearbeitung von Reklamationen bestehen die folgenden Möglichkeiten:

- Abhilfe, Reparatur oder Nachbesserung,
- Leistungsaustausch,
- Kleine Aufmerksamkeit, Zusatzleistung oder ein Geschenk,
- Gutscheine für den späteren Bezug von Leistungen,
- Bestätigungsschreiben bei längerer Bearbeitungsdauer der Reklamation,
- Entschuldigungsschreiben,
- Persönlicher Anruf beim reklamierenden Gast,
- Nachträgliche Rückerstattung eines bestimmten Geldbetrages.

Besonders zu beachten sind Reklamationen, die von Stammgästen vorgetragen werden.

Schritt 5: Reklamationen auswerten und analysieren

Damit die in Reklamationen enthaltenen Informationen für Verbesserungsmassnahmen genutzt werden können, müssen sie konsequent ausgewertet werden. Dazu stehen von der einfachen Information bis zu statistischen Programmen viele Instrumente zur Verfügung.

Aus Reklamationen lassen sich auch mögliche Veränderungen der Gästeanforderungen und -erwartungen ablesen. Verbesserungsideen und Produktänderungswünsche von Gästen bieten die Möglichkeit, die eigene Leistung den spezifischen und aktuellen Gästebedürfnissen anzupassen und damit die Qualität der erbrachten Dienstleistung weiter zu verbessern.

6 Qualitätsmanagement als Führungsaufgabe

In den Grundsätzen zum TQM haben wir festgehalten, dass Qualitätsmanagement Führungsaufgabe sei (vgl. Kapitel 3.3). Es braucht ein grundsätzliches Bekenntnis zum Thema „Qualität". Beispielsweise muss bei der Anmeldung zur Ausbildung zum Qualitäts-Coach im Hinblick auf das Qualitäts-Gütesiegel für den Schweizer Tourismus (vgl. Kapitel 7) folgender Satz unterschrieben werden: *„Ich verpflichte mich, in unserem Betrieb der Qualität eine zentrale Bedeutung beizumessen. Ich will den Gästen eine hoch stehende Dienstleistungsqualität bieten und die Servicequalität kontinuierlich verbessern."*

Das oberste Qualitäts-Credo von Nestlé:

- Success is built on quality
- The costumer comes first
- Quality is a competitive advantage
- Quality is a joint effort
- Quality is made by people
- Quality is action

Nebst dem Qualitäts-Credo braucht es aber auch organisatorische Vorkehrungen, denn ohne Veränderungen in den Strukturen, der Aufbau- und der Ablauforganisation versiegen die best gemeinten Vorsätze.

6.1 Vorbildfunktion des Managements

Der Entscheid, ein Qualitätsmanagement-System einzuführen, hat immer auf der obersten Führungsebene zu erfolgen. Der Qualitätsprozess muss durch das Management eingeleitet und vorgelebt werden. Die Unternehmensführung muss sich somit klar und unmissverständlich für Qualität entscheiden und diese Entscheidung durch ihr Denken und Handeln untermauern. Der Vorbildfunktion des Managements kommt hinsichtlich der Akzeptanz und Wirksamkeit der Qualitätsmassnahmen bei den Mitarbeitern eine entscheidende Rolle zu.

„Jede Nicht-Qualität ist die Folge eines Management-(Fehl-)Entscheides."

(Dieter Legat, Hewlett Packard)

Damit ein Arbeitsumfeld geschaffen wird, in dem Kreativität und Veränderungspotenzial freigesetzt werden können, braucht es eine offene und vertrauensvolle Beziehung unter allen Beteiligten. Eine solche Beziehung kann nur entstehen, wenn die Führungskräfte den Mitarbeitern aktiv Vertrauen entgegenbringen. In diesem Sinn sollte ein Führungswandel vom traditionellen Führungsverständnis hin zu einer „Vertrauensführung" vollzogen werden:

Abbildung 30: Führungswandel

vom traditionellen Führungsstil	zum neuen Führungsstil
• Chef, Befehlsgeber, Boss	• Trainer, Coach seines Teams: Unternehmensziele werden kommuniziert und erklärt
• Kontrolleur, Überprüfer	• Helfer, Vorbild: Führungskräfte untermauern durch ihr Denken und Handeln ihre Vorbildfunktion
• Individualist	• Teammitglied: Der Chef ist ein Teamplayer, Führungskräfte und Mitarbeiter ziehen am gleichen Strick
• Intern konkurrierend	• Intern kooperierend, extern konkurrierend
• Verschlossen, unnahbar	• Offen, ansprechbar
• Eigentümermentalität	• Förderermentalität: Der Chef ist dafür verantwortlich, ein Umfeld zu schaffen, in dem die Mitarbeiter ihr volles Potenzial einbringen können

Quelle: In Anlehnung an T. Hummel, C. Malorny: Total Quality Management – Tipps für die Einführung, Hrsg.: G. F. Kamiske, Pocket Power, München/Wien 1996, S. 25

6.2 Mitarbeiterorientierung

Eine wichtige Führungsaufgabe ist es, ein Arbeitsumfeld zu schaffen, in dem sich die Mitarbeiter zu engagierten, selbständig denkenden und eigenverantwortlich handelnden Mitunternehmern entwickeln können. Gerade bei touristischen Dienstleistungen, die stark vom Verhalten und dem Auftreten der Mitarbeiter an der Front geprägt ist, kommt der Mitarbeiterorientierung eine zentrale Bedeutung zu.

> „Behandle die Mitmenschen, wie sie sind, und sie werden schlechter.
> Behandle sie, wie sie sein könnten, und sie werden besser."

(Johann Wolfgang von Goethe)

Mitarbeiterorientierung heisst, dass alle Mitarbeiter in die Qualitätsverantwortung einbezogen werden und so zu einer guten Gesamtleistung beitragen. Die Leistung jedes einzelnen Mitarbeiters ist vom Wollen, vom Können und von den leistungsrelevanten Persönlichkeitsmerkmalen abhängig.

Qualitätsmanagement als Führungsaufgabe

Abbildung 31: Qualitätsbezogenes Verhalten

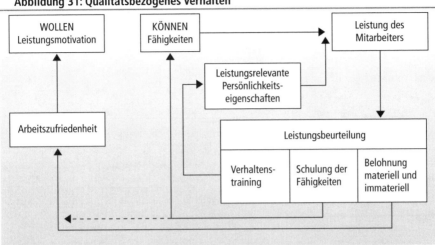

Quelle: M. Hilb: unveröffentlichtes Manuskript, 1992, in: H.D. Seghezzi: Integriertes Qualitätsmanagement, München/Wien 1996, S. 184

Die Mitarbeiter bestimmen weitgehend, ob sich der Gast gut betreut und aufgehoben und damit zufrieden fühlt. Soll die Servicequalität in einem touristischen Betrieb verbessert werden, so führt der Weg immer über den Einbezug, die Begeisterung und die ständige Motivation der Mitarbeiter. Nicht nur die Unternehmensführung muss sich mit den Qualitätsmassnahmen identifizieren, sondern auch die ganze Belegschaft. Verschiedene mitarbeiterorientierte Massnahmen tragen zur stärkeren Identifikation und Motivation bei:

- **Mitarbeiter partizipieren lassen**

Mitarbeiter, die in die Entscheidfindungsprozesse einbezogen werden, sind stärker motiviert und besser in der Lage, die alltäglichen Qualitätsanstrengungen zu erbringen. Partizipation ist ein wesentlicher Teil der Implementierung.

- **Mitarbeiter informieren**

Sämtliche Mitarbeiter sollen über den laufenden Qualitätsverbesserungsprozess im eigenen Betrieb informiert werden. Dabei muss die Geschäftsführung durch ihr Handeln den Willen und die Bereitschaft zur Qualitätsverbesserung signalisieren und praktisch vorleben. In Gruppenarbeiten können die Mitarbeiter konkrete Umgestaltungsvorschläge für ihre eigenen Arbeitsbereiche erarbeiten.

- **Verbesserungswesen aktivieren**

Verbesserungsaktivitäten jedes einzelnen Mitarbeiters müssen unterstützt und gefördert werden. Eingereichte Verbesserungsvorschläge sollten von einer zentra-

Abbildung 32: Formular für Verbesserungsvorschläge

Verbesserungsvorschlag

Name/Vorname: ....

Zeitperiode: vom .... bis ....

1. Problem: Worum geht es, was läuft nicht gut?

....
....

2. Verbesserungsidee: Was sollte wo verbessert werden?

....
....

3. Massnahme/Verhaltensänderung: Was sollte ganz konkret verändert werden?

....
....

4. Persönlicher Beitrag: Was trage ich persönlich zur Verbesserung der Situation bei?

....
....

5. Kommentar Qualitätscoach: Kann/soll der Verbesserungsvorschlag umgesetzt werden?

....
....

| Umsetzungskontrolle: Umgesetzt | ja | Wann? .... |
| | nein | Weshalb? .... |

Quelle: FIF, Universität Bern

len Stelle geprüft und, wenn als sinnvoll beurteilt, zeitgerecht umgesetzt werden. Auch Gästereklamationen müssen als Teil eines aktiven Verbesserungswesens angesehen werden.

Klaus Kobjoll (2000, S. 71) verlangt im Hotel Schindlerhof von jedem seiner Mitarbeiter mindestens einen Verbesserungsvorschlag pro Monat. Gleichzeitig muss vorgeschlagen werden, was der persönliche Beitrag zur Umsetzung ist. So wurden im Jahr 1997 7,5 Verbesserungsvorschläge pro Mitarbeiter eingereicht, während es im gesamtdeutschen Durchschnitt nur gerade 0,6 sind. Von den genehmigten Vorschlägen wurden 76% umgesetzt (Kobjoll 2000, S. 173).

- **Teamarbeit einführen**
Teamarbeit ist eine moderne und motivierende Form der Zusammenarbeit. Gruppenarbeit verlangt von den Mitgliedern des Teams Eigenverantwortung und Selbstkontrolle. Das Team entscheidet weitgehend selbständig, wer innerhalb des zugeteilten Arbeitsgebietes welche Tätigkeiten auf welche Weise durchführt. Entscheidend ist das Ergebnis, das im Voraus als Zielvorgabe definiert wurde.

- **„Qualityboard" aufstellen**
An einem Anschlagbrett, dem „Qualityboard", können das Monatsthema, „kritische Ereignisse", die definierten Qualitätsstandards, die Mitarbeiter des Monats etc. angeschlagen werden. Auch Erfolge einzelner Abteilungen sollen hier im ganzen Betrieb transparent gemacht werden.

6.3 Organisation

Die Einführung eines Qualitätsmanagement-Systems erfordert organisatorische Vorkehrungen. Im Kapitel 3.6 haben wir den konzeptionellen Rahmen abgesteckt und aufgezeigt, wie das Qualitätsmanagement in das gesamte Führungssystem integriert werden soll, welche Strukturen, Aktivitäten und Verhalten auf der normativen, auf der strategischen und auf der operativen Ebene zu verändern sind.

Auf dem Weg zu einer ISO-Zertifizierung ist mehr oder weniger klar vorgeschrieben, welche Schritte einzuleiten sind (vgl. Patterson 1995, S. 52). Als erster Schritt wird die Bildung eines Qualitäts-Lenkungsausschusses, als zweiter die Suche nach einem Auditor und als dritter die Wahl eines Qualitätsbeauftragten vorgeschlagen.

Bei der Eingliederung eines Qualitätsbeauftragten resp. einer Qualitätskoordinationsstelle ist darauf zu achten, dass der Qualitätsbeauftragte zu allen relevanten Departementen einen direkten Zugang hat. Die folgende Abbildung zeigt ein mögliches Organigramm für einen Hotelbetrieb:

Abbildung 33:
Organisatorische Eingliederung der Qualitätsstelle in einem Hotelbetrieb

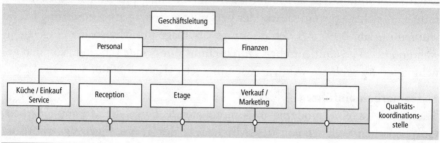

Es liegt auf der Hand, dass die Aufgaben des Qualitätsmanagements verstreut über den ganzen Betrieb von einer Vielzahl von Stellen wahrgenommen werden. Deshalb ist die Aufgabenzuteilung sowie die Klarstellung der Kompetenzen und der Verantwortung besonders wichtig. Den Schnittstellen ist eine hohe Aufmerksamkeit zu schenken.

> **Four People named Everybody, Somebody, Anybody and Nobody**
>
> „There was an important job to be done and Everybody was sure that Somebody would do it. Anybody could have done it, but Nobody did it. Somebody got angry about it, because it was Everybody's job. Everybody thought Anybody could do it, but Nobody realized that Everybody wouldn't do it. It endet up that Everybody blamed Somebody when Nobody did what Anybody could have done."

Das Qualitätsmanagement kann nicht auf eine einzelne Stelle konzentriert sein, sondern muss in Form eines Netzwerks organisiert werden. Es empfiehlt sich deshalb, dem Qualitätsbeauftragten eine Arbeitsgruppe (Qualitätszirkel, Qualitätsteam oder Qualitätsrat) beizustellen. Ein solcher Qualitätszirkel kann
- ausschliesslich aus den Kadermitgliedern,
- hierarchieunabhängig aus Qualitäts-Coachs jedes Departements oder
- ergänzt mit Gästen, Partnern oder andern externen Personen zusammengesetzt sein.

Qualitätsmanagement als Führungsaufgabe

In der Organisationslehre wird unterschieden zwischen „Fremdorganisation" und „Selbstorganisation". In der Fremdorganisation wird die Struktur von der Geschäftsleitung vorgegeben. Für die Wahrnehmung der Qualitätsverantwortung wird eine spezielle Organisationseinheit (z.B. ein Quality Council) geschaffen. In der Selbstorganisation werden die Vorgaben von den Betroffenen stark mitgestaltet. Es braucht zwar eine Koordinationsstelle, doch werden die neuen Qualitätsaspekte in der allgemeinen Organisation von den regulären Stellen übernommen und tragen entsprechend auch die Qualitätsverantwortung (vgl. Seghezzi 1996, S. 173).

Für die Umsetzung der Vorgaben für das Qualitäts-Gütesiegel des Schweizer Tourismus wurden Vorgehensvorschläge in zehn resp. zwölf Schritten gemacht (vgl. Kapitel 7). Dabei geht man von vier Qualitätsgremien aus:

- Der *Geschäftsführer* unterzeichnet ein Qualitätscredo, wählt einen Qualitäts-Coach für den eigenen Betrieb aus und erteilt ihm die notwendigen Kompetenzen.

- Der *Qualitäts-Coach* lässt sich aus- und weiterbilden und koordiniert die Qualitätsanstrengungen.

- Das *Qualitätsteam* setzt sich aus Mitarbeitern unterschiedlicher Departemente zusammen, legt die Qualitätsanstrengungen fest und stellt die Umsetzung sicher.

- Der *Qualitätszirkel* besteht aus möglichst allen Mitarbeitern und Mitarbeiterinnen eines Betriebes resp. eines Departementes; hier wird über die Qualitätsanstrengungen informiert und einzelne Vorgaben werden diskursiv erarbeitet.

Wichtig ist, dass die Organisationsstruktur dazu beiträgt, dass eine eigentliche Qualitätskultur entsteht, dass sich das Führungsverhalten, das Qualitätsbewusstsein, das Selbstverständnis der Mitarbeiter, das Verbesserungswesen und die Verantwortungsübernahme verändern.

7 Qualitätsoffensive im Schweizer Tourismus

Die Qualitätsoffensive im Schweizer Tourismus wurde in einer Vorphase 1995 gestartet. Erstes Ziel dieser Aktion von Schweiz Tourismus[2] war die Sensibilisierung der Branche auf das Thema Qualitätsmanagement mit dem Schwerpunkt der Servicequalität. Dazu wurden ein „Quality Club" gegründet, das Informationsblatt „Quality News" ins Leben gerufen und der Qualitäts-Wettbewerb „Die goldene Blume" lanciert. Um Mitglied im „Quality Club" zu werden, musste der touristische Leistungsträger folgende sieben Punkte für sich und seinen Betrieb als verbindlich erklären:

Qualitätscredo des Schweizer Tourismus

1. Wir ermöglichen unseren Gästen ein positives „Erlebnis Schweiz".
2. Wir orientieren uns an höchsten Qualitätsansprüchen.
3. Wir gehen auf die individuellen Bedürfnisse unserer Gäste ein.
4. Wir erbringen unsere Dienstleistungen engagiert und mit Freude.
5. Wir nehmen die Anregungen unserer Gäste ernst.
6. Wir pflegen für unsere Gäste die kleinen Details, die nicht käuflich sind.
7. Wir sind für unsere Gäste da.

(Schweiz Tourismus 1996)

7.1 Das 3-Stufen-Programm „Qualitätsmanagement im Schweizer Tourismus"

Als nächsten Schritt der Qualitätsoffensive lancierten die wichtigsten touristischen Dachverbände der Schweiz 1997 ein gemeinsames Programm zur Einführung eines nationalen Qualitäts-Gütesiegels. Mit der Vorbereitung des Programms und der Erarbeitung der entsprechenden Instrumente wurde das Forschungsinstitut für Freizeit und Tourismus (FIF) der Universität Bern und die Frey Akademie in Zürich beauftragt. Das Programm wird vom Schweizer Tourismus-Verband (STV) koordiniert.

Mit dem Programm werden die folgenden Ziele verfolgt:

- Steigerung des Qualitätsbewusstseins innerhalb der touristischen Betriebe (es soll ein „Qualitätsvirus" verbreitet werden),

---

[2] Bei „Schweiz Tourismus" handelt es sich um die nationale Marktbearbeitungsorganisation der Schweiz (analog zu Österreich Werbung oder Deutsche Zentrale für Tourismus)

- Kennen lernen von unterschiedlichen Qualitätsmanagement-Ansätzen,
- Weiterentwicklung und Sicherung der Servicequalität (Stufe I), der Führungsqualität (Stufe II) und Einführung eines umfassenden Qualitätsmanagement-Systems (Stufe III),
- Förderung der Leistungserstellung nach Gästegruppen,
- Förderung der Zusammenarbeit zwischen den touristischen Verbänden und den unterschiedlichen Leistungsträgern in der Dienstleistungskette.

Trägerorganisationen des Programms „Qualitätsmanagement im Schweizer Tourismus"

- Schweizer Tourismus-Verband (STV) (Programmkoordination)
- GastroSuisse (GS)
- hotelleriesuisse (SHV)
- Hotel & Gastro Union (HGU)
- Regionaldirektoren-Konferenz (RDK)
- Seilbahnen Schweiz (SBS)
- Schweiz Tourismus (ST)
- Schweizerischer Nutzfahrzeugverband (ASTAG)
- Schweizerischer Reisebüro-Verband (SRV)
- Swiss Snow Sport (SSS)
- Staatssekretariat für Wirtschaft (seco)
- Verband öffentlicher Verkehr (VöV)
- Verband Schweizer Tourismus-Manager (VSTD)

Das Programm verlief in drei Stufen. Auf der Stufe I wurden die Grundlagen, Instrumente und Prozesse für die Weiterentwicklung der Servicequalität ausgearbeitet. Die Stufe II setzte den Hauptakzent auf die Qualitätssicherung und konzentriert sich vermehrt auf die Führungsqualität. Die Stufe III ist einem umfassenden Qualitätsmanagement-System gleichzusetzen. Die Wege zu den Qualitäts-Gütesiegeln I, II und III wurden in separaten Leitfäden aufgezeigt. Die wichtigsten Programmbestandteile sind die folgenden:

Stufe I: Ein „Qualitätsvirus" setzen

- In Seminarien werden so genannte Qualitäts-Coachs der unterschiedlichen touristischen Unternehmen ausgebildet. Dabei lernen sie den Umgang mit den bereitgestellten Instrumenten und Hilfsmitteln zur Förderung und Messung der Servicequalität. Die Qualitäts-Coachs sind anschliessend für die

Umsetzung der Qualitätsbestrebungen in den einzelnen Betrieben verantwortlich.

- Die Vergabe des Qualitäts-Gütesiegels erfolgt aufgrund einer Selbstdeklaration. Es ist die Erfüllung definierter Anforderungen nachzuweisen. Die formelle Prüfung wird durch eine Prüfstelle sichergestellt. Eine regionale Qualitätskommission vergibt aufgrund des Prüfungsberichts das Qualitäts-Gütesiegel für eine Periode von drei Jahren.

Stufe II: Das Qualitätsmanagement-System weiterentwickeln und die Ergebnisse umfassend überprüfen

Werden die Vorgaben für die Stufe I erfüllt, kann ein Betrieb die Erlangung des Gütesiegels Stufe II anstreben.

- Die Qualitäts-Coachs werden zu Qualitäts-Trainern weitergebildet und wenden die aufbereiteten zusätzlichen Hilfsmittel in den einzelnen Betrieben an.

- In der Stufe II wird das Schwergewicht auf die Führungsqualität gelegt. Zur Förderung und Messung der Führungsqualität werden die in Stufe I eingeführten Instrumente weiterentwickelt. Zusätzlich wird mit Hilfe von Fragebogen die Gäste- und Mitarbeiterzufriedenheit gemessen und ein Mystery Check, also ein Besuch von anonymen Testern, durchgeführt.

- Die Vergabe des Gütesiegels erfolgt wiederum aufgrund einer Selbstdeklaration. Zusätzlich muss der Nachweis der Erfüllung definierter Anforderungen erbracht werden. Durch den obligatorischen Einsatz von Mystery Persons wird zudem die externe Kontrolle verstärkt. Analog zur Stufe I wird das Qualitäts-Gütesiegel für eine Periode von drei Jahren vergeben.

Stufe III: Ein umfassendes Qualitätsmanagement-System einführen

Nach Durchlaufen der Stufe I und II sollten Betriebe in der Lage sein – sofern erwünscht – ein umfassendes Qualitätsmanagement-System (gemäss Kapitel 4) einzurichten. Dazu stehen wiederum Ausbildungsmodule und ein Leitfaden „Tourismus" für ISO 9001-2000 zur Verfügung.

Mit Hilfe des 3-Stufen-Programms werden die touristischen Betriebe langsam an die Anforderungen an ein Qualitätsmanagement-System herangeführt. Sie stehen nicht mehr vor dem schwierigen Entscheid, EFQM, ISO oder 2Q „Ja" oder „Nein", sondern können das formale Anspruchsniveau selber wählen.

Abbildung 34:
Die drei Stufen des Programms „Qualitäts-Gütesiegel für den Schweizer Tourismus"

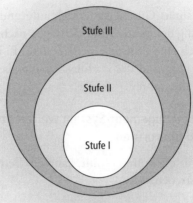

Stufe I   =   Qualitätseinwicklung, Schwerpunkt Servicequalität
Stufe II   =   Qualitätssicherung, Schwerpunkt Führungsqualität
Stufe III =   Umfassendes Qualitätsmanagement

7.2 Qualitäts-Gütesiegel Stufe I

Mit dem Qualitäts-Gütesiegel Stufe I sollen Betriebe aus dem Schweizer Tourismus ausgezeichnet werden, welche besondere Anstrengungen zur Verbesserung ihrer Servicequalität unternehmen. Das Gütesiegel ist ein Zeichen der Anerkennung, das primär die Mitarbeiterinnen und Mitarbeiter motivieren soll, sich auf dem Weg zu mehr Qualität ständig weiterzubewegen. In diesem Sinne ist das Gütesiegel auch eine Verpflichtung zur ständigen Erbringung resp. Sicherung der Qualität. (Die nachfolgenden Ausführungen sind dem Leitfaden „Qualitäts-Gütesiegel für den Schweizer Tourismus" (Müller et al. 1997) entnommen und stellen eine Art Zusammenfassung dar.)

7.2.1 Voraussetzungen zur Erlangung des Qualitäts-Gütesiegels Stufe I

Um das Qualitäts-Gütesiegels Stufe I zu erlangen, muss ein Betrieb gewisse Grundlagen erarbeiten sowie einige Bedingungen erfüllen. Treu dem Grundsatz, dass Qualitätsmanagement eine hohe Eigenverantwortung voraussetzt, werden im Programm keine externen Qualitätskriterien sondern nur einzuleitende Prozesse vorgeschrieben. Der Nachweis wird in Form einer Selbstdeklaration erbracht. Die Voraussetzungen sind:

- Bestimmen und Ausbilden eines (möglichst internen) Qualitäts-Coachs.
- Anwendung und Einsatz der Arbeitsinstrumente (vgl. Kapitel 7.2.2 ff):
  - Serviceketten für die wichtigsten Gästegruppen
  - Qualitätsprofil für die wichtigsten Organisationsbereiche
  - Reklamationsmanagement
  - Aktionsplan mit konkreten Massnahmen.
- Bereitschaft, die Qualität laufend zu verbessern und die Selbstkontrolle mit den entsprechenden Instrumenten jährlich vorzunehmen.
- Einsenden der ausgefüllten Unterlagen an die Prüfstelle.

In speziellen zweitägigen Kursen werden *Qualitäts-Coachs* mit den Instrumenten vertraut gemacht und sie auf die Implementierung eines Qualitäts-Management-Systems im eigenen Betrieb vorbereitet. Zur Vereinfachung der anspruchsvollen Arbeit stehen Leitfaden, CD Rom, Foliensammlung, Video, Diskette und Help Desks zur Verfügung.

Anforderungen an einen Qualitäts-Coach

- Interesse am Thema „Qualitätsmanagement"
- Vorbild bezüglich Dienstleistungsbereitschaft
- Volle Unterstützung durch die Unternehmensleitung
- Führungserfahrung im entsprechenden Betrieb (leitende Stellung oder oberes Kader)
- hohes Begeisterungs- und Überzeugungsvermögen
- Gutes Einfühlungsvermögen in die Gästebedürfnisse
- Wünschenswert: eine höhere Ausbildung (höhere Tourismusfachschule, Hotelfachschule, höhere Fachprüfung, eidg. Fachausweise o.ä.)

Die ausgefüllten Unterlagen (Serviceketten, Qualitätsprofil, Fragebogen zur Reklamationsbearbeitung und Aktionsplan) werden an die Prüfstelle weitergeleitet.

Sie nimmt eine formale Prüfung vor. Anschliessend schlägt sie der regionalen Qualitätskommission vor, das Gütesiegel zu verleihen. Jeweils nach Ablauf eines Jahres werden die Betriebe aufgefordert, die Ergebnisse zu überprüfen sowie den Aktionsplan zu aktualisieren.

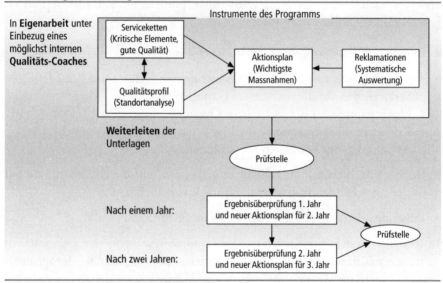

Abbildung 35: Das Programm Stufe I im Überblick

7.2.2 Serviceketten

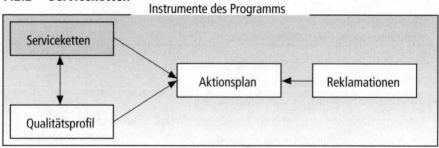

Touristische Leistungen setzen sich immer aus einem ganzen Bündel von Einzelleistungen zusammen. All diese einzelnen Angebote reihen sich – einer Kette gleich – aneinander: die Vorinformation beim Tourist-Center, die Anreise mit dem Zug, der Aufenthalt im Ferienhotel, die Verpflegung im Restaurant, die Ausflüge mit der Bergbahn und schliesslich die Rückreise. Jede einzelne Dienstleistung prägt das gesamte Ferienerlebnis und beeinflusst es.

Abbildung 36: Servicekette „Ferienerlebnis"

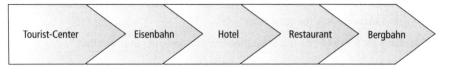

Auch auf der Ebene des einzelnen Betriebes erlebt der Gast das gesamte Leistungsangebot als Servicekette, in der sich eine Dienstleistung an die andere reiht.

Abbildung 37: Servicekette auf Betriebsebene (Hotel)

Die gästespezifischen Serviceketten stellen ein Hilfsmittel für die systematische Überprüfung der eigenen Dienstleistungen und Prozesse dar. Sie helfen, konkrete qualitative Verbesserungspotenziale aufzudecken und entsprechende Massnahmen einzuleiten (vgl. Romeiss-Stracke, 1995).

Oft wird davon gesprochen, dass eine Servicekette so stark sei wie ihr schwächstes Glied. Dies ist ebenso richtig wie falsch. Richtig deshalb, weil das schwächste Glied oft das Gesamtimage prägt und über die damit verbundenen Negativerlebnisse viel diskutiert wird. Falsch deshalb, weil es natürlich wichtigere und weniger wichtige Glieder in einer Servicekette gibt. Beispielsweise hat Jürg Michel (1999, S. 5) die Bedeutung einzelner Servicebereiche im „Erlebnis Berg" für Skifahrer und Snowboarder untersucht und folgende Reihenfolge herausgefunden:
1. Pistenverhältnisse
2. Skilifte
3. Anreise
4. Rettungsdienst
5. Wartezeiten/Anstehen
6. Bergrestaurants usw.

Das Erbringen von Dienstleistungen und der direkte Kontakt mit dem Gast sind anspruchsvolle Aufgaben, denn jeder Gast hat seine speziellen Erwartungen, Bedürfnisse und eigenen Ansichten. Bei allem Fingerspitzengefühl lässt es sich kaum vermeiden, dass es zwischendurch zu Fehlern oder Missverständnissen kommt.

Solche Vorkommnisse werden als *kritische Ereignisse* bezeichnet. Es handelt sich dabei um kleinere und grössere Mängel in einer Dienstleistungskette, die beim Gast Unzufriedenheit auslösen.

Abbildung 38: Servicekette mit kritischen Ereignissen und guter Qualität

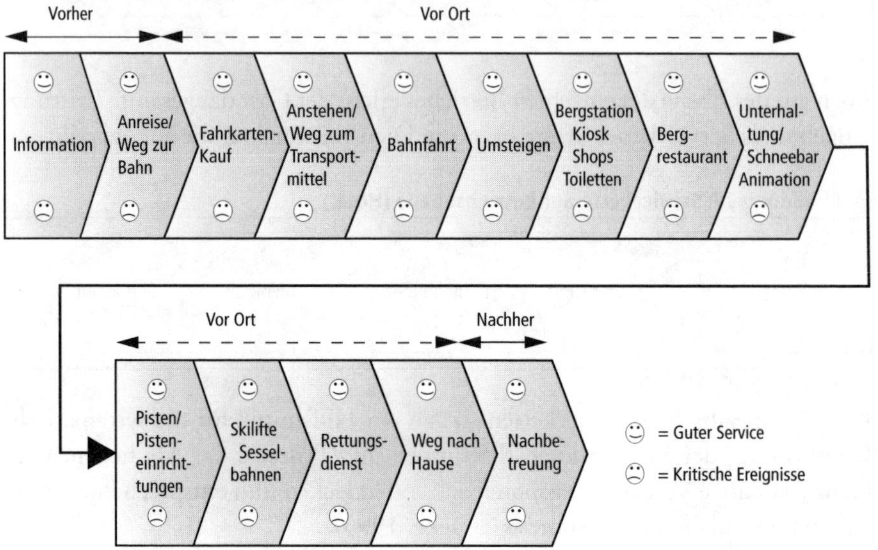

Vorher | Vor Ort

Information → Anreise/Weg zur Bahn → Fahrkarten-Kauf → Anstehen/Weg zum Transportmittel → Bahnfahrt → Umsteigen → Bergstation Kiosk Shops Toiletten → Bergrestaurant → Unterhaltung/Schneebar Animation

Vor Ort | Nachher

Pisten/Pisteneinrichtungen → Skilifte Sesselbahnen → Rettungsdienst → Weg nach Hause → Nachbetreuung

☺ = Guter Service
☹ = Kritische Ereignisse

Meist erinnert sich der Gast besonders an jene Ereignisse, bei denen er enttäuscht wurde, und wird sich auch nicht scheuen, im Bekanntenkreis davon zu erzählen. Es wird vermutet, dass ein unzufriedener Gast zehn anderen seine Erlebnisse weitererzählt, während ein zufriedener Gast nur drei Personen über seine positiven Erfahrungen berichtet.

Die kritischen Ereignisse können sowohl im Bereich der Hardware (defekter Föhn im Hotel, beschädigte Sitze in der Gondelbahn etc.), der Software (unfreundliche Bedienung, lange Wartezeiten etc.), als auch in Form einer beeinträchtigen Umweltqualität (Lärm, Überbauungen, schlechte Luft etc.) auftreten. Im besseren Fall reklamiert der Gast seine Unzufriedenheit und eine entsprechende Korrektur kann vorgenommen werden. Im schlimmeren Fall führen die kritischen Ereignisse dazu, dass der Gast unzufrieden ist, schlecht über den Betrieb oder den Ort spricht und nie mehr wiederkommt. „Forschungen zum Dienstleistungs-Erstellungssystem haben ergeben, dass man sieben positive Punkte benötigt, um einen einzigen Schnitzer in der Betreuung eines Gastes wettzumachen" (Weiermair 1995, S. 5).

Die Verantwortlichen tun gut daran, sich regelmässig in den Gast hineinzudenken, seine Hinweise und Reaktionen ernst zu nehmen, direkt mit ihm zu kommunizieren und die einzelnen Abläufe und Prozesse im Betrieb systematisch auf kritische Ereignisse hin zu überprüfen. Serviceketten stellen ein geeignetes Hilfsmittel dar, um mögliche kritische Ereignisse aufzuspüren und daraus die eigenen Qualitätsstandards abzuleiten.

Im Rahmen des Programms „Qualitäts-Gütesiegel für den Schweizer Tourismus" muss jeder Betrieb seine eigenen Serviceketten definieren. Dabei wird das Vorgehen in 4 Schritten empfohlen:

1. *Aufbau und Struktur der Kette erarbeite:* Spezifische Gästegruppen auswählen.
2. *Kritische Ereignisse aufspüren:* Die einzelnen Kettenglieder betrachten und folgende Fragen stellen: Was erwartet der Gast, was ist ihm wichtig? Wo können „kritische Ereignisse" auftreten, wo wird der Gast (hie und da oder oft) enttäuscht?
3. *Qualitätsstandards festlegen:* Für jedes „kritische Ereignis" einen Standard definieren, was wir als „guten Service" verstehen.
4. *Zweckmässige Massnahmen ableiten,* um den „guten Service" in jedem Zeitpunkt zu garantieren: Zuordnung von Prioritäten bezüglich Dringlichkeit resp. Wichtigkeit.

Nebst den Serviceketten aus der Perspektive der Gäste gibt es auch *interne Serviceketten,* also Arbeitsabläufe, die „hinter den Kulissen" vor sich gehen. Jede Leistung, die dem Gast angeboten wird, ist ein Produkt von verschiedenen Vorleistungen, die ihrerseits als Kette von miteinander verbundenen Handlungsabläufen dargestellt werden können. Auch diese internen Prozesse müssen im Auge behalten und optimiert werden.

Abbildung 39: Interne Serviceketten

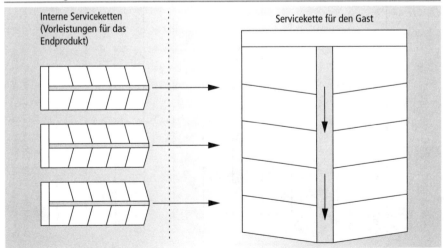

Abbildung 40: Serviceketten für den eigenen Betrieb

Servicekette für die Gästegruppe: ....
Name des Betriebes: ....

Leistungselement	Kritische Ereignisse	Guter Service	Massnahmen zur Errichtung von gutem Service	Priorität 1,2,3[1]

[1]
1 = hohe Priorität, rasch & einfach realisierbar; grosses Potenzial bezüglich Kundenzufriedenheit; Ertrag oder Einsparungen
2 = mittlere Priorität, hoher Aufwand; mittlerer bis grosser Ertrag
3 = geringe Priorität, hoher Aufwand; geringer Ertrag

7.2.3 Qualitätsprofil

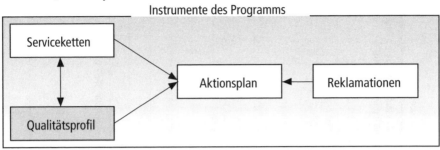

Servicequalität kommt – vereinfacht dargestellt – durch die Zusammenarbeit dreier Personengruppen zustande: Den Gästen, die Servicequalität in Anspruch nehmen, den Mitarbeitern, die Servicequalität erbringen und der Führung, die zu Servicequalität anregt und sie vorlebt.

Mit dem Qualitätsprofil erhält die Betriebsleitung ein Mittel in die Hand, das ihr ermöglicht, sich systematisch in die Arbeitsabläufe hineinzudenken und so die Servicequalität des Betriebes zu erfassen. Das Qualitätsprofil ist somit der Ausgangspunkt zu einer verbesserten strategischen Betriebsführung. Mit dem Qualitätsprofil werden alle Organisationsbereiche eines Betriebs im Sinne eines Cross-Checks erfasst und untersucht.

Der Zweck des Qualitätsprofils besteht darin, der Betriebsleitung grundlegende Informationen über ihre Betriebsführung zu vermitteln. Zudem wird sie aufgefordert, die Informationen in einer Aktionsplanung festzuhalten und mit geeigneten Massnahmen umzusetzen.

Die sechs Handlungsansätze des Qualitätsprofils

Das Qualitätsprofil enthält zehn Aussagen zur Betriebsführung. Sie beziehen sich auf Aufgaben, welche für eine hohe Servicequalität von grosser Bedeutung sind (vgl. Kapitel 2.2).

1. *Gästeerwartungen kennen:* Die Mitarbeiter und das Management verschaffen sich Informationen über das, was die Gäste von uns erwarten.

2. *Einrichtungen und Hilfsmittel pflegen:* Die Mitarbeiter und die Betriebsleitung sorgen dafür, dass sämtliche Einrichtungen (Mobiliar, Geräte, Dekoration usw.) und Arbeitshilfsmittel (z.B. EDV-Anlagen, Maschinen) in tadellosem Zustand sind.

Abbildung 41: Qualitätsprofil

Aussage 4: Im Team arbeiten
Die Mitarbeiter unterstützen ihre Arbeitskollegen tatkräftig, damit sie zusammen ihre Aufgaben zum Wohl der Gäste erfüllen können.

Organisationsbereiche	trifft nicht zu (1)	(2)	(3)	trifft voll zu (4)	nicht beantwortbar	Notizen und Bemerkungen: Was läuft bei uns gut, was läuft nicht gut, wo liegen unsere Stärken und Schwächen? Was fehlt, damit eine Top-Leistung entsteht?
....	☐	☐	☐	☐	☐	
....	☐	☐	☐	☐	☐	
....	☐	☐	☐	☐	☐	
....	☐	☐	☐	☐	☐	
....	☐	☐	☐	☐	☐	
....	☐	☐	☐	☐	☐	
....	☐	☐	☐	☐	☐	
....	☐	☐	☐	☐	☐	
....	☐	☐	☐	☐	☐	
....	☐	☐	☐	☐	☐	

Konkrete Massnahmen und Schritte zu Aussage 4: Im Team arbeiten

In welchem (Organisations-) Bereich möchten wir aktiv werden?	Wie lautet unser Qualitätsstandard dafür?	Welche Massnahmen treffen wir?	Kontrolle: Wer? Wann?
		Priorität für den Aktionsplan	1 ☐ 2 ☐ 3 ☐

3. Gästezufriedenheit kennen: Die Mitarbeiter und Betriebsleitung finden heraus, wie zufrieden die Gäste sind.

4. Im Team arbeiten: Die Mitarbeiter unterstützen ihre Arbeitskollegen tatkräftig, damit sie zusammen ihre Aufgaben zum Wohl der Gäste erfüllen können.

5. Mit Partnerbetrieben zusammenarbeiten: Die Vorgesetzten sorgen dafür, dass die Zusammenarbeit mit Betrieben/Partnern bzw. anderen touristischen Anbietern der näheren oder weiteren Region reibungslos klappt.

6. Umgang mit den Mitarbeitern pflegen: Die Betriebsleitung kennt die Erwartungen der Mitarbeiter. Sie gestaltet das Arbeitsumfeld und die Arbeitsbedingungen, die Weiterbildung und die Mitarbeiterführung so, dass die Mitarbeitermotivation gefördert wird.

Vier der sechs Aussagen sind für jeden Organisationsbereich eines Betriebes auf einer Skala von 1 bis 4 zu bewerten. Sämtliche Gedanken und Ideen zu den Stärken und den Schwachstellen im Betrieb sollen umgehend notiert werden. Gleichzeitig können die als zweckmässig erachteten Konsequenzen oder Massnahmen im Betrieb geplant werden. Dafür stehen im Formular entsprechende Felder zur Verfügung.

7.2.4 Umgang mit Reklamationen

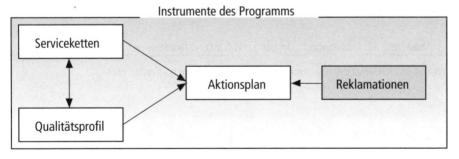

Zufriedene Gäste zu haben, ist das oberste Ziel des Qualitätsmanagements. Im Dienstleistungsprozess treten jedoch immer wieder Situationen auf, die zu Beanstandungen und Reklamationen führen. Reklamationen sollten jedoch nicht als Gefahr, sondern als Chance für Verbesserungen der Leistung angesehen werden. Deshalb stellt der bewusste und aktive Umgang mit Reklamationen einen wichtigen Teil innerhalb des Qualitätsmanagements dar. (Vgl. auch Kapitel 5.5).

Ziel eines aktiven Reklamationsmanagements ist es,
- die Möglichkeit der Wiederherstellung der Gästezufriedenheit zu nutzen,
- eine negative Mund-zu-Mund-Propaganda zu vermeiden,
- die Gästeabwanderung zu minimieren,
- unberechtigte Ansprüche abzuwehren,
- Informationen zu gewinnen und Schwachstellen aufzudecken.

Für das Gütesiegel der Stufe I ist der Nachweis zu erbringen, dass Reklamationen im betreffenden Betrieb einen hohen Stellenwert besitzen und als wertvolles Verbesserungspotenzial angesehen werden. Mit Hilfe eines kurzen *Fragebogens* wird das Bewusstsein bezüglich der Bedeutung von Reklamationen gestärkt und entsprechende Massnahmen verlangt. Dabei sind die folgenden fünf Aspekte zu hinterfragen:

- Welche Gästereklamationen kommen bei uns häufig vor?
- Wie ausgeprägt ist das Reklamationsbewusstsein der Mitarbeiter?
- Wie können Reklamationen stimuliert werden?
- Wie gehen wir mit Reklamationen um?
- Wie werten wir Reklamationen aus?

Daraus sind wiederum *Massnahmen* zur zielgerichteten Reklamationsbearbeitung abzuleiten.

Abbildung 42: Fragebogen „Umgang mit Gästereklamationen" (Auszug)

Welche drei Reklamationsarten kommen in Ihrem Betrieb am häufigsten vor?

1. ....

2. ....

3. ....

Welche Instrumente setzen Sie zur Beschwerdestimulierung Ihrer Gäste ein, damit diesen die Mitteilung der Reklamation erleichtert wird?
- ❏ Durchführung von persönlichen Gesprächen
- ❏ Auslage von Meinungskarten/Comment-Cards

Qualitätsoffensive im Schweizer Tourismus

❏ Aufstellung von Meckerkasten/Beschwerdebox
❏ Errichtung eines Anschlagsbrettes, wo Reklamationen angebracht werden können
❏ Einsatz von Fragebogen
Andere: ....

Welche Reaktionsinstrumente setzen Sie ein, um auf Gästereklamationen zu reagieren?
❏ Übergabe einer kleinen Aufmerksamkeit (z.B. Sachgüter,   Gutscheine)
❏ Persönliches Gespräch mit Entschuldigung
❏ Persönlicher Anruf beim reklamierenden Gast
❏ Entschuldigungsschreiben
❏ Nachträgliche Rückerstattung eines bestimmten Geldbetrages
❏ Ersatz/Reparatur der defekten Anlage
❏ Nachbesserung der mangelhaften Leistung
❏ Leistungsaustausch
Andere Reaktionsmöglichkeiten: ....

Welche Massnahmen treffen Sie, um Ihre Mitarbeiterinnen und Mitarbeiter professionell auf Reklamationen vorzubereiten?
❏ Zusammenstellung von Mitarbeiter-Schulungsprogrammen
❏ Erstellung eines Leitfadens für ein professionelles Reklamationsgespräch
❏ Festlegung von Zuständigkeiten für die Reklamationsbearbeitung
❏ Bestimmung von Entscheidungskompetenzen
❏ Ausfertigung von Formularen zur Reklamationserfassung

Festlegung von Massnahmen zur zielgerichteten Reklamationsbearbeitung

Servicebereich: ....

Massnahme: ....

Wer? ....

Wann? ....

Kontrolle: ....

7.2.5 Aktionsplan und Überprüfung der Ergebnisse

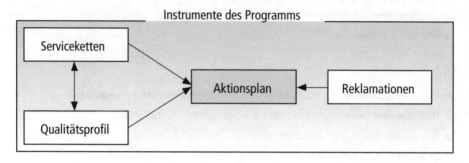

Zentraler Bestandteil des Qualitätsprogramms ist das Erstellen des Aktionsplans. Dabei werden die wichtigsten Erkenntnisse aus der Analysephase (Serviceketten, Qualitätsprofil, und Reklamationen) zusammengetragen und übersichtlich auf einem Blatt dargestellt. Es sind entsprechende Massnahmen und Strategien zu planen, Prioritäten zu setzen, Termine zu vereinbaren und Verantwortliche zu bestimmen. Voraussetzung für die Erlangung des Gütesiegels der Stufe I ist die Definition von sechs bis maximal zehn zentralen und konkreten Massnahmen im Aktionsplan.

Die Verbesserungsmassnahmen können einem selbst festgelegten Qualitätsthema untergeordnet werden. Die Konzentration auf ein Jahresthema (z.B. „Freundlichkeit der Mitarbeiter"; „Interne Prozesse"; „Zusammenarbeit zwischen den einzelnen Servicebereichen") bündelt die Verbesserungsbestrebungen auf ein bestimmtes Gebiet und verhindert die Verzettelung in viele Richtungen.

Die definierten Ziele und aufgestellten Verbesserungsmassnahmen müssen innert Jahresfrist systematisch überprüft werden: Für jede aufgestellte Massnahme ist nach einem Jahr der Grad der Zielerreichung im Aktionsplan einzutragen. Darauf basierend können Massnahmen für den Aktionsplan des folgenden Jahres abgeleitet und festgelegt werden.

Qualitätsoffensive im Schweizer Tourismus

Abbildung 43: Massnahmenplan

1) Nr. der Massnahme:	2) Name der Massnahme/Problembereich .... 3) Betroffene(r) Organisationsbereich(e)		
	IST-Situation: Wie sieht es heute aus? Was läuft nicht gut? Warum?	**Welche Massnahmen treffen wir?** 1. Schritt .... 2. Schritt .... 3. Schritt	**Erfolg der Massnahmen überprüfen:** Wie überprüfen wir, ob wir das alles erreichen? Wann überprüfen? 1. Schritt .... 2. Schritt .... 3. Schritt ....
	SOLL-Situation: Wie sieht die optimale Situation aus?	4) Wer ist verantwortlich für die Durchführung dieser Massnahmen? .... 5) Termin der Umsetzung:	Wer überprüft? .... Termin der Überprüfung: ....

7.2.6 Vorgehensschritte bei der Umsetzung

Für die innerbetriebliche Umsetzung werden mögliche Vorgehensschritte vorgeschlagen. Dabei wird empfohlen, sich an die organisationstheoretischen Grundsätze, wie sie im Kapitel 6.3 dargelegt wurden, zu halten. Die zehn checklistartig dargestellten Vorgehensschritte möchten Denkanstösse vermitteln, haben aber keinen Anspruch auf Vollständigkeit. Der Geschäftsleitung und dem Qualitäts-Coach kommt dabei eine zentrale Vorbild- und Koordinationsfunktion zu. Ausgangspunkt bildet die Ausbildung zum Qualitäts-Coach.

1. Schritt: Geschäftsführer informieren – weiteres Vorgehen bestimmen
- Was habe ich gelernt? Welche Informationen braucht der Geschäftsführer? Welche Konsequenzen hat dies für unseren Betrieb?
- Welche Personen sind in die Umsetzung zu involvieren?
- Wie gehen wir betriebsintern vor? Welche Aufgabenteilung drängt sich auf?
- Welche Kompetenzen habe ich als Qualitätscoach?
- Wann werden die einzelnen Schritte ausgelöst?

2. Schritt: Qualitätszirkel 1 (möglichst mit allen Mitarbeitern)

Mitarbeiter über das Vorhaben informieren und Bewusstsein für Qualitätsbestrebungen schaffen:
- Um was geht es? Was möchten wir tun?
- Mit welchen Gästegruppen haben wir es zu tun?
- Welche unterschiedlichen Serviceketten sind auseinander zu halten?
- Wer erarbeitet welche Serviceketten?
- Welche Rolle hat der Coach?
- Sollen Serviceketten parallel oder nacheinander erarbeitet werden?
- Bis wann sind welche Serviceketten überprüft?

3. Schritt: Innerbetriebliche Serviceketten überprüfen
- Was versteht man unter Serviceketten?
- Welche kritischen Ereignisse gibt es in unserem Betrieb?
- Was wäre gute Qualität?
- Welche Massnahmen schlagen wir vor?

4. Schritt: Qualitätszirkel 2

- Austausch der Serviceketten: Welche Erkenntnisse haben wir gewonnen?
- Was wollen wir mit welcher Priorität verändern?
- Bezüglich welchen Qualitätsaspekten wollen wir unser Qualitätsprofil überprüfen?
- Für welche Servicebereiche (Organisationseinheiten/Abteilungen) drängt sich das Qualitätsprofil auf?
- Weiteres Vorgehen: Wer bewertet bis wann das Qualitätsprofil?

5. Schritt: Qualitätsprofil erstellen

- Wie ausgeprägt ist in einzelnen Servicebereichen unseres Betriebes das Qualitätsbewusstsein?
- Was soll sich ändern?

6. Schritt: Qualitätszirkel 3

- Qualitätsprofil vorstellen: Welche Erkenntnisse haben wir gewonnen? Was wollen wir mit welcher Priorität verändern?
- Den Umgang mit Reklamationen überprüfen: Welches sind unsere häufigsten Reklamationen? Wie gehen wir mit Reklamationen um?
- Weiteres Vorgehen: Wer beantwortet bis wann den Reklamations-Fragebogen resp. den Massnahmenplan?

7. Schritt: Umgang mit Reklamationen überprüfen?

- Wie bewusst ist das eigene Beschwerdemanagement?
- Welche Massnahmen sind zur zielgerichteten Reklamationsbearbeitung notwendig?

8. Schritt: Qualitätszirkel 4

- Massnahmen zur zielgerichteten Reklamationsbearbeitung vorstellen: Welche Erkenntnisse haben wir gewonnen? Was wollen wir mit welcher Priorität verändern?
- Aktionsplan vorbereiten: Welches sind die 6 bis 10 wichtigsten Qualitätsverbesserungs-Massnahmen? Verantwortung, Termin, Priorität festlegen!
- Zukunft des Qualitätszirkels besprechen: Soll der Qualitätszirkel aufrecht erhalten werden? Aufgaben und Ziele eines institutionalisierten Qualitätszirkels?

9. Schritt: Unterlagen fertig stellen und einreichen, Bescheid abwarten
- Machen die im Aktionsplan festgelegten Massnahmen Sinn? Erreichen wir damit die gewünschte Qualitätsverbesserungen?
- Haben wir uns genügend gefordert? Haben wir uns zu viel vorgenommen?
- Sind alle Unterlagen korrekt ausgefüllt? Wenn ja: Einsenden und eventuelle Rückfragen umgehend einbessern resp. beantworten

10. Schritt: Qualitätsfest vorbereiten und laufende Kontrolle sicherstellen
- Wie können wir die Übergabe des Gütesiegels nutzen, um nochmals zu motivieren (Qualitätsfest)?
- Wie und wann kontrollieren wir, dass die Umsetzung der Massnahmen gut funktioniert?
- Wie stellen wir sicher, dass der Aktionsplan nach einem Jahr aktualisiert wird?

7.2.7 Verfahrensgrundsätze

Die Vergabe des Gütesiegels geht wie folgt vor sich: Die Prüfstelle kontrolliert, ob alle Bedingungen und Anforderungen eingehalten wurden und die vorgenommenen Massnahmen zur Verbesserung der Servicequalität glaubwürdig und situativ angepasst sind. Die Prüfstelle ist beim Schweizer Tourismus-Verband angesiedelt. Bei Erfüllung der erforderlichen Kriterien geht ein Vorbescheid an die regionale Qualitätskommission zum Mitbericht. Anschliessend entscheidet die Prüfstelle definitiv. Für Rekurse ist der Qualitätsrat zuständig.

Das Gütesiegel wird dem Betrieb durch die entsprechende regionale Qualitätskommission vergeben. Die ausgezeichneten Betriebe werden in Prospekten und Führern mit dem Gütesiegel gekennzeichnet. Zur Überwachung und Weiterentwicklung des Programms wurde das *Qualitätsteam* gegründet. Einsitz haben alle Qualitätsbeauftragten der Trägerorganisationen. Es wird vom Schweizer Tourismus-Verband koordiniert. Oberste Entscheidinstanz für alle Verfahrensfragen ist der *Qualitätsrat*, der sich aus den Direktoren der neun Trägerorganisationen zusammensetzt. Er wird ebenfalls vom Schweizer Tourismus-Verband geleitet.

7.3 Qualitäts-Gütesiegel Stufe II

Das Programm zum Qualitäts-Gütesiegel Stufe II, ebenfalls vom Forschungsinstitut für Freizeit und Tourismus (FIF) der Universität Bern sowie der Frey Akademie in Zürich entwickelt, wurde nach eingehenden Tests im November 1999 lanciert. Es baut auf der Stufe I auf und basiert auf dem umfassenden Modell der European Foundation for Quality Management (vgl. Kapitel 4.3).

Abbildung 44: Qualitäts-Gütesiegel Stufe II im Überblick

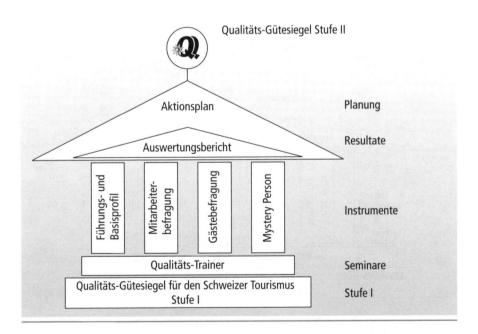

Das Gesamtprogramm enthält folgende Anforderungen und Instrumente:

- Die Anforderungen an das Qualitäts-Gütesiegels *Stufe I* werden als erfüllt vorausgesetzt.
- Die auf Stufe I ausgebildeten Qualitäts-Coachs werden zu *Qualitäts-Trainern* weitergebildet.
- Mit Hilfe des *Führungs- und Basisprofils* schätzen die Betriebe das Qualitätsbewusstsein, die Voraussetzungen und die Ergebnisse in den unterschiedlichen Organisationsbereichen selber ein.
- Mit Hilfe von Fragebögen werden sowohl die *Mitarbeiter-* wie auch die *Gästezufriedenheit* systematisch überprüft.
- Eine *Mystery-Person* kontrolliert und bewertet die unterschiedlichen Qualitätsaspekte eines Betriebes aufgrund vorgegebener Kriterien.
- Die Resultate werden mit branchenspezifischen *Benchmarks* versehen und im *Auswertungsbericht* in Form eines „Quality House" dargestellt.
- Der Betrieb leitet daraus in einem *Aktionsplan* sechs bis zehn Qualitäts-Verbesserungsmassnahmen ab.

7.3.1 Das Führungsprofil

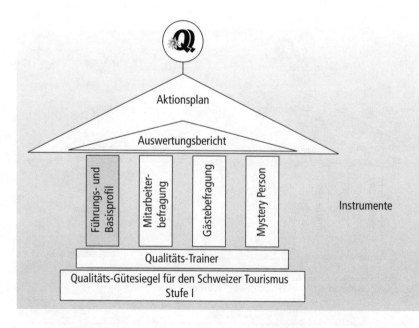

Das Führungsprofil stellt ein Arbeitsinstrument für die Betriebsleitung dar, mit dem verschiedene Aspekte der Führung beurteilt werden. Anhand von zwölf Aussagen schätzen die Kadermitglieder die Qualität des Betriebes ein. Die einzelnen Aussagen beziehen sich auf verschiedene Voraussetzungen und Ergebnisse der Qualität, wie sie im EFQM-Modell for Excellence unterschieden werden. Jede Aussage bezieht sich auf eines oder mehrere dieser Elemente.

1. *Versprechen an die Gäste einhalten:* Wer den Gästen Versprechen abgibt, die nicht eingehalten werden können, schafft eine mögliche Quelle unzufriedener Gäste. Es lohnt sich, die Serviceversprechen des Betriebes in Prospekten, Briefen etc. von Zeit zu Zeit genau zu untersuchen.

2. *Regelmässigen Kontakt mit den Gästen pflegen:* Wer in regelmässigem Kontakt mit den Gästen steht, erhält viele Anregungen und Rückmeldungen. Die Mitarbeiter und vor allem auch die Vorgesetzten sollten sich bewusst Zeit nehmen, um den Kontakt mit den Gästen zu pflegen.

3. *Regelmässig Feedback erteilen:* Konstruktive Rückmeldungen helfen Mitarbeitern, Schwächen zu erkennen und sich weiter zu entwickeln. Rückmeldungen an die Mitarbeiter erhöht auch die Mitarbeiterzufriedenheit, welche wiederum die Gästezufriedenheit beeinflusst.

4. *Die Mitarbeiter regelmässig weiterbilden:* Gut geschulte Mitarbeiter sind besser in der Lage, die Gäste kompetent und zuverlässig zu bedienen. Zudem machen Schulungsmöglichkeiten Arbeitsplätze attraktiver und tragen dazu bei, übermässigen Mitarbeiterwechsel zu verhindern. Die Inhalte der Weiterbildung sollten konkret auf die Arbeit der betreffenden Mitarbeiter bezogen sein.

5. *Weiterbildung der Vorgesetzten:* Die Weiterbildung der Vorgesetzten stellt eine wichtige Voraussetzung für die Mitarbeiterführung dar. Nur fachlich und sozial kompetente Vorgesetzte sind glaubwürdig.

6. *Faires Salärsystem:* Mitarbeiterkosten sind unbestritten wichtige Kostenfaktoren, die im Auge behalten werden müssen. Zu tiefe Löhne führen aber zu unzufriedenen Mitarbeitern und können deren Leistungsbereitschaft beeinflussen.

7. *Ziele vereinbaren mit Mitarbeitern in Führungsfunktionen:* Ziele sind wichtig für die Führung und Beurteilung der Mitarbeiter, insbesondere bei Mitarbeitern in Führungspositionen. Ziele sollten realistisch festgelegt werden und die Rahmenbedingungen des Betriebes berücksichtigen.

8. Mit den wichtigsten Partnern zusammenarbeiten: Es nützt einem Betrieb wenig, wenn seine Leistung perfekt war, aber gleichzeitig die Partnerbetriebe die Gäste verärgern. Einzelne Leistungen müssen deshalb über den eigenen Betrieb hinaus koordiniert werden.

9. Imagepflege: Das Image gibt die öffentliche Meinung über einen Betrieb wieder. Ein schlechtes Image zu haben, kann bedeuten: Mühe bei der Suche von qualifizierten Mitarbeitern, Probleme bei Kreditaufnahmen, fehlende Unterstützung bei Einheimischen.

10. Schriftliche Kommunikation: Die erste Kontaktnahme, Reservationen und Information durch Gäste erfolgt oft über schriftliche Kommunikation. Studien haben ergeben, dass Selbstdarstellungen von Betrieben oft uneinheitlich, überladen und vor allem unpersönlich sind. Es ist zu bedenken, dass jedes schriftliche Dokument des Betriebes für den Gast eine Visitenkarte darstellt.

11. Mit natürlichen Ressourcen und Energie sparsam umgehen: Zwar bedeutet Ressourcen schonen, oft auch Kosten sparen. Es geht dabei aber auch um einen verantwortungsvollen und zukunftsweisenden Umgang mit der natürlichen Umwelt. Deshalb sind die Einsparmöglichkeiten beim Verbrauch von natürlichen Ressourcen regelmässig zu prüfen und festgestellte Defizite rasch zu beseitigen.

12. Preis-Leistungsverhältnis: Qualität kann auf jedem Preisniveau geboten werden. Massgebend ist letztlich das Preis-Leistungsverhältnis, welches der Gast geboten erhält. Der Betrieb muss sich deshalb regelmässig die Frage stellen, ob die gebotenen Leistungen den verlangten Preis wert sind. Oft kann mit kleinen Massnahmen der Gesamteindruck erheblich verbessert werden.

Anleitung zum Bearbeiten des Führungsprofils
Das Führungsprofil stellt eine Selbstbewertung dar. Die Führungskräfte bewerten die Gesamtunternehmung sowie einzelne Bereiche des Betriebes selber. Eine seriös und ehrlich durchgeführte Selbstbewertung kann dem Betrieb viele Hinweise für Qualitätsanstrengungen bringen.

In einem ersten Schritt wird jeweils die Aussage für unterschiedliche Organisationsbereiche bewertet. In einem zweiten Schritt werden bereits jetzt konkrete Massnahmen abgeleitet, welche nach der Bearbeitung des Profils als wichtig erscheinen. Die einzelnen Massnahmen aus der Arbeit mit dem Führungsprofil können später für den Aktionsplan weiterverwendet werden – müssen aber nicht.

7.3.2 Das Basisprofil

Das Basisprofil stellt eine Selbstbewertung des Betriebes durch möglichst alle Mitarbeiter dar. Es enthält wiederum zwölf Aussagen, welche verschiedene Aspekte des Betriebes abdecken. Die einzelnen Aussagen beziehen sich auf verschiedene Voraussetzungen und Ergebnisse der Qualität, wie sie im EFQM-Modell unterschieden werden. Jede Aussage bezieht sich auf eines oder mehrere dieser Elemente.

1. *Arbeitsklima pflegen:* Ein gutes Arbeitsklima beinhaltet Teamgeist, Offenheit, Freude an der Arbeit, Kritikmöglichkeiten und Toleranz. Für ein gutes Arbeitsklima sind Vorgesetzte und Mitarbeiter gleichermassen verantwortlich.

2. *Standards und Gästeerwartungen in Einklang bringen:* Erwartungen an die Mitarbeiter müssen in Stellenbeschreibungen, Mitarbeitergesprächen, Teamsitzungen, etc. klar kommuniziert werden. Die Vorgaben an die Mitarbeiter sollten sich an den Gästeerwartungen orientieren.

3. *Im Team zum Wohle des Gastes zusammenarbeiten:* So wie jeder touristische Betrieb mit andern Betrieben eine Dienstleistungskette für den Gast bildet, stellen auch einzelne Abteilungen innerhalb des Betriebes eine Kette dar. Es ist immer wieder zu prüfen, ob diese innerbetrieblichen Serviceketten keine schwachen Glieder aufweisen.

4. *Kontakt zu den Gästen gestalten:* Jeder Gästekontakt – und sei er noch so kurz – kann gestaltet werden. Das beinhaltet verschiedene Aspekte: Augenkontakt herstellen, sich um eine freundliche Stimme bemühen, aufmerksam zuhören. Vorgesetzte und Mitarbeiter sollten sich gegenseitig beobachten und einander Rückmeldungen geben, wo der Kontakt zu den Gästen noch verbessert werden könnte.

5. *Verantwortung und Kompetenzen festlegen:* Jeder Mitarbeiter braucht die nötigen (Entscheid-)Kompetenzen, damit er seine Aufgaben wahrnehmen kann. Andererseits ist jeder Mitarbeiter für die Erfüllung seiner Aufgaben verantwortlich. Verantwortung, Aufgaben und Entscheidkompetenzen sollten sich deshalb in etwa die Waage halten.

6. *Gepflegtes Erscheinungsbild:* Besonders diejenigen Mitarbeiter und Vorgesetzten, die direkten Gästekontakt haben, vermitteln mit ihrem Erscheinen beim Gast einen Eindruck. Es ist deshalb wichtig, dass die Arbeitskleidung ordentlich und sauber ist. Zum positiven Erscheinungsbild gehören weiter die Körperpflege und -hygiene und das Vermeiden von unangenehmen Gerüchen.

7. *Leitbild und Unternehmensziele sind Mitarbeitern bekannt:* Viele touristische Betriebe zeichnen sich durch Saisonalität und eine hohe Fluktuation beim Personal aus. Um so wichtiger ist eine klare und gut kommunizierte Unternehmenspolitik, die als Orientierungshilfe für die täglichen Entscheidungen dient. Das Leitbild sollte schriftlich festgelegt sein und den Mitarbeitern zumindest beim Stellenantritt und in Mitarbeitergesprächen erklärt werden.

8. *Umgang mit Sonderwünschen und Reklamationen regeln:* Natürlich soll und kann nicht jeder ausgefallene Sonderwunsch erfüllt werden. Auch gibt es unberechtigte Reklamationen. Trotzdem stellen gerade Sonderwünsche und Reklamationen Situationen dar, in denen der Betrieb Gäste positiv überraschen oder eben verärgern kann. In Teamsitzungen sollte deshalb regelmässig besprochen werden, wie auf Sonderwünsche und Reklamationen reagiert werden soll.

9. *Entgegenkommen, Freundlichkeit und Höflichkeit kultivieren:* On-the-job-Training bedeutet, dass Rückmeldungen an die Mitarbeiter während der Arbeit in entsprechenden Situationen gegeben werden. Auch werden sie sachte aufmerksam gemacht auf Fehler im Umgang mit den Gästen. Dies bedingt, dass die Vorgesetzten sich als Vorbilder verhalten.

10. *Geräte, Einrichtungen und Anlagen pflegen:* Die Wartung der Infrastruktur kann durch die Mitarbeiter des Betriebes selber übernommen werden oder durch Serviceverträge spezialisierten Firmen anvertraut werden. Reinigung und Funktionskontrollen helfen mit, präventiv negative Erlebnisse von Gästen mit der Infrastruktur zu vermeiden.

11. *Mündliche Kommunikation:* Abläufe müssen koordiniert werden. Alle Mitarbeiter sind deshalb regelmässig mit den für ihre Arbeit relevanten Informationen zu versorgen. Die Informationen sollten aber nicht nur von „oben nach unten" fliessen, sondern auch unter den Mitarbeitern und von den Mitarbeitern zu den Vorgesetzten. Deshalb sind die Informationsflüsse genau zu regeln.

12. *Abfall vermeiden, umweltgerecht entsorgen:* Viele (scheinbare) Abfälle können wiederverwertet werden. Dies spart nicht nur Abfall sondern auch Kosten. Abfälle, die nicht wiederverwertet werden können, sollten konsequent getrennt und umweltgerecht entsorgt werden. Dazu sind klare Anweisungen an die Mitarbeiter nötig. Die Mitarbeiter wissen, wo sie nachsehen können, welche Abfälle getrennt und wo sie entsorgt werden.

Anleitung zur Bearbeitung des Basisprofils

Das Basisprofil stellt wiederum eine Selbstbewertung dar. Die Mitarbeiter eines Betriebs bewerten die Gesamtunternehmung sowie einzelne Bereiche des Betriebes selber. Eine seriös und ehrlich durchgeführte Selbstbewertung kann dem Betrieb viele Hinweise für Qualitätsanstrengungen bringen.

In einem ersten Schritt wird jeweils die Aussage für unterschiedliche Organisationsbereiche bewertet. In einem zweiten Schritt werden bereits jetzt konkrete Massnahmen abgeleitet, welche nach der Bearbeitung des Profils als wichtig erscheinen. Die einzelnen Massnahmen aus der Arbeit mit dem Führungsprofil können später für den Aktionsplan weiter verwendet werden – müssen aber nicht.

Qualitätsorientiertes Tourismus-Management

Abbildung 45: Basisprofil

Aussage 6: Gepflegtes Erscheinungsbild
Das Erscheinungsbild der Mitarbeiter/innen und Vorgesetzten ist gepflegt, sauber und freundlich.

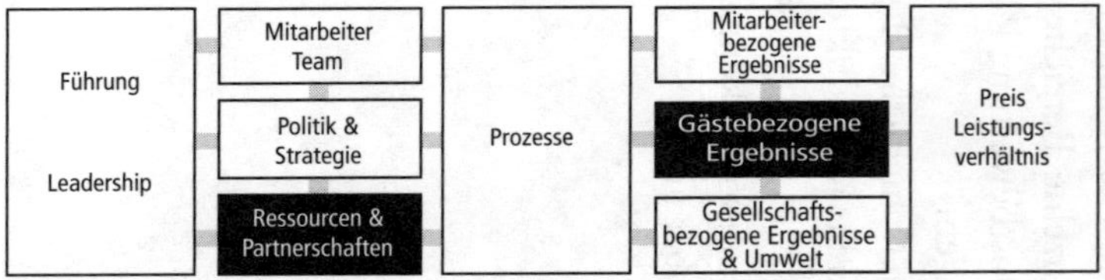

Kreuzen Sie das Feld an, das die Situation **entweder** für den Gesamtbetrieb **oder** für jeden Organisationsbereich möglichst realistisch wiedergibt:

	trifft nicht zu			trifft voll zu	nicht beantwortbar	Notizen und Bemerkungen: Was läuft bei uns gut, was läuft nicht gut? Was fehlt, damit eine Top-Leistung entsteht?
	1	2	3	4		

Entweder ….

Gesamtbetrieb

… oder einzelne Organisationsbereiche

7.3.3 Die Mitarbeiterbefragung

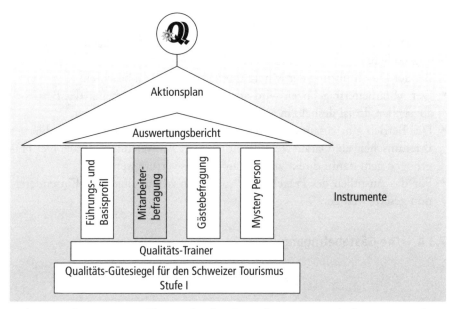

Es bietet sich eine grosse Chance für den Betrieb, wenn er sich den *internen Kundenanforderungen* offen und konstruktiv stellt. Verschiedene Führungswerkzeuge können dazu beitragen, die Anliegen und Positionen der Mitarbeiter besser zu verstehen:
- das persönliche Gespräch,
- aktives Beobachten im Betrieb statt wegschauen,
- regelmässige Zielvereinbarungen in Gesprächen,
- Teamsitzungen und Arbeitsbesprechungen,
- Qualifizierungsgespräche,
- gemeinsam im Gästekontakt arbeiten, rückmelden und anerkennen.

Im Qualitäts-Gütesiegel Stufe II ist vorgesehen, die Mitarbeiter schriftlich zu befragen. Dadurch können die Meinungen der Mitarbeiter repräsentativ erfasst werden. Ziel der Mitarbeiterbefragung ist es also, die Mitarbeiter für das Qualitätsprogramm zu sensibilisieren und mit einzubeziehen, eine Gesamtbeurteilung der Mitarbeitersituation im Betrieb sowie der Dienstleistungsqualität aus der Sicht der Mitarbeiter zu erhalten sowie Verbesserungsmassnahmen zu generieren.

An der Mitarbeiterbefragung nehmen möglichst alle Mitarbeiter des Betriebes teil. Sie ist anonym. Die Auswertung erfolgt durch ein externes Institut.

Anleitung zur Durchführung der Mitarbeiterbefragung
Vorerst werden Abteilungen, Gruppen, Betriebsteile bestimmt, für welche die Sicht der Mitarbeiter getrennt ermittelt werden möchte. Falls mehrere Mitarbeitergruppen unterschieden werden, sind die Mitarbeiterfragebogen unterschiedlich zu codieren.

Bei der Durchführung der Mitarbeiterbefragung ist zu beachten:
- Der Mitarbeiterfragebogen wird an möglichst alle Mitarbeiter des Betriebes abgegeben. Er ist deshalb in acht verschiedene Sprachen übersetzt.
- Der Betrieb gibt zusammen mit dem Fragebogen auch einen vorfrankierten Briefumschlag ab. Darauf steht die Adresse der Auswertungszentrale. Der Fragebogen geht damit direkt via Post an die Auswertungszentrale.
- Für das Ausfüllen des Fragebogens sollte den Mitarbeitern ein Einsendetermin gesetzt werden.

7.3.4 Die Gästebefragung

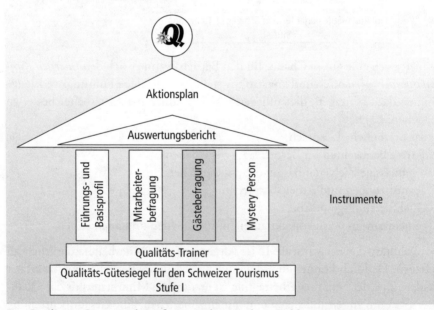

Im Qualitäts-Gütesiegel Stufe I wurde mit dem Reklamationsmanagement ein Instrument vorgestellt, dass es ermöglicht, Kritik und Anregungen der Gäste zu stimulieren. Die Auswertung solcher Rückmeldungen kann punktuell aufzeigen, wo die Gäste nicht zufrieden sind und welche Wünsche sie haben.

Die Stufe II systematisiert die Erfassung der Meinung der Gäste und erfasst diese mit einer Befragung repräsentativ. Damit erhält die Betriebsleitung ein Instrument, das es erlaubt, die Stimme der Gäste besser wahrzunehmen und in Entscheidungen mit einzubeziehen. Man möchte damit erfahren, wie die Gäste den Betrieb und die erbrachten Dienstleistungen erlebt haben, wie zufrieden sie damit waren. Wird die Befragung später wiederholt, zeigt diese auch auf, wie sich Initiativen und Investitionen auf die Dienstleistungsqualität auswirken.

Ziel der Gästebefragung ist also, Daten über die durchschnittliche Einschätzung der Dienstleistungsqualität zu erhalten, Schwachstellen und Verbesserungsmöglichkeiten aufzudecken und Gäste zu animieren, statt zu schweigen, Anregungen zu äussern.

Anleitung zur Durchführung der Gästebefragung
In der Gästebefragung kann nach maximal sechs verschiedenen Segmenten unterschieden werden. Damit diese getrennt ausgewertet werden können, müssen pro Gästesegment mindestens 30 ausgefüllte Fragebogen vorhanden sein. Bei einer geschätzten Rücklaufquote von 50% müssen also mindestens 60 Fragebogen an die jeweilige Gästegruppe verteilt werden.

Eine hohe Rücklaufquote ist sehr wichtig für genaue Resultate. Einige Vorschläge um die Rücklaufquote zu erhöhen:
- Fragebogen nur an Gäste verteilen, die versprechen, diesen auch auszufüllen.
- Eine kleine Belohnung vorbereiten, die mit dem Fragebogen abgegeben wird (Vorsicht vor Verzerrungen).
- Den Fragebogen rund zehn Minuten nach dem Verteilen wieder einsammeln.

Die Befragung ist möglichst so zu planen, dass die Gäste zu verschiedenen Zeiten an unterschiedlichen Wochentagen den Fragebogen ausfüllen. Als Orte der Befragung sind jene besonders gut geeignet, an denen sich die Gäste kurz hinsetzen können und etwas Ruhe haben.

In der elektronischen Vorlage des Fragebogens können Einleitungstext ergänzt und einzelne Fragen angepasst werden. Auch das Firmenlogo kann eingesetzt werden.

7.3.5 Die Mystery Person

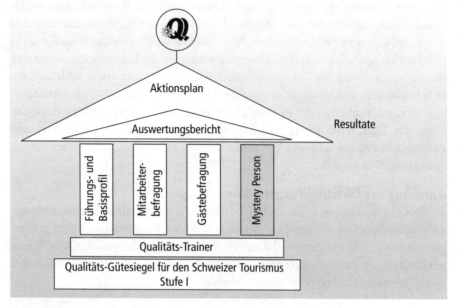

Die Mystery Person – andere Begriffe sind auch Mystery Guest, Silent Shopper oder Testkäufer – wird zur Überprüfung der Servicequalität von Dienstleistungsunternehmen eingesetzt. Wie der Name schon andeutet, wird diese Überprüfung anonym vorgenommen, d.h. dass sich die Prüfperson nicht als solche zu erkennen gibt.

Bei der Überprüfung versetzt sich eine geschulte Testperson in die Rolle des Gastes und durchläuft die Serviceketten eines Betriebes. Dabei wird anhand der vorgegebenen Standards die Dienstleistungsqualität im entsprechenden Betrieb bewertet.

Ziel der Kontrolle durch die Mystery Person ist die Beurteilung der Dienstleistung als Ganzes, die Erfassung von Schwachstellen sowie die Prüfung, ob die vereinbarten und vom Betrieb versprochenen (in Leitbild, Prospekten, Offerten etc.) sowie die vom Programm Qualitäts-Gütesiegel Stufe II geforderten Standards auch eingehalten werden. Sämtliche Ergebnisse werden in Form eines detaillierten Berichtes festgehalten.

„Immer mehr Dienstleistungsunternehmen wie Banken und Versicherungen lassen sich regelmässig durch Mystery Personen überprüfen."

(Jürg Michel)

Qualitätsoffensive im Schweizer Tourismus

Der Nutzen des Einsatzes von Mystery Persons ist vielseitig:
- Die Mystery Person analysiert professionell und unabhängig die Dienstleistung eines Betriebes aus der Sicht der Gäste.
- Die Mystery Person orientiert sich an objektiven und fairen Standards, die dem Betrieb im voraus bekannt sind.
- Die Mystery Person analysiert und macht durch das zielgerichtete Vorgehen detaillierte Aussagen zur aktuellen Dienstleistungsqualität.
- Die Mystery Person identifiziert allfällige Schwachstellen und schafft damit die Grundlagen für gezielte Verbesserungsmassnahmen.
- Kontrollen durch Mystery Personen können unangenehme Situationen mit Gästen vermeiden.
- Um eine Mystery-Kontrolle durchzuführen, sind vorgängig festgelegte, möglichst objektive, Standards nötig. Jede Mystery Person überprüft im Rahmen der Stufe II des Qualitäts-Gütesiegels für den Schweizer Tourismus zwei Arten von Standards:

1. Allgemeine Qualitätsstandards:	Qualitätsstandards, die in jedem Betrieb Gültigkeit haben und sich auf „allgemeine Aktivitäten" beziehen: 1. Versprechen an die Gäste einhalten 2. Regelmässigen Kontakt mit den Gästen pflegen 3. Mit Gästereklamationen professionell umgehen 4. Vorgesetzte sind Vorbild für die Mitarbeiter 5. Kontakt zu den Gästen gestalten 6. Mitarbeiter fördern 7. Gepflegtes Erscheinungsbild 8. Gleichmässig hohes Qualitätsniveau anbieten 9. Umgang mit Sonderwünschen 10. Freundlichkeit und Zuvorkommenheit der Mitar-beiter und Vorgesetzten 11. Schriftliche Kommunikation 12. Geräte, Einrichtungen und Anlagen pflegen 13. Softwarekriterien 14. Preis-Leistungsverhältnis 15. Gesellschaftliche Verantwortung, Umwelt
2. Spezifische Qualitätsstandards:	Diese Standards berücksichtigen die besonderen Eigenheiten der unterschiedlichen Leistungsträger. Sie existieren für alle am Programm beteiligten Leistungsträger-Gruppen.

Im Weiteren können die Standards in Hardware- und Softwarestandards unterschieden werden. Bei der Prüfung durch die Mystery Person liegt der Schwerpunkt auf den Servicekomponenten. Dabei handelt es sich um grundlegende Qualitätsstandards, deren Erfüllung für die Auszeichnung mit dem Qualitäts-Gütesiegel für den Schweizer Tourismus Stufe II notwendig sind. Eine Gefahr der Nivellierung des Angebotes besteht dadurch nicht. Die Qualität wird lediglich auf einer breiten Basis gesichert.

Das Vorgehen der Mystery Person
Vor dem Besuch durch die Mystery Person werden Offerten eingeholt oder Anfragen an den Betrieb vorgenommen, um die Informations- und Reaktionsbereitbereitschaft sowie den Ablauf von Reservationen zu überprüfen. Die Mystery Person besucht anschliessend die betreffenden Betriebe und überprüft die Serviceketten gemäss der vorbereiteten Checkliste. Die einzelnen Bewertungen werden durch Kommentare und allenfalls durch Belege und Fotos ergänzt. Die Mystery Person erstellt nach ihrem Besuch einen detaillierten Bericht, der dem Betrieb nach erfolgter Überprüfung zugestellt wird.

7.3.6 Der Auswertungsbericht – Das Qualitätshaus

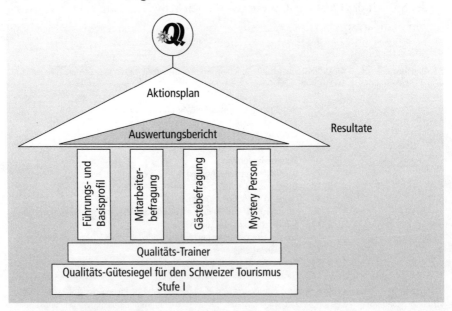

Der Auswertungsbericht stellt für den touristischen Betrieb eine objektive und umfassende Beurteilung der Qualität im Betrieb dar. Der Betrieb erhält für jedes EFQM-Element sowie für jedes SERVQUAL-Kriterium eine Bewertung. Mit Hilfe von Benchmarks kann sich der Betrieb mit andern vergleichen.

Als Grundraster für die Auswertung der Daten dient das EFQM-Modell für Excellence 1999 (vgl. Kapitel 4.3). Im Auswertungsbericht werden die erzielten Werte für die einzelnen Elemente des EFQM-Modells dargestellt. Die neun Kriterien des Modells wurden für die Bedürfnisse des Qualitäts-Gütesiegels Stufe II für den Schweizer Tourismus inhaltlich leicht angepasst:

- Im Element „Kundenbezogene Ergebnisse" werden neben der allgemeinen Gästezufriedenheit die fünf wichtigsten Dimensionen der Servicequalität (Zuverlässigkeit, Leistungs- und Fachkompetenz, Freundlichkeit und Entgegenkommen, Einfühlungsvermögen, materielles Umfeld) beurteilt.
- Das Element „Wichtige Ergebnisse der Organisation bei den Schlüsselleistungen" beinhaltet einzig das Kriterium „Preis-Leistungsverhältnis".
- Die einzelnen Fragen und Aussagen der Messinstrumente sind einem oder mehreren Kriterien des angepassten EFQM-Modells zugeordnet.

Die Auswertung fasst also die Ergebnisse aus allen Instrumenten vergleichend zusammen: aus der Selbstbewertung mit Hilfe des Führungs- und Basisprofils, aus der Mitarbeiter- und Gästebefragung und aus dem Besuch der Mystery Person. Dies erfolgt in einem Quality House.

Abbildung 46: Quality House als Vorbereitung der Aktionsplanung

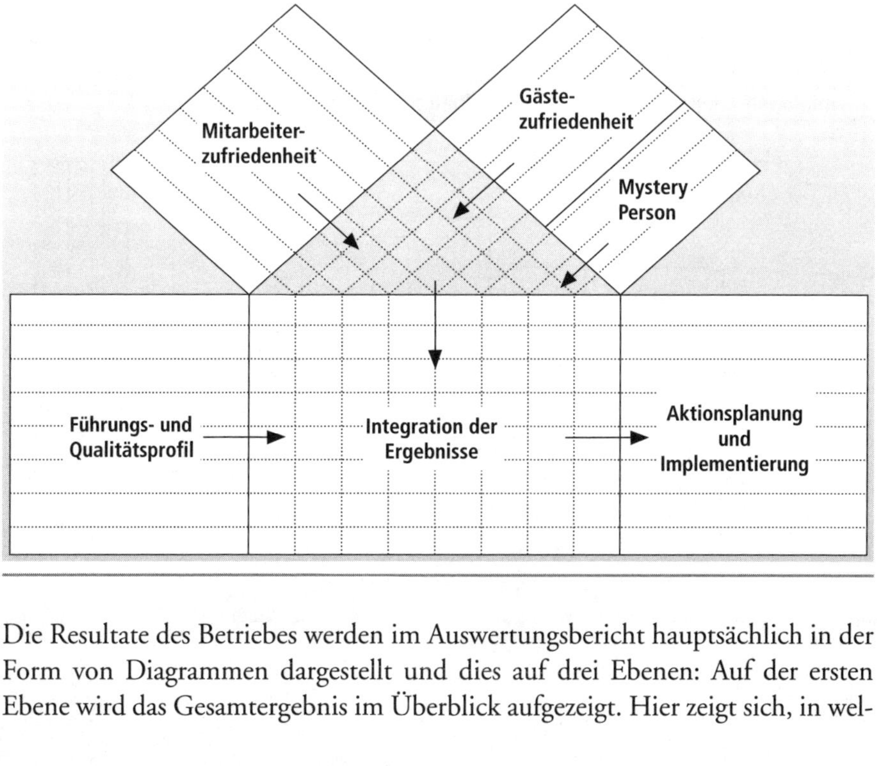

Die Resultate des Betriebes werden im Auswertungsbericht hauptsächlich in der Form von Diagrammen dargestellt und dies auf drei Ebenen: Auf der ersten Ebene wird das Gesamtergebnis im Überblick aufgezeigt. Hier zeigt sich, in wel-

Qualitätsorientiertes Tourismus-Management

Abbildung 47: Beispiel aus dem Auswertungsbericht

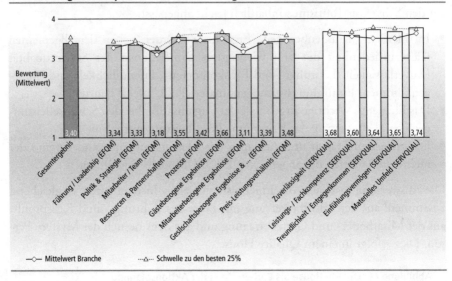

Abbildung 48: Beispiel zur Aufschlüsselung nach einzelnen Fragen

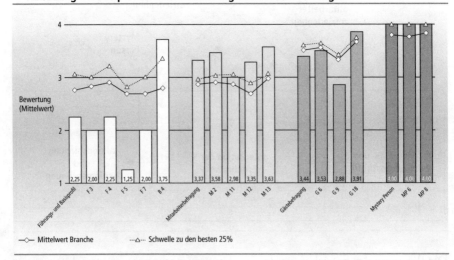

chen EFQM- und SERVQUAL-Bereichen der Betrieb besonders gut ist und wo Nachholbedarf besteht.

Auf der zweiten Ebene werden die SERVQUAL-Bereiche bezüglich der Bewertung in den einzelnen Instrumenten aufgeschlüsselt. Unterschiedliche Einschätzungen durch Mitarbeiter, Führungsmitglieder, Gäste oder Mystery Person werden so sichtbar.

Auf der dritten Ebene werden Bewertungen der einzelnen EFQM- und SERVQUAL-Bereiche entsprechend der einzelnen Fragen aufgeschlüsselt.

Im Gesamtergebnis des Betriebes sind die einzelnen Elemente des Auswertungsmodells unterschiedlich gewichtet. Die Gewichtung orientiert sich an der Wichtigkeit der Elemente für das Erbringen guter Unternehmensqualität, wobei Voraussetzungen und Ergebnisse je 50% ausmachen. Sie widerspiegelt auch die Gewichtung, die für die Beurteilung bei der Verleihung von Qualitäts-Preisen verwendet wird.

Die einzelnen Elemente wurden in Anlehnung and die EFQM-Bewertung wie folgt gewichtet:

		Gewichtung
Kriterium 1:	Führung / Leadership	10%
Kriterium 2:	Politik & Strategie	8%
Kriterium 3:	Mitarbeiter / Teamarbeit	9%
Kriterium 4:	Partnerschaften / Ressourcen	9%
Kriterium 5:	Prozesse	14%
Kriterium 6:	Gästebezogene Ergebnisse	20%
Kriterium 7:	Mitarbeiterbezogene Ergebnisse	15%
Kriterium 8:	Gesellschaftsbezogene Ergebnisse / Umwelt	10%
Kriterium 9:	Preis-Leistungsverhältnis	5%
	Total	100%

Die fünf Subkriterien der gästebezogenen Ergebnisse (Zuverlässigkeit, Leistungs-/Fachkompetenz, Freundlichkeit/Entgegenkommen, Einfühlungsvermögen, materielles Umfeld) werden als gleichwertig betrachtet und finden mit je 4% Eingang in das Gesamtergebnis.

Der Auswertungsbericht wird dem Betrieb zugesandt. Im Bericht selber finden sich genaue Angaben zur Datengrundlage, zu den Gewichtungen der einzelnen Instrumente und zur Darstellung der Resultate. Mit den Informationen, die im Bericht enthalten sind, sollte es möglich sein, Schwachpunkte im Betrieb ausfindig zu machen und deren Ursachen auf die Spur zu kommen.

Im Auswertungsbericht finden sich auch die Resultate der einzelnen Instrumente sowie der Originalbericht der Mystery Person. Daraus kann der Betrieb interessante Schlüsse ziehen und Massnahmen ableiten.

In einem fakultativen Seminar lernt der Qualitäts-Trainer die Darstellungen im Auswertungsbericht zu lesen, daraus die richtigen Schlüsse zu ziehen und konkrete Aktionen zu formulieren. Die erreichte Note im Gesamtergebnis bildet die Entscheidungsgrundlage über die Vergabe des Gütesiegels Stufe II. Die Mindestanforderung beträgt zur Zeit eine Gesamtnote von 3,2.

7.3.7 Der Aktionsplan

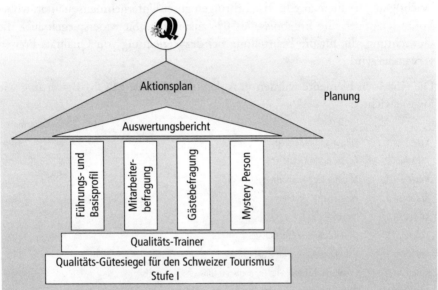

Der Auswertungsbericht enthält eine Fülle von Informationen. Ein vertieftes Studium lohnt sich. Der Qualitätstrainer kennt die wichtigen Aspekte guter Servicequalität (SERVQUAL-Kriterien) und die Kriterien für ein Total Quality Management (EFQM-Kriterien). Der Auswertungsbericht beurteilt den Betrieb im Hinblick auf jedes einzelne dieser Elemente und erklärt, warum einzelne Einschätzungen besonders positiv oder negativ ausfallen.

Verschiedene Fragen helfen, den Auswertungsbericht zu analysieren:
- Welche Resultate überraschen am meisten und was könnten mögliche Erklärungen dafür sein?
- In welchen Kriterien sind wir besonders stark?
- Wo heben wir uns ab im Vergleich mit dem Branchendurchschnitt?

- In welchen Kriterien sind wir eher schwach?
- Wo fallen wir ab im Vergleich mit dem Branchendurchschnitt?

Die Information von Betriebsleitung und Mitarbeiter sowie entsprechende Diskussionen helfen, das Qualitätsbewusstsein weiter zu fördern und schaffen die Grundlage für spätere Massnahmen.

Der Qualitäts-Trainer hat sich folgende Fragen zu überlegen:
- Wer wertet den Auswertungsbericht aus und interpretiert die Ergebnisse (Qualitäts-Trainer, Betriebsleitung, Qualitätsteam)?
- Auf welche Weise sollen die Mitarbeiter informiert werden?
- Welche Resultate sollen mitgeteilt und zu welchem Zeitpunkt sollen die Mitarbeiter informiert werden?

Viele Vorteile hat die persönliche Information im Rahmen von Team- und Mitarbeitersitzungen durch den Qualitäts-Trainer oder durch Mitglieder der Betriebsleitung. Hier können Rückfragen beantwortet und überraschende Resultate kommentiert werden.

Bei der Erarbeitung von Massnahmen sollten so viele Mitarbeiter wie möglich sowie die Betriebsleitung einbezogen werden. Viele Köpfe haben mehr Ideen und auch die Akzeptanz für die spätere Durchsetzung einzelner Massnahmen wird dadurch erhöht.

Die Arbeit mit dem Auswertungsbericht führt zu einer Vielzahl von konkreten Massnahmen. Weitere Massnahmen sind aus der Arbeit mit dem Führungs- und dem Basisprofil vorhanden. Alle diese Massnahmen aus dem Auswertungsbericht und aus der Arbeit mit den Profilen sind für den Betrieb wichtig.

Für das Zusammenstellen des einzureichenden Aktionsplans sind 6 bis 10 Massnahmen auszuwählen. Die nicht ausgewählten Massnahmen können ebenfalls realisiert oder in einem späteren Aktionsplan verwendet werden.

Der Aktionsplan dient einerseits der Bewerbung zum Qualitäts-Gütesiegel Stufe II, andererseits – und dies ist wichtiger – als internes Arbeitsinstrument. Allen Mitarbeitern/Führungspersonen ist deshalb zu kommunizieren, welche Massnahmen ausgewählt worden sind. Der Aktionsplan sollte für alle Mitarbeiter und Mitglieder der Betriebsleitung jederzeit zugänglich sein (z.B. an wichtigen Stellen im Betrieb aufhängen). So reduziert sich die Gefahr, dass einzelne Aktionen vergessen werden.

In regelmässigen Abständen (zumindest alle Jahre bei Erstellen des neuen Aktionsplans) sind die Mitarbeiter und möglicherweise auch die (Stamm-)Gäste über den Fortschritt der einzelnen Massnahmen zu informieren. Die Mitarbeiter und Gäste sollen spüren, dass Feedbacks ernst genommen werden und der Betrieb bestrebt ist, weiterhin für gute Qualität einzustehen.

7.3.8 Der Weg zum Gütesiegel

Das Vorgehen von der Qualitäts-Trainer-Ausbildung bis zum Gütesiegel kann zwar zum grossen Teil frei gewählt werden, doch ergibt sich auf Grund von Erfahrungen eine empfehlenswerte Reihenfolge der Arbeitsschritte:

1. Schritt: Information der Geschäftsführung: organisatorische Vorbereitung des weiteren Vorgehens, Festlegen von Terminen, Abgrenzen der einzubeziehenden Bereiche, Festlegen der Organisationsbereiche für Führungs- und Basisprofil.

2. Schritt: Information der Mitarbeiter: Breite Orientierung der Mitarbeiter und Mitarbeiterinnen über Qualitätsprogramm Stufe II – evtl. Start zur Mitarbeiterbefragung.

3. Schritt: Gästebefragung: Erarbeitung des Befragungskonzeptes und Beginn der Verteilung der Fragebögen.

4. Schritt: Erarbeitung des Führungsprofils mit der Betriebsführung.

5. Schritt: Erarbeitung des Basisprofils mit dem Kader oder in Qualitätszirkeln mit Mitarbeitern.

6. Schritt: Anmeldung für Besuch der Mystery Person bei der Qualitätsprüfstelle; Einzahlung der Prüf- und Auswertungsgebühr.

7. Schritt: Mitarbeiterbefragung: Einsenden der ausgefüllten Fragebögen direkt an Auswertungsstelle.

8. Schritt: Unterlagen einsenden: Führungs- und Basisprofil fertig stellen, die Zusammenfassung des Führungs- und des Basisprofils gemeinsam mit gesammelten Gästefragebögen und dem Gäste-Befragungsplan an die Auswertungsstelle einsenden – Auswertungsbericht abwarten.

9. Schritt: Teilnahme am Qualitäts-Trainer-Kurs Teil 2: Lernen, die Auswertungen zu interpretieren und daraus Aktionsfelder ableiten – Massnahmenplanung.

10. Schritt: Information der Geschäftsführung und der Mitarbeiter: Breite Orientierung der Mitarbeiter über die Ergebnisse und Erkenntnisse der unterschiedlichen Erhebungen – Motivation zur Qualitätsentwicklung und -sicherung.

11. Schritt: Aktionsplan erarbeiten: Einsenden an Qualitätsprüfstelle.

12. Schritt: Bescheid abwarten und Qualitätsfest vorbereiten: Abwarten der Rückmeldung von der Prüfstelle; Geduld bis zum Gütesiegel-Verleihung durch die regionale Qualitätskommission; laufende Motivation und Qualitätssicherung.

Voraussetzungen für die Vergabe des Q-Gütesiegels Stufe II sind:
- Der Betrieb besitzt das Qualitäts-Gütesiegel Stufe I.
- Die Zusammenarbeit mit einem *Q-Trainer*.
- Die korrekte Teilnahme am *Gesamtprogramm* (Führungs- und Basisprofil, Mitarbeiter- und Gästebefragung, Mystery Person).
- Das Erreichen der *Mindestanforderungen*: Im Gesamtergebnis aus Mitarbeiter- und Gästebefragung sowie Mystery Person (ohne Führungs- und Basisprofil) wird mindestens die Note 3,2 erreicht. Die Mindestanforderungen können vom Qualitätsrat angepasst werden.
- *Aktionsplan* mit 6 bis 10 konkreten Massnahmen.

7.4 Qualitäts-Gütesiegel Stufe III

Im Jahre 2003 wurde die Stufe III des Qualitätsprogramms des Schweizer Tourismus ausgelöst. Vorerst wurden jedoch nur die Anforderungen definiert. Die Erarbeitung eines Branchenleitfadens ISO 9001:2000 „Tourismus" mit den beiden Pilotbereichen „Gastgewerbe" und „Bergbahnen" ist zurzeit (Herbst 2003) im Gang.

Zur Erlangung der Stufe III des Qualitäts-Gütesiegels muss ein Betrieb ein international anerkanntes QMS erfolgreich implementiert haben. Als QMS werden ISO 9001:2000 sowie EFQM anerkannt: Wer offiziell nach ISO 9001:2000 zertifiziert ist oder bei der Esprix-Bewertung nach EFQM mindestens 350 Punkte erreicht hat, kann sich für das Triple Q anmelden. Zudem muss der Betrieb einen internen Q-Coach haben, der über das Q-Programm des Schweizer Tourismus Bescheid weiss, der sich bezüglich QMS weitergebildet hat und befähigt ist, die betriebsinternen Q-Massnahmen zu koordinieren. Mit der Bewerbung für die Stufe III muss der Betrieb das Zertifikat, den Prüfbericht des Zertifizierungsinstituts und das Qualitätshandbuch vorlegen.

Abbildung 49: Voraussetzungen für Qualitäts-Gütesiegel Stufe III

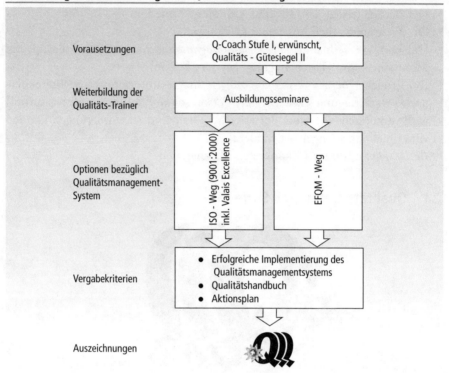

7.5 Evaluationen zum Qualitätsprogramm des Schweizer Tourismus

Das Qualitäts-Gütesiegel für den Schweizer Tourismus wurde im Winter 1997/98 lanciert. Im Frühjahr 1998 wurde mit den ersten Ausbildungskurse zum Qualitäts-Coach gestartet. Zwei Jahre später wurde die Stufe II ausgelöst und im Winter 2002/03 die Stufe III. Zur Zeit (Herbst 2003) wurden

- in der Stufe I rund 4050 Qualitäts-Coachs ausgebildet und über 1400 Gütesiegel vergeben,
- in der Stufe II rund 650 Qualitäts-Trainer ausgebildet und ca. 250 Gütesiegel vergeben,
- in der Stufe III rund 50 Gütesiegel vergeben.

Im Rahmen einer Semesterarbeit am Institut für betriebswirtschaftliche Forschung der Universität Zürich hat Langerweger (1999) unterschiedliche Qualitätsmanagement-Systeme auf ihre Praxistauglichkeit für die touristische Gastronomie überprüft. Er kommt zum Schluss, dass „das Qualitäts-Gütesiegel für den Schweizer Tourismus in seiner Ausgestaltung das anwenderfreundlichste der betrachteten Systeme" sei. Und dies insbesondere wegen der direkt auf die Branche ausgerichteten Konzeption, der einfachen Handhabung und damit der hohen Eignung für KMUs, der Möglichkeit, das Gütesiegel als Marke in der Kommunikation einzusetzen und wegen der relativ geringen Kosten (Langerweger 1999, S. 35).

In eine Befragung von rund 70 Betriebsleitern aus Hotellerie, Gastronomie und Schneesportschulen zu ihren Erfahrungen mit dem Qualitätsprogramm hat Schaffer (2001) Stärken und Schwächen des Programms aufgedeckt. Als wichtigste Stärken wurden genannt: Die Unterstützung der Führungstätigkeit, der Einbezug der Mitarbeitenden, die Verbesserung des Reklamationsmanagements, die Effizienzsteigerung in den betrieblichen Abläufen sowie die Kosteneinsparungen. Als wichtigste Schwächen des Programms gelten der geringe Bekanntheitsgrad in der Öffentlichkeit sowie die zu schwache Umsetzungskontrolle auf der Stufe I des Programms.

Insbesondere wird dem Programm attestiert, es befähige den Betrieb zur Gestaltung effizienter innerbetrieblicher Abläufe und zur positiven Beeinflussung der Gästebindung. Hingegen können sich nur wenige vorstellen, Preiserhöhungen mit der erhaltenen Auszeichnung zu begründen.

Der erhoffte Nutzen stellt sich jedoch nicht von alleine ein: Für die Erarbeitung der Stufe I investierten über die Hälfte der Qualitäts-Coaches drei bis fünf Arbeitstage, ein Drittel gar mehr als sechs Arbeitstage. Für die Stufe II wurden meistens mehr als acht Arbeitstage eingesetzt. Die weiteren involvierten Mitarbeitenden wurden im Durchschnitt während knapp drei Arbeitstagen beansprucht.

Die hauptsächlichen Schwierigkeiten werden in der teilweise noch tiefen Umsetzungsrate des Programms in einzelnen Branchen gesehen. Dadurch sinkt die Bekanntheit in der Öffentlichkeit. Einzelne Betriebe spüren zudem gestiegene Ansprüche von Gästen und teilweise auch von Mitarbeitenden. Wo hohe Qualität versprochen wird, wird auch hohe Qualität erwartet.

Per Saldo haben rund drei Viertel der Absolventen des Qualitätsprogramms des Schweizer Tourismus den Eindruck, die Erarbeitung der zur Auszeichnung notwendigen Instrumente hätten die Konkurrenzfähigkeit verbessert. Dies mag nicht zuletzt auf kreative und neue Ideen zurückzuführen sein, die in einem partizipativen Erarbeitungsprozess entstehen. Die Resultate machen deutlich, dass der hauptsächliche Nutzen des Programms durch die Implementierung der

Arbeitsinstrumente anfällt und nicht durch die Auszeichnung selbst. Eine tief greifende Erarbeitungsphase mit breiter Partizipation der Mitarbeitenden macht sich bezahlt. Das Q-Programm ist in der Tat eher als Motivations- und Integrationsinstrument für die Mitarbeitenden gedacht und weniger als Marketinginstrument. Das Q-Gütesiegel gehört weniger an die Eingangstür und vielmehr ans Mitarbeiterbrett.

Das Qualitätsprogramm des Schweizer Tourismus wurde von vielen Destinationen kopiert oder adaptiert. Beispielsweise haben die deutschen Bundesländer Baden-Württemberg und Brandenburg mit nur keinen Abänderungen das gesamte dreistufige Q-Gütesiegel des Schweizer Tourismus übernommen.

Abbildung 50: Nutzen des Q-Gütesiegels des Schweizer Tourismus

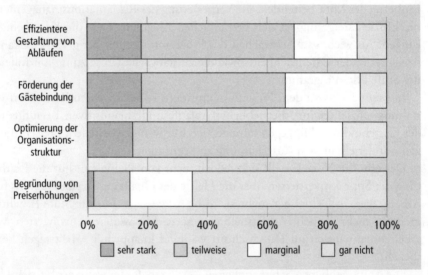

Quelle: Christoph Schaffer: Erfolgskontrolle Qualitäts-Gütesiegel für den Schweizer Tourismus, FIF-Diplomarbeit, Bern 2001

8 Qualitätsmanagement-Ansätze in der touristischen Praxis

8.1 Eine Branche auf dem Qualitätsweg

Obwohl Qualitätsmanagement in der touristischen Praxis oft mit Normierung, Uniformierung oder Verlust an Individualismus gleichgesetzt und damit kritisch beurteilt wird, gibt es eine grosse Zahl von Aktivitäten, die darauf hindeuten, dass das Thema Eingang in die touristische Praxis gefunden hat. Einige Beispiele aus dem In- und Ausland sollen dies verdeutlichen:

- Bereits 1993 startete die Walliser Ferienregion Saastal eine destinationsweite Qualitätsoffensive und lancierte das Programm „*Q for you*" (vgl. Kapitel 8.2).

- Das Wallis hat das eigenständige und anspruchsvolle Qualitätsprogramm „*Valais Excellence*" geschaffen, das mit dem *Milestone* ausgezeichnet wurde.

- Der Schweizer Hotelier-Verein (SHV) erarbeitete zusammen mit der Frey Akademie in Zürich das *2Q-Programm* für Hotelbetriebe (vgl. Kapitel 4.5) und ergänzte im Anschluss die Hotelklassifikation mit Software-Kriterien.

- Schon seit langer Zeit arbeitet die Hotelkooperation *The Leading Hotels of the World* mit der Richey International zusammen. Mit Hilfe eines Kriterienkatalogs mit über 500 Standards wird in anonymen Besuchen jährlich die Qualität der Mitgliederbetriebe überprüft.

- Die *Best Western Hotels* haben 1996 ein neues Qualitätssicherungssystem eingeführt. Für die Qualitätskontrolle arbeiten sie mit dem Niederländischen Automobilclub zusammen.

- Nachdem das Hotel Sternen in Muri bei Bern bereits 1991 die Zertifizierung nach *ISO 9001* erlangte, haben unzählige touristische Betriebe nachgezogen

- 50 Betriebe der zur französischen Accor-Holding gehörenden *Hotelkette Ibis* wurden bereits 1997 nach ISO 9002 zertifiziert. Im Januar 2000 kamen weitere 58 Betriebe der deutschen und österreichischen Hotels hinzu. Dabei ist auch die 15-Minuten-Service-Garantie Bestandteil der Prüfung. Ibis hat bereits 1993 begonnen, dem Qualitätsmanagement besondere Bedeutung beizumessen.

- Das Landhotel und Kreativzentrum *Schindlerhof* in Nürnberg-Boxdorf gewann 1999 den European Quality Award für Klein- und Mittelbetriebe (vgl. Kapitel 8.9). 1995 wurde der Betrieb von Klaus Kobjoll (Buchautor von „Abenteuer European Quality Award", „Motivaction" und „Virtuoses Marketing") mit allen Unternehmensbereichen als erstes Hotel Deutschlands nach ISO 9001 zertifiziert. Bereits 1990 wurde das Mitarbeiterkonzept des Dreisternhotels ausgezeichnet.

- An der Schwelle zum neuen Jahrhundert hat sich auch das Viersten-*Hotel Saratz* in Pontresina auf den EFQM-Weg gemacht und den Schweizer Qualitätspreis für Business Excellence ESPRIX angestrebt. An der Preisverleihung 2002 gehörte das Hotel Saratz dann auch zu den Finalisten.

- Als erster Betrieb Österreichs wurde 1997 dem *Hotel Schick* und dem Kurzentrum Vitaschick in Walchsee im Tiroler Unterland das ISO-Zertifikat 9001 überreicht.

- Im Herbst 1997 wurde von der Internationalen Hotel- und Restaurantvereinigung sowie von der Hotrec der Vorstoss der ISO, ein *international einheitliches System der Hotelklassifizierung* einzuführen, abgewehrt. Ein grenzüberschreitendes Klassifizierungssystem sei noch unrealistisch, weil es den Interessen der nationalen Branchenverbände widerspreche. Doch die Bestrebungen gehen weiter.

- Die *Dolomiti Superski-Liftbetreiber* haben ein Total-Quality-Pro-gramm geschaffen mit den Zielen „Orientierung am Leistungsfaktor Mensch", „Orientierung am Kunden" und „Orientierung an der Problemlösung".

- Österreich hat 2003 den *GästeMONITOR* lanciert. Damit wird die Zufriedenheit der Gäste kontinuierlich gemessen. Zudem werden Benchmarks zum Qualitätsvergleich und weitere zielgruppenspezifische Daten aufbereitet.

- Mit einer „Qualitätsoffensive" wollte der *Deutsche Reisebüro-Verband (DRV)* im Jahre 2000 verlorenes Terrain zurückgewinnen und die Rendite erhöhen. Nach britischem Vorbild soll ein Gütesiegel geschaffen werden. Auch der Deutschland-Ausschuss des ASR machte sich daran, für im Incoming aktive Mitgliederbetriebe ein Qualitätssiegel zu entwickeln. Ziel ist ein bundesweites Netz von Unternehmen, die nachprüfbare Qualitätskriterien etwa hinsichtlich personeller Ausstattung und Branchenerfahrung erfüllen. Vorgesehen sind drei Ausbildungsstufen bezüglich Kundenmarketing, EDV/neue Medien und Destinationskenntnisse.

Qualitätsmanagement-Ansätze in der touristischen Praxis

- Die *Busreiseveranstalter Deutschlands* haben sich in einer Gütegemeinschaft Buskomfort zusammengeschlossen mit dem Ziel, die Qualität bei Bus und Busreisen zu sichern. Das RAL-Gütesiegel garantiert Qualitätsstandards und gilt als wichtige Verkaufshilfe im Reisebüro.

- Im *Masterplan „Tourismuswirtschaft"* des Bundesverbandes der Deutschen Tourismuswirtschaft Bonn, Brüssel, Berlin (1999) wurden zwölf tourismuspolitische Handlungsfelder ausgeschieden. Im Handlungsfeld vier „Qualitätsmanagement vorantreiben" waren drei Massnahmen vorgesehen: Qualitätsverbesserungen in Unternehmen des Mittelstandes fördern, Qualität messbar und kommunizierbar machen, Betreuung der Gäste am Ort verbessern. Im Handlungsfeld sechs „Service-Offensive starten" lauteten die Massnahmen: Service-Kampagne (flächendeckende Schulungskampagne mit Qualitäts-Coaches nach Schweizer Vorbild), Berufsbilder an Notwendigkeiten der Servicegesellschaft anpassen, Akzeptanz für Preis-Leistungsverhältnis für Servicedienste schaffen.

- Im Land Sachsen (D) wurde 2000 der *„Sächsische Staatspreis für Qualität"* ausgeschrieben, der auf dem EFQM-Modell basiert und die sieben Kriterien Führung und Management, Personal und Ressourcen, Prozesse, Mitarbeiterzufriedenheit, Kundenzufriedenheit, Umwelt und Gesellschaft sowie Geschäftsergebnisse bewertet.

- Was 1995 als Pilotprojekt in Puerto de la Cruz auf Teneriffa begann, ist mittlerweile zu einem der ehrgeizigsten Projekte der *spanischen Tourismusbranche* geworden: Das Qualitätsgütesiegel „Q". Mit sehr detaillierten Kriterien wurde eine standardisierte Servicequalität geschaffen. Angefangen hat man mit Vorgaben für die Beherbergungsbetriebe. Später kamen Informationsstellen, Restaurants, Bars, Discos, Strände, etc. hinzu.

- Alle 41 *Jugendherbergen Portugals* wurden schrittweise ISO-zertifiziert. Nun ist man daran, die Prozesse so zu vereinheitlichen, dass ab 2006 das gesamte System unter ein einheitliches Dach gestellt werden kann.

- Die IYHF, the *International Youth Hostel Federeation,* hat 2003 die IYHF Quality Strategy beschlossen, um gemeinsam einen weltweiten einheitlichen Standard zu erreichen.

- Das britische *Department of National Heritage* (1996) hat für die Hotellerie eine Selbstbewertung mit 30 Qualitätsbereichen geschaffen: „Competing with the best: How do you measure up?"

- Auch *Ligurien* hat sich der Qualitätsverbesserung seines touristischen Angebotes verschrieben. Das Landesministerium unterstützt Betriebe auf dem Weg zur ISO-Zertifizierung mit öffentlichen Mitteln.

- Im Dezember 1999 hat Vasco Travel als erste *türkische Incoming-Agentur* die Zertifizierung nach ISO 9002 erreicht.

- Im Sommer 2003 hat Schweiz Tourismus das Projekt „*Enjoy Switzerland*" lanciert, das auf dem Qualitätsprogramm (vgl. Kapitel 7) basiert, jedoch verstärkt die umfassenden Dienstleistungskette der Gesamtdestination im Auge hat. Als Pilotdestinationen wurden Zermatt, Lenzerheide, Scuol und Villard ausgewählt.

Diese Aufzählung, die keinerlei Vollständigkeitsanspruch erhebt, macht deutlich, dass in vielen Ländern und in vielen touristischen Teilbereichen auf kreative Art und Weise versucht wird, die Qualität des Angebotes systematisch zu pflegen und weiterzuentwickeln. Auch der diesbezügliche Konkurrenzkampf verstärkt sich.

8.2 Schweizer Hotelklassifikation – Normen 2000

Im Zusammenhang mit der Überarbeitung der Hotelklassifikation (Einführung im Jahre 1979) hat hotelleriesuisse im Januar 1996 das Projekt „Entwicklung der Servicequalität in der Hotellerie" gestartet. Dabei ging es im Wesentlichen um die Ergänzung der bisherigen Standards mit zusätzlichen Software-Kriterien.

8.2.1 Bedeutung der Klassifikation für den Gast

In einer Gästebefragung der Polyquest (SHV 1997) wurde versucht, die Bedeutung der bestehenden Sterne im Auswahlprozess sowie zusätzlicher wünschbarer Auswahlkriterien zu ergründen. Die Befragung ergab folgende Ergebnisse:

- Die Sterne bieten für 45% der regelmässigen Hotelgäste vor allem eine gewisse Garantie für den Ausstattungsgrad eines Hotels.

- Der Grundaussage „je mehr Sterne, desto höher der Ausstattungskomfort" stimmen 85% der Befragten zu.

- Erstaunlicherweise verbinden mehr als 50% mehr Sterne auch automatisch mit mehr Sauberkeit, besserem Service und besserem Essen.

- 69% der Befragten achten immer oder wenigstens ab und zu auf die Klassifikation, wenn sie ein Hotel auswählen.

- Als wichtigste Gästebedürfnisse werden genannt: freundliche Bedienung/gute Servicequalität (82%), Sauberkeit und Gepflegtheit des Betriebs (80%), gutes Essen sowie angenehme Ambiance (je 64%).
- 71% der Befragten bezeichnen Spezialisierungskriterien als sehr wichtig oder ziemlich wichtig. (SHV 1997)

8.2.1 Eckwerte der Hotelklassifikation

Der Aufbau der Hotelklassifikation umfasst drei Ebenen:

- Bewertung der *Infrastruktur* (obligatorisch)
  ⇨ bisherige Minimal- und allgemeine Normen
- Beurteilung der *Servicequalität* (fakultativ)
  ⇨ Führungs- und Förderungsinstrument für den Hotelier
- Bestimmung der *Spezialisierungskategorie* (fakultativ)
  ⇨ zusätzliche Entscheidungshilfe für den Gast

Das Signet, das Informationen auf drei Ebenen vermittelt, sieht schematisch wie folgt aus:

Abbildung 51: Signetstruktur der Hotelklassifikation

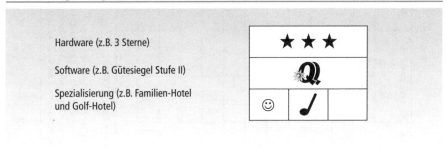

Abbildung 52:
Hotelklassifikationssysteme ausgewählter europäischer Länder (Stand 1999)

Kriterien / Länder	Klassifikationssystem freiw. / oblig.		Reichweite nat. / reg.		Kontrollperioden	Kriterien quant. / quat.		Initiator	Symbole
	freiw.	oblig.	nat.	reg.		quant.	quat.		
Benelux	-	x	x	-	2 Jahre	x	-	Staat*	Sterne
Dänemark	-	-	-	-	-	-	-	-	-
Deutschland	x	-	x	-	?	x	-	Privat	Sterne
Frankreich	-	x	x	-	?	x	-	Staat/Privat***	Sterne
Griechenland	-	-	x	-	2 Jahre	x	-	Staat	Buchstaben
Grossbritannien	x	-	x	-	?	x	x	Tourismusbüro	Kronen
Irland	-	x	x	-	1 Jahr	x	x	Tourismusbüro	Sterne
Italien	-	x	-	x	-	x	-	Staat	Sterne
Österreich	-	x	x	-	ca. 5 Jahre	x	x	Staat/Privat**	Sterne
Portugal	-	x	x	-	1 Jahr	x	-	Staat	Sterne
Schweiz	x	-	x	-	3/5 Jahre	x	x	Privat****	Sterne
Spanien	-	x	-	x	?	x	-	Staat	Sterne

Quelle: FIF, Hotelklassifikationssysteme in Europa 1996

* In Holland wird das System von der Hotelindustrie finanziert.
** In Österreich sind die Hoteliervereinigung und die Bundeswirtschaftliche Kammer Initiatoren des Systems.
*** In Frankreich sind das Ministerium für Tourismus und der Hotelierverband die Initiatoren des Systems.
**** In der Schweiz ist der Hotelier-Verein Initiator des Klassifikationssystems.

8.3 Qualitätsoffensive für Tourismusregionen in Bayern
(Recherchiert von Annegret Landes)

8.3.1 Ausgangslage und Herausforderungen

Bayern ist das grösste Tourismusland Deutschlands. Entsprechend hat der Tourismus in Bayern eine recht grosse volkswirtschaftliche Bedeutung. Der Tourismus trägt rund 8% zur Wertschöpfung bei. Dies entspricht einer Summe von rund 26 Mrd. EUR. Der Beschäftigungseffekt des bayerischen Tourismus wird auf rund 330 000 Vollarbeitsplätze geschätzt. Die rund 13 500 Beherbergungsbetriebe in Bayern bieten rund 541 000 Betten an.

Bis zum Ende der 80er-Jahre konnte man den Tourismus in Bayern als Selbstläufer mit alljährlichen Zuwachsraten bezeichnen. Dieser Trend setzte sich durch die Sonderentwicklung nach der Wiedervereinigung bis 1991 fort. Von 1992 bis 1997 verzeichnete der bayerische Tourismus stagnierende bzw. leicht rückläufige Gäste- und Übernachtungszahlen. Seit 1998 kann der Bayerntourismus wieder Zuwächse bei den Gästezahlen und Übernachtungen verbuchen. Die Stabilisierung seit 1998 kann aber nicht darüber hinwegtäuschen, dass die nationalen und internationalen Wettbewerbsbedingungen schwieriger geworden sind. Aus diesem Grund wird die Zukunft des bayerischen Tourismus vor allem in der Schaffung einer qualitativ hochwertigen Leistung gesehen. Deshalb wurde durch fünf Modellregionen mit Hilfe der Unterstützung des bayerischen Staates eine Qualitätsoffensive für die Tourismusregionen ins Leben gerufen.

Abbildung 53: Bausteine der Qualitätsoffensive in Bayern

Quelle: A. Möller, dwif 2000

Am Anfang der Qualitätsoffensive in Bayern stand die *Bildung von Qualitätsteams*, die die eigentliche Qualitätsoffensive konzipierten und die wesentlichen Entscheidungen vorbereiteten. In einer folgenden *Sensibilisierungs- und Informationsphase* wurden dann regionale touristische Akteure und Partner über das Projekt und seine Ziele informiert. Es folgten weitere sechs Bausteine:

- Durch *Marktanalysen* erhielt man Informationen über Kundenbedürfnisse, eigene Stärken und Schwächen, sowie die Konkurrenzsituation zu anderen Destinationen und Anbietern.

- Die *Servicekette* vereint alle Arten von Leistungsträgern, die zum Zustandekommen einer touristischen Dienstleistung beitragen. Alle diese Leistungsträger wurden mit der Qualitätsoffensive angesprochen und versucht als Partner für das Qualitätsnetzwerk zu gewinnen.

- Durch *Qualitätskriterien* wurden die Anforderungen an die Partner unter den Leistungsträgern festgelegt.

- Durch *Qualitätskontrollen* werden die Qualitätskriterien laufend überprüft und geeignete Partner ausgewählt. Kontrollen sollen die Glaubwürdigkeit des Qualitätsversprechens gegenüber dem Gast steigern.

- Ein *kontinuierliches Qualitäts- und Projektmanagement* pflegt das aufgebaute Qualitätsnetzwerk, entwickelt Projektkonzeptionen weiter und passt es fortwährend an neue Kundenanforderungen an.

8.3.2 Modellregionen und Grundlagen der Qualitätsoffensive

Das Projekt wird mit Mitteln der Europäischen Union und des Bayerischen Ministeriums für Wirtschaft, Verkehr und Technologie und den Eigenanteilen der Modellregionen finanziert. Die wissenschaftliche Begleitung erfolgt durch das Deutsche Wirtschaftswissenschaftliche Institut für Fremdenverkehr an der Universität München (dwif).

Zum Beginn der Qualitätsoffensive im Sommer 1998 existierten zwar zahlreiche Ansätze für Qualitätsstrategien auf regionaler und betrieblicher Ebene, eine Gesamtstrategie gab es jedoch bis dahin nicht.

Fünf Modellregionen setzten sich mit der Erarbeitung und Durchführung von Strategien zur Umsetzung von verbesserter Kundenorientierung und Servicequalität auseinander. Die regionalen Qualitätsoffensiven mit individuellen Strategien wurden mit jeweils eigens zusammengestellten Teams erarbeitet und umgesetzt. Die Modellregionen wählten aus ihrer Interessenlage jeweils eigene inhaltliche Schwerpunkte:

Qualitätsmanagement-Ansätze in der touristischen Praxis 141

Modellregion Frankenwald: Qualitätsstrategie für Aktivtourismus „Sportlich Radfahren und Wandern".

Qualitätsmassnahmen im Bereich „Wandern" sollen die bestehende Kernkompetenz der Destination stärken und mit der Spezilaisierung im Bereich „Sportlich Radfahren" will man eine Neupositionierung der Mittelgebirgsregion erreichen. Wichtigste Massnahmen sind die Zielgruppenspezialisierung der Gastgewerbeanbieter als wander- und fahrradfreundliche Betriebe, sowie die Schaffung und qualitative Weiterentwicklung des Wander- und Radwegenetzes (Mountain-Bike-Trails/Rennradstrecken).

Bisher wurde ein Tourismusleitbild Frankenwald, ein Konzept „Zufriedenheitsgarantie", ein Zielgruppenprospekt Aktivreisen, sowie Kriterienkataloge für wander- und fahrradfreundliche Betriebe erarbeitet.

Modellregion Bayerischer Wald: „Bärenstarke Bayerwald-Ferien" von kinder- und familienfreundlichen Orten.

Mit einem qualifizierten Angebot auf Orts- und betrieblicher Ebene für Kinder und Familien positioniert man sich als Spezialist für diese Zielgruppe. Wichtigste Massnahmen sind die Betriebsspezialisierungen im Gastgewerbe mittels eines umfangreichen Kriterienkatalogs sowie die Überprüfung durch eine Jury, die durch eine vergleichbare Zielgruppenausrichtung der Kommunen und Tourist-Informationen begleitet wird.

Bisher wurden Kriterienkataloge für Hotels/Gasthöfe, Privatvermieter/Pensionen, Gaststätten, Bauernhöfe und Gemeinden, ein Zielgruppenprospekt, sowie ein halbjährliches Veranstaltungsprogramm erarbeitet.

Modellregion Oberallgäu: „Vom Tourismusbewusstsein zur Servicementalität" – Erarbeitung regionalen Unterrichtsmaterials.

Gerade traditionelle Tourismusdestinationen haben mit Akzeptanzproblemen in der eigenen Bevölkerung zu kämpfen. Durch ein gemeinsam mit Lehrern erarbeitetes Unterrichtsmaterial zum Tourismus soll auf breiter Basis das Dienstleistungsbewusstsein in der Tourismusregion Oberallgäu verbessert werden. Zu diesem Zweck wurde das Schulmaterial „Oberallgäuer Tourismus Bausteine" erarbeitet.

Modellregion Naturpark Altmühltal: „Audi AG und die Tourismusregion" – Qualitätsstandards für Kooperationen mit neuen Partnern.

Ausgehend vom Aufbau eines regional vernetzten Informations- und Reservierungssystems werden in Zusammenarbeit mit dem Industriepartner Audi

AG Massnahmen zur Qualitätssteigerung und -sicherung im regionalen touristischen Angebot definiert und durchgesetzt. Wichtigste Massnahmen sind die Installierung eines regionalen IRS-Ausschusses, der Qualitätskriterien und Kooperationsregeln innerhalb des Systems erarbeitet und festlegt, sowie die gemeinsame Erarbeitung von qualitätsgesicherten Produkten mit der Audi AG. Die bisherigen Ergebnisse waren Spielregeln für regionale Informations- und Reservierungssysteme, Vertragsentwürfe für die Kooperation mit Leistungsträgern, ein Weiterbildungsprogramm für Tourismusakteure und Pauschalangebote und der Routenführer Allgäu.

Modellregion Chiemgau: „Qualität im Team" – Qualifizierung von Tourismusstellen und Mitarbeitern.

Die Qualitätsoffensive für Tourist-Informationen setzt auf die interne Qualifizierung der lokalen Tourismusorganisationen und ihrer Mitarbeiter, um über die eigene Vorreiterrolle eine verbesserte Kooperation mit den Leistungsträgern zu bewirken. Wichtigste Massnahmen sind ein verbindliches Weiterbildungsprogramm für Mitarbeiter, gekoppelt mit der Zertifizierung der Tourist-Informationen mittels eines Kriterienkatalogs. Bisher wurde ein Kriterienkatalog für Touristinformationen sowie ein Weiterbildungsprogramm für Mitarbeiter entwickelt.

8.3.3 Vertiefung: Qualitätsoffensive für Tourist-Informationen in Oberbayern

Mit Hilfe der Erfahrungen, die in der Modellregion Chiemgau gesammelt werden konnten, wurden in acht oberbayerischen Regionen weitere Qualitätsteams gebildet, die die Aufgabe haben, Planungen und Umsetzungen bezüglich der Qualitätsoffensive voranzutreiben.

Vom Januar bis Juli 2002 wurden die Mitgliedsorte, Regionen, Landräte und Bürgermeister in Informationsveranstaltungen und Einzelgesprächen ausführlich über die Inhalte des Konzeptes und den geplante Ablauf der Qualitätsoffensive informiert. Inzwischen haben sich rund 50 Mitgliedsorte des Tourismusverbands Oberbayern für die Qualitätsinitiative angemeldet. Die Qualitätsoffensive für Tourist-Informationen wurde im Jahr 2001 lanciert und hat zwei Säulen:
1. Die Weiterbildungsoffensive „Qualifizierte Tourismuskraft"
2. Die Zertifizierung der Tourist-Informationen

Zielgruppe der Ausbildung als *„Qualifizierte Tourismuskraft"* sind die Mitarbeiter der oberbayerischen Tourist-Informationen, die zu einem grossen Teil keine touristische Ausbildung haben, wie eine Umfrage des Tourismusverbandes München-Oberbayern im Jahr 1999 feststellte. Die Ausbildung erfolgt in einem Zeitraum von drei Jahren und besteht aus dem verpflichtenden Besuch von sechs „Muss-"Seminaren und dem Besuch von zwei von drei „Kann-"Seminaren. Die Weiterbildung ist nach der Abgabe einer schriftlichen Praxis-Arbeit mit dem Titel „Qualifizierte Tourismuskraft" abgeschlossen.

Für die *Zertifizierung der Tourist-Informationen* wurde mit der Unterstützung von einigen Verkehrsamtsleitern ein Katalog zur Zertifizierung von Tourist-Informationen aus dem Chiemgau überarbeitet.

Ein weiterer Bestandteil des Qualitätsmanagements im Rahmen der Qualitätsoffensive sind regelmässige *Service-Checks*. In diesen Service-Checks wird der Internetauftritt sowie die Beantwortung verschiedener Email-Anfragen überprüft. Die Orte und Gebietsgemeinschaften erhalten ihre individuellen Ergebnisse direkt zugesandt.

Die Ergebnisse des Service-Checks aus dem Jahr 2002 ergaben, dass noch ein erheblicher Optimierungsbedarf besteht:
- Jede fünfte E-Mail wurde nicht beantwortet,
- 5% werden erst nach einer Woche, teilweise ohne Entschuldigung beantwortet,
- Zwischenmitteilungen und Erinnerungsmails sind kaum üblich,
- Weiterleitungen werden teilweise nicht mitgeteilt,
- Formale Freundlichkeitskriterien wie Anrede, Einleitung, Abschluss, Kontaktperson sind noch wenig entwickelt,
- Der Informationsgehalt ist oft nicht vollständig. Es werden wenig gute Tipps gegeben, bzw. wird auf Telefon, Postweg und eigene Internetrecherche verwiesen.

8.3.4 Ausblick

Die Modellregionen arbeiten weiter an Qualitätsverbesserungen in ihren jeweiligen Bereichen. Es wird erwartet, dass die Modellregionen Ausstrahlungskraft auf andere Regionen Bayerns ausüben und somit das „Qualitätsvirus" für weitere Qualitätsoffensiven gesetzt wird. Durch Kommunikation und Erfahrungsaustausch soll so ein möglichst flächendeckendes „Qualitätsnetz" entstehen.

8.4 Service-Initiative Südlicher Schwarzwald (D)
(Recherchiert von Annegret Landes)

Der Verband Tourismus Südlicher Schwarzwald e.V. (TSS) hat Ende 1999 das Projekt „Service-Initiative Südlicher Schwarzwald" gestartet.

Das Projekt setzt bei der Verbesserung der Qualität touristischer Leistungen durch verändertes Dienstleistungsbewusstsein an. Langfristiges Ziel der Initiative ist es, durch Motivation, Information, Schulungen und verschiedenste Service-Aktionen Mitarbeiter und Betriebe für mehr Serviceorientierung zu begeistern.

Die Service-Initiative zeichnet sich nicht durch ein standardisiertes Programm, sondern durch eine Vielzahl von einzelnen Aktionen und Massnahmen aus. Insgesamt beteiligten sich in der ersten Phase acht und in der zweiten Phase sieben Gemeinden an diesem zukunftsweisenden Projekt. Die Initiative wird in einer dritte Phase ausgedehnt und für alle Gemeinden im Südlichen Schwarzwald geöffnet.

8.4.1 Vorgehen

Phase 1: Information und Mobilisierung

In der ersten Phase ging es hauptsächlich darum, Servicequalität zu thematisieren. Neben dem Austausch von Erfahrungen stand das Schaffen von Anreizen für laufende Verbesserungen im Vordergrund. Mit der Service-Initiative und dem damit verbundenen Aktionsprogramm konnten Bürger und Leistungsträger verschiedener Brachen mit dem Thema Servicequalität konfrontiert werden.

An Seminaren und Informationsveranstaltungen wurden Interessenten geschult, Trainer rekrutiert und Umdenkprozesse zu mehr Servicequalität eingeleitet. In den Modellorten haben sich über 100 Bürger und Leistungsträger in Arbeitsgruppen engagiert. Es wurden ca. 500 Vorschläge für mehr Qualität in den Gemeinden bearbeitet. Neben vielen Verbesserungsmassnahmen, die so entstanden sind, wurden in den Modellgemeinden jeweils auch drei bis vier Service-Standards entwickelt, welche für die ganze Gemeinde gelten.

Dauer:	1,5 Jahre, 1.Oktober 1999 bis Mai 2001
Budget:	ca. 200.000 EUR für fünf Gemeinden Hochschwarzwald sowie die drei Bädergemeinden
Modellgemeinden:	Bad Bellingen, Bad Krozingen, Badenweiler, Feldberg, Lenzkirch, Titisee-Neustadt, Todtnauer Ferienland, 6 Richtige im Schwarzwald (St. Blasien-Menzenschwand, Höchenschwand, Häusern, Dachsberg, Weilheim, Ibach)
Finanzierung:	Fünf Gemeinden Hochschwarzwald EU-Förderung Europäischer Sozialfonds 125 000 DM, Tourismus Südlicher Schwarzwald 50 000 DM, Gemeinden 105 000 DM, Rest private Mittel Drei Bädergemeinden ohne EU-Förderung

Phase 2: Intensive Qualifizierung

Ziel der zweiten Phase war es, die Diskussion des Themas in Betrieben und Gemeinden zu intensivieren. Die höchste Dichte an zertifizierten Betrieben „Service-Qualität Baden-Württemberg" soll angestrebt und erste Serviceverbesserungen in den Betrieben sollen sichtbar werden. Im Vordergrund steht zudem eine umfassende Qualifizierung von im Tourismus Beschäftigten auf verschiedenen Ebenen.

Es wurde ein eigener Internetauftritt (www.serviceinitiative.de) gestaltet und ein Projektbüro für die Bearbeitung von Anfragen eingerichtet. Ein ServiceLetter erschien regelmässig in allen Haushalten der Modellgemeinden. In den Modellgemeinden wurden Arbeitsgruppen eingesetzt, örtliche Service-Standards erstellt und z. T. eigene Projekte umgesetzt.

Mit über 1000 Seminarteilnehmern war das Qualifizierungsprogramm der Service-Initiative sehr erfolgreich. Insgesamt wurden 26 verschiedene Service-Aktionen erprobt. Die Angebotspalette reichte von Seminaren über Motivationsabende, Vereinsinformationen, Betrieb-Checks, Postwurfsendungen bis zur erfolgreichen Fachtagung „Servicequalität im Tourismus". Die beteiligten Orte, Betriebe und Vereine griffen das Thema Servicequalität auf und arbeiteten an Verbesserungen.

Dauer:	2 Jahre, Juni 2001 bis Juni 2003
Budget:	ca. 400 000 EUR für sieben Gemeinden
Modellgemeinden:	Bad Bellingen, Bad Krozingen, Badenweiler, Feldberg, Lenzkirch, Titisee-Neustadt, 6 Richtige im Schwarzwald (St. Blasien-Menzenschwand, Höchenschwand, Häusern, Dachsberg, Weilheim, Ibach)
Finanzierung:	EU-Förderung Europäischer Sozialfonds 315 000 EUR, Land Baden-Württemberg 50 000 E, Gemeinden 105 000 E, Rest private Mittel.

Phase 3: Ausdehnung auf gesamten Südlichen Schwarzwald

Die Service-Initiative Südlicher Schwarzwald tritt im Sommer 2003 mit ihrer dritten Phase in ein neues Stadium. Ziel dieser dritten Phase ist die Ausdehnung der Service-Initiative auf den gesamten Südlichen Schwarzwald, ein Gebiet mit fünf Landkreisen und über 120 Gemeinden. Zusätzlich werden sowohl für die Gemeinden als auch für die Betriebe neue Angebote in verschiedenen Modulen geschaffen.

Für die Gemeinden wird ein Info-Packet Service Initiative angeboten, das unter anderem ein Beratungsgespräch und eine örtliche Auftaktveranstaltung beinhaltet. Neben dem Budget für örtliche Service-Aktionen sind weiter vorgesehen:

- Hilfe bei der Umsetzung des Qualitätszeichens „Freundliche Gemeinde" (Standortbestimmung, Gästebefragung, Mystery Checks, örtliche Massnahmen)
- ein Gemeinde-Check im Servicebereich (kleiner standardisierter Stichproben-Mystery-Check).

Das Angebot für die Betriebe beinhaltet Fachexkursionen, verschiedene Seminare, Betriebschecks mit anschliessender Beratung und eine mehrtägige Ausbildung zum Qualitäts-Manager.

Dauer:	3 Jahre, Juli 2003 bis Juli 2006
Budget:	1,5 Mio. EUR pro Jahr
Finanzierung:	EU-Förderung Europäischer Sozialfonds 700 00 E, Gemeinden 470 000 E, Tourismusverband 60 000 EUR, Betriebe 70 000 EUR, Rest Freistellungskosten

8.4.2 Organisation

Projektträger der Service-Initiative ist der Verband „Tourismus Südlicher Schwarzwald e.V. (TSS)" mit Sitz in Freiburg. Das Projektmanagement (Koordination, Begleitung, Auskunft, Beratung) wurde durch FUTOUR Süd-West erbracht. Der TSS koordiniert die verbandspolitische Feinarbeit und steuert gemeinsam mit FUTOUR Süd-West die gesamte Detailarbeit.

Eine Begleitgruppe, in der Vertreter der Modellgemeinden und andere wichtige Parteien wie Industrie- und Handelskammer, Tourismus-Marketing GmbH Baden-Württemberg, Hotel- und Gaststättenverband, Einzelhandelsverband und Landesgewerbeamt vertreten sind, steuert die gesamte Initiative, steht beratend zur Seite und unterstützt das Projekt ideell.

Die Service-Initiative ist mit dem Landesprojekt „Gütesiegel Servicequalität Baden-Württemberg" und der Tourismus Marketing GmbH eng verzahnt. Der TSS und die Service-Initiative sind dort im Beirat vertreten und als Modellgebiet für die flächendeckende Umsetzung des Gütesiegels vor Ort anerkannt. Die Service-Initiative stellt mir ihren Modellgemeinden 60% aller ausgezeichneten Betriebe im gesamten Land. Für die Phase 3 ist zudem eine enge Zusammenarbeit mit der neu gegründeten Schwarzwald Tourismus GmbH geplant.

8.4.3 Vorläufiges Fazit

Bisher zieht der Tourismus Südlicher Schwarzwald e.V. (TSS) eine positive Bilanz. Der Servicegedanke hat in den Modellgemeinden Fuss gefasst und zu spürbaren Verbesserungen des touristischen Angebotes beigetragen. Die Service-

Initiative wirkt selbst über die Modellorte hinaus und in manchen Gemeinden wurden bereits eigene Qualitäts-Initiativen gestartet.

Die Service-Initiative Südlicher Schwarzwald hat in Sachen Servicequalität in Tourismusgemeinden eine Vorreiterrolle übernommen. Durch die Serviceaktion wurden u.a. die ersten Qualitäts-Trainer in Baden-Württemberg ausgebildet und Handelnde in der Region konnten vernetzt werden. Bisher ist es gelungen, das Thema Servicequalität mit einer grossen Vielfalt an verschiedenen Mitteln und Massnahmen darzustellen und zu bearbeiten.

8.5 „Q for you" im Saastal

Ausgangspunkt für eine Feriendestination ist die Tatsache, dass der Gast nicht eine einzelne Leistung eines Hotels, einer Seilbahn oder eines Sportzentrums nachfragt, sondern ein ganzes Leistungsbündel. Jeder Leistungsträger in einem Tourismusort profitiert von der Qualität der übrigen Leistungsträger oder wird durch die mangelnde Qualität der Partner beeinträchtigt. Die Synergien sind gross.

Im Saastal (Saas-Fee, Saas Grund, Saas Almagell und Saas Balen) wurden diese Zusammenhänge anlässlich eines Qualitätsseminars im Sommer 1992 erkannt. Mit einer Qualitätsoffensive, an der sich möglichst die ganze Bevölkerung im Tal beteiligt und die alle am Tourismus Beteiligten einbezieht, wollte man das Qualitätsbewusstsein, die Freundlichkeit und das Tourismusbewusstsein steigern. Es wurde ein „Qualitätsrat" gegründet, dem viele Exponenten der Talschaft angehörten. Das Projekt wurde durch das FIF der Universität Bern extern begleitet.

Von Anfang an war klar, dass eine Qualitätsverbesserung nicht primär durch grosse Investitionen in der Infrastruktur (Hardware) anzustreben ist. Vielmehr wollte man sich der Qualität im menschlichen Bereich, der „Software", widmen. Gleichzeitig wurde versucht, mit dem Qualitätsgütesiegel „Q for you" auch einen Innovationsschub bei allen Trägern auszulösen und zu erreichen, dass die betriebsinternen Abläufe überprüft und verbessert werden.

8.5.1 Vorgehen

Das gewählte Vorgehen kann in fünf Phasen mit insgesamt 14 Schritten gegliedert werden:

Initialphase

1. Schritt: Organisation eines begeisternden TQM-Seminars als Initialzündung.

2. Schritt: Formierung des Qualitätsrats als Arbeitsgruppe mit externer Betreuung durch das FIF; Ziel: Destinationsweites QM-Konzept innerhalb von 12 Monaten.

Konzeptionsphase

3. Schritt: Diskussion von Zielsetzung, Charakteristika, Umfang und Verfahrensalternativen innerhalb des QM.

4. Schritt: Formulierung von Qualitätsstandards für die Hotellerie als Pilotbereich.

5. Schritt: Erarbeitung von Qualitätscredo, allgemein verbindlichen Kriterien sowie Qualitätsstandards für alle einzubeziehenden Leistungsträger (Ferienwohnungen, Campingplätze, Restaurants, Bergbahnen, Skischulen, Sportzentren, Gemeindeverwaltung, Tourismus-Center, Ladengeschäfte, Taxi, Reisedienst, Post etc.).

Qualitätscredo „Q for you" Saas-Fee-Saastal

Im Bewusstsein,

- dass die Qualität der angebotenen touristischen Dienstleistungen in Zukunft immer wichtiger wird,
- dass man langfristig nur mit einem qualitativ hoch stehenden touristischen Angebot wirtschaftlich erfolgreich sein kann,
- dass mit dem eigenen Verhalten ein kleiner aber wichtiger Beitrag zu einer für den Gast so wichtigen Gesamtqualität geleistet werden kann,

verpflichtet sich der unterzeichnende Betrieb zu folgenden Q-for-you-Grundsätzen:

1. Wir verpflichten uns zur touristischen Qualitätsverbesserung im Interesse des Kunden und erarbeiten selbständig die nachfolgenden Qualitätsinstrumente für unseren Betrieb: Serviceketten, Qualitäts-Profil, jährlicher Aktions-plan und Reklamationswesen. Wir führen einen Gäste-Anregeordner.

2. Im Interesse einer gehobenen Gesamtqualität der Destination Saas-Fee-Saastal erfüllen wir auch die regionalen Qualitätsanforderungen der jeweiligen Dienstleistungsbranche.
3. Wir sind bereit, uns den Bestimmungen und dem Beschwerdeverfahren der Qualitätsgarantie anzuschliessen und akzeptieren den Entscheid der jeweiligen Beschwerdeinstanz.
4. Wir motivieren unsere MitarbeiterInnen zu einem freundlichen und serviceorientierten Verhalten. Unsere neuen MitarbeiterInnen werden zur Teilnahme am saisonalen Destinations-Workshop verpflichtet.
5. Unser Betrieb akzeptiert externe Qualitätskontrollen und ist gewillt, allfällige Mängel und Schwächen sofort zu verbessern. Anfallende Kosten der Kontrolle werden durch den Betrieb übernommen.
6. Wir setzen uns für einen umweltfreundlichen und nachhaltigen Tourismus ein und sind gewillt, eine umweltschonende Ressourcen- und Abfallbewirtschaftung im Betrieb umzusetzen.
7. Wir verpflichten uns, mit einem internen oder externen Qualitätscoach zusammenzuarbeiten und regelmässige Qualitätsmeetings mit den MitarbeiterInnen durchzuführen.

6. Schritt: Gegenseitige Überprüfung durch die Leistungsträger und Bewertung der Kriterien, Unterscheidung in Muss- oder Kann-Kriterien.

7. Schritt: Bestimmung der Kontrollmechanismen (Selbstdeklaration, Gästereklamationen, Qualitätsrat, Beschwerdeinstanz, Mystery-Persons etc.).

Vernehmlassungsphase

8. Schritt: Formulierung des gesamten QM-Konzeptes (Zielsetzung, Standards, Verfahren, Kontrolle) und Vernehmlassung bei den Leistungsträgern.

Auszug aus dem Kriterien-Katalog „Bergbahnen"

MUSS – KRITERIEN

1) An Skiliften, die vorwiegend von Anfängern benützt werden, ist ein Mitarbeiter beim Einstieg behilflich.
2) Bei Betriebsstörungen wird der Gast nach spätestens 10 Minuten informiert (Grosskabinen, Metro, Seilbahnstationen, Bergrestaurants).
3) Der Gast wird durch Informationstafeln im Dorf, periodische Meldungen über das Lokalradio und den automatischen Auskunftsdienst informiert. Alle Informationen werden fortlaufend aktualisiert.

4) Der publizierte Fahrplan wird mit den Leistungsträgern abgesprochen und eingehalten (Witterungsbedingte Betriebsunterbrüche ausgeschlossen).
5) In frequenzschwachen Zeiten sind bei Grosskabinen die Fahrzeiten fix und gut sichtbar angeschlagen.
6) Das Anstehen an Anlagen wird soweit wie möglich organisiert.
7) Die Pisten werden unter bestmöglichem Einsatz der vorhandenen Infrastruktur optimal präpariert.
8) Die Kabinen und Gondeln sind stets sauber.

KANN – KRITERIEN (5 von 7 erfüllt)
1) Der Gast wartet beim Billettbezug nicht länger als 10 Minuten (in Ausnahmefällen 15 Minuten, maximal 3 Ausnahmetage pro Saison).
2) Gruppen lösen Billette an einem speziellen Schalter.
3) Bestimmte Kassen bieten die Möglichkeit des bargeldlosen Zahlungsverkehrs.
4) Ein gut beschrifteter Kundendienstschalter ist zu publizierten Zeiten geöffnet.
5) Ein Wochen-Wahltageabonnement (Schönwetterabonnement) wird auch im Winter angeboten.
6) An geeigneten Stellen sind Papiertaschentücher erhältlich und Abfalleimer platziert.
7) PVC-Fahrkarten werden eingesammelt und über den Lieferanten wieder verwendet.

Realisierungs- und Kontrollphase

9. Schritt: Publikation des QM-Konzeptes, Bewerbungs-Ausschreibung für Q-for-you-Gütesiegel bei allen Leistungsträgern.

10. Schritt: Evaluation der Bewerbungen und Durchführung von Kontrollgängen durch Mitglieder des Qualitätsrats.

11. Schritt: Übergabe der ersten Q-for-you-Gütesiegel (Gültigkeit drei Jahre), gekoppelt mit einer Weiterbildungsveranstaltung; Ergänzung der Werbeimprimate durch Q-for-you-Gütesiegel.

12. Schritt: Q-for-you-Aktionen, z.B. gemeinsame Alp- oder Bachsäuberungen, Dorfbegehungen mit Schwachstellen-Analyse etc.

Weiterentwicklungsphase

13. Schritt: Einsatz von Mystery-Persons (unangekündigte Kontrollgänge durch externe Personen) und Berichterstattung mit Verbesserungsvorschlägen.

14. Schritt: Anpassung des Q-for-you-Programms, Ausweitung, Verschärfung der Qualitätsstandards, Kombination mit dem Qualitäts-Gütesiegel für den Schweizer Tourismus.

8.5.2 Fazit

Das Projekt wurde 1993 lanciert. Nach zwei Jahren trugen bereits 30% aller Betriebe der Talschaft (inkl. Ferienwohnungen) das Gütesiegel. Bei der Hotellerie von Saas-Fee waren es sogar 70%. 1998 wurde das Projekt mit dem Preis „Sommet 98" der Unterwalliser Tageszeitung „Le Nouvelliste" und der UBS ausgezeichnet.

Der durch die Q-for-you-Offensive ausgelöste Bewusstseinsprozess in der ganzen Destination war bemerkenswert. Die Erarbeitung der Qualitätsstandards stellte eine geeignete Plattform dar, um gemeinsam über Qualitätsvorstellungen zu diskutieren: über die Lebensqualität der Einheimischen genauso wie über die Ferienqualität der Gäste. Das Q-for-you-Gütesiegel diente als „Qualitätsvirus", das den Bewusstseinsprozess eigendynamisch vorantrieb.

Aus den Erfahrungen vom Saastal können die folgenden Grundsätze für den Qualifizierungsprozess für Feriendestinationen abgeleitet werden:

- Der Tourismusdirektor muss sich als integrierender Qualitätsmanager verstehen.
- Agieren, d.h. sofort aktiv werden und nicht abwarten, bis externe Vorgaben gemacht werden.
- Einen kooperativen Bottom-up-Ansatz wählen, d.h. möglichst viele Leistungsträger vor Ort am Qualitätsbewusstseinsprozess beteiligen und eine eigentliche Qualitätskultur entwickeln.
- Einen Qualitätsrat mit viel Ausstrahlung, Visionsvermögen, Mut und Überzeugungskraft einsetzen; externe Berater nur als Moderatoren oder Ideenlieferanten beiziehen.
- Erfolgserlebnisse schaffen, d.h. Qualitätsviren setzen mit Hilfe von Aktionen, Wettbewerben oder Auszeichnungen.

Doch Vorsicht: Die Qualitätseuphorie darf den Prinzipen des Lean-Managements nicht widersprechen und nicht zu einer Aufblähung des Controllings führen. Die Verstärkung der Gästeorientierung darf die eigene Verantwortung gegenüber Natur, Kultur, Menschenwürde oder bezüglich unterschiedlichen Wertvorstellungen nicht vermindern. Vorsicht auch, dass die bereits qualitätsorientierten Leistungsträger nicht administriert, nivelliert oder bevormundet werden.

8.6 Qualität Plus Kleinwalsertal (A)

Das Kleinwalsertal, hinter Oberstdorf im österreichischen Vorarlberg gelegen, hat sich unter Begleitung von Kohl & Partner, Villach und des FIF der Universität Bern mit dem Projekt „Qualität Plus" konsequent auf den Qualitätspfad begeben. Dabei wurden alle Branchenteile eingebunden. Es handelt sich um die erste talweite und vernetzte Qualitätsoffensive in einer österreichischen Tourismusregion.

Wie im Saastal war auch im Kleinwalsertal klar, dass eine Qualitätsverbesserung im Rahmen dieses Projektes nicht primär durch grosse Investitionen in der Infrastruktur (Hardware) anzustreben ist. Man wollte sich schwergewichtig der Qualität im Humanbereich (Software) widmen.

8.6.1 Vorgehen

Der Prozess wurde von den Raiffeisen Holding Kleinwalsertal angeregt und begann im Sommer 1997. Um eine strukturierte und professionelle Vorgangsweise zu sichern, wurden sechs Schritte geplant:

1. Schritt: Qualitätsworkshop mit Schlüsselpersonen
Gestartet wurde das Projekt mit einem Qualitätsworkshop mit Schlüsselpersonen und Multiplikatoren aus dem Tal. Dabei wurde das Grobkonzept evaluiert, das Vorgehen festgelegt sowie das Beraterteam und der Projektleiter vor Ort bestimmt. Der Projektleiter soll Ansprechpartner für sämtliche Anliegen der beteiligten Personen und Kontaktstelle zu den externen Beratern sein.

2. Schritt: Branchenübergreifender Qualitätsrat
Ein grosser Teil der Teilnehmerinnen und Teilnehmer des Qualitätsworkshops stellte sich als Mitglied des Qualitätsrats zur Verfügung. Er setzt sich aus Vertretern aller Branchenbereiche zusammen und trägt die Gesamtverantwortung des Projektes.

3. Schritt: Qualitätstrainings
Um von Anfang an möglichst viele Personen am Projekt zu beteiligen, wurden zweitägige Qualitätstrainings ausgeschrieben. Das Interesse war gross: Insgesamt fanden sechs Seminare mit über 140 Teilnehmern und Teilnehmerinnen statt. In diesen Trainings wurden nicht nur Grundlagen vermittelt, sondern bereits Stärken und Schwächen ausgemacht und mögliche Qualitätsstandards diskutiert.

4. Schritt: Branchenspezifische Qualitätszirkel

Aus den Qualitätstrainings entstanden vorerst neun branchenspezifische Qualitätszirkel: Hotellerie, Gastronomie, Privatzimmervermieter, Bergbahnen und Lifte, Tourismusverband, öffentlicher Verkehr, Handel und Gewerbe, Berghütten, Landwirtschaft. Die Qualitätszirkel erarbeiteten Vorgaben (allgemeine und spezifische Qualitätsstandards, unterteilt in Kann- und MussKriterien). Anschliessend wurden sie gegenseitig überprüft, bewertet und ergänzt. Dabei wurden auch die im Zusammenhang mit den Umweltgütesiegel Kleinwalsertal entstandenen Ökostandards eingearbeitet.

5. Schritt: Lancierung des Programms

Nach der fünften Qualitätsratsitzung im Dezember 1998 wurde das Programm im Januar 1999 in einer öffentlichen Veranstaltung gestartet. Ziel war es, im Frühjahr 1999 die ersten 50 Gütesiegel „Qualität Plus Kleinwalsertal" vergeben zu können.

6. Schritt: Qualitätssicherung und Weiterentwicklung des Programms

Zur Qualitätssicherung und Weiterentwicklung des Programms wurde festgelegt, dass

- die Qualitätszirkel mindestens einmal jährlich Verbesserungsvorschläge formulieren, die dem Qualitätsrat vorgelegt werden,
- von Kleinwalsertal-Tourismus halbjährlich so genannte „Gäste-Fokus-Gruppen" organisiert werden, die Gästezufriedenheit und Qualitätssicherung thematisieren,
- für die Q-Plus-Betriebe jährlich eine halbtägige Informations- und Weiterbildungsveranstaltung stattfinden soll.

2002 wurde eine Broschüre gestaltet, in der dem Gast farbenfroh erklärt wird, was er von einem Q-Plus-Betrieb erwarten kann. Zudem wurde das Programm mit einer 2. Stufe, die sich am Qualitäts-Programm des Schweizer Tourismus orientiert, ergänzt.

8.6.2 Organisation

Träger des Gesamtprojektes „Qualität-Plus-Kleinwalsertal" ist die *Gemeinde*. Die operative Abwicklung erfolgt über *Kleinwalsertal-Tourismus*. Eine kleine *„Aktivgruppe"*, zusammengesetzt aus je einem Vertreter von Gastgewerbe, Banken, Bahnen, Privatvermietung und Handel/Gewerbe soll Bürgermeister und Tourismusdirektor bei der Entscheidvorbereitung unterstützen.

Oberstes Entscheidgremium ist der *Qualitätsrat*, der sich aus ca. 20 Persönlichkeiten aus allen Teilbranchen und dem ganzen Tal zusammensetzt.

Jede Teilbranche, die sich mit separaten Qualitäts-Kriterien am Programm beteiligt, bestimmt einen *Qualitätszirkel*. Die Qualitätszirkel sind für die Pflege und Weiterentwicklung der Qualitätsstandards verantwortlich und motivieren die eigenen Mitgliederbetriebe.

8.6.3 Verfahrensfragen

Betriebe, die sich um das Gütesiegel „Qualität Plus" bewerben möchten, verlangen die Unterlagen bei Kleinwalsertal-Tourismus. In einer Selbstdeklaration wird sichergestellt, dass alle vorgegebenen Qualitätsstandards erfüllt sind. Dies wird mit Unterschreiben des Qualitätscredos bestätigt.

Das Kontrollkonzept sieht folgende Ansatzpunkte vor:
1. Eigenverantwortung durch Selbstdeklaration des Gesuchstellers,
2. Kurzcheck durch eine Person des Qualitätszirkels/Qualitätsrates,
3. Entscheidung durch Qualitätsrat,
4. Soziale Kontrolle im Tal,
5. Auflegen von Qualitätsverbesserungs-Fragebogen in den Q-Betrieben,
6. Sporadische Besuche durch Mystery-Persons mit kurzem Bericht.

Die Finanzierung des Projektes bis zur ersten Gütesiegel-Verleihung erfolgte über die Gemeinde Mittelberg, die Raiffeisen-Holding und die einzelnen Branchenverbände. Die Folgekosten werden durch die Kostenbeteiligung der mitmachenden Betriebe abgedeckt.

8.6.4 Vorläufiges Fazit

Das Projekt hat in der rund zweijährigen Vorbereitungszeit das Qualitätsbewusstsein entscheidend gesteigert. Die Qualitätstrainings waren populär und haben Qualitätsmanagement zu einem breiten Thema werden lassen. Die offenen, aber zum Teil hart geführten, Diskussionen bei der Festsetzung der Qualitätsstandards haben die Sensibilisierung für die Anliegen der Partner und das Zusammengehörigkeitsgefühl gestärkt.

Das Konzept und die detaillierten Qualitätsstandards sind in einer Broschüre zusammengefasst (vgl. Kohl & Partner/FIF 1998).

8.7 ISO-Zertifizierung der Tourismusorganisationen von Savognin/Surses

(Gespräche mit Tourismusorganisation geführt von Annegret Landes)

Portrait von Savognin-Surses

Lage: am Julierpass im Kanton Graubünden (CH)

Drei Organisationen: Savognin Tourismus im Surses (zuständig für Gästeinformation und -betreuung sowie für das Marketing der Region mit 8 Gemeinden), touristischer Gemeindezweckverband Surses (zuständig für Infrastruktur der Region) und ess-line Savognin (zuständig für Schneesportschule und Ganzjahresveranstaltungen in der Region)

640 Hotelbetten, 3350 Betten in Ferienwohnungen, 500 Betten in Gruppenunterkünften

422 000 Logiernächte (2002), davon 250 000 in Savognin

Savognin Bergbahnen AG mit 12 Anlagen und 80 Kilometern Pisten

Die Idee der Zertifizierung wurde vom Präsidenten von Tourismus Surses eingebracht, der seinen Industriebetrieb selber zertifizieren liess. Grund für den Handlungsbedarf war die Umstrukturierung des ehemaligen Kur- und Verkehrsvereins Savognin zum so genannten „Dreisäulenmodell", in welchem die ganze Ferien- und Tourismusdestination mit insgesamt acht Gemeinden in neu drei Organisationen eingebunden wurden. Es wurde ein externer Coach engagiert, der den internen Prozess steuerte. Bis zur Zertifizierung der ersten Tourismusorganisation der Schweiz im August 1999 wurden zwölf Monate in Anspruch genommen.

8.7.1 Ziele der ISO-Zertifizierung

Hauptziel der ISO-Zertifizierung war nicht die Zertifizierung selber, sondern die Absicherung der neu geschaffenen und zum Teil noch theoretischen Strukturen, die Klärung der Aufgabenteilung und die Verbesserung der Planungs-, Informations- und Serviceleistungen sowie der Kontrolle. Zusätzlich ging es darum,

- die eigenen Mitarbeiter sowie die touristischen Leistungsträger für Qualität zu sensibilisieren,
- die Kontinuität nach der Umsetzung der organisatorischen Umstrukturierung sowie nach einem allfälligen Weggang des aktuellen Tourismusdirektors zu sichern,
- die Einarbeitung neuer Mitarbeiter zu erleichtern.

8.7.2 Aufbau und Ablauf des Qualitätssicherungssystems

Das gesamte Qualitätsmanagementsystem orientiert sich am Grundsatz „*Jede Mitarbeiterin und jeder Mitarbeiter unserer Organisation ist für Qualität verantwortlich*" und ist im Führungshandbuch genau beschrieben. Das Führungshandbuch möchte

- mit einem gemeinsamen Leitbild und klaren Zielsetzungen den Weg in die Zukunft weisen,
- Kompetenzen und Verantwortlichkeiten regeln,
- alle Aktivitäten bzw. Prozesse klar definieren, dokumentieren und sicherstellen, dass die Aufgaben effizient erfüllt werden können.

Das *Führungshandbuch* ist wie folgt aufgebaut:

1. Management-Prozess: Leitbild/Politik, Marktinformation, strategische Zielsetzungen, Planung, Organisation, Information, Erfolgskontrolle, Beschwerde-/Vorschlagswesen, Jahresbericht.
2. Ressourcen-Prozesse: Personalauswahl/-anstellung, Aufgaben/Verantwortungen/Kompetenzen, Personaladministration, MA-Gespräche, Einsatzplanung, Schulung, Personalinformation, Büromaterial/Infrastruktur, Rechnungswesen, Informatik, Internet/e-mail, Erfolgskontrolle/Jahresbericht.
3. Leistungserstellungs-Prozesse: Aufträge/Kundenbedürfnisse, Angebotsentwicklung, Verkauf, Leistungserbringung, Nachbetreuung.
4. Messung/Analyse/Verbesserungen: Führungshandbuch, Q-Plan, Messung (Gästezufriedenheit), Internes Audit, Korrekturen/Verbesserungen.

Das Führungshandbuch ersetzt eine externe Mitarbeiterkontrolle, da alle Tätigkeiten beschrieben sind und so eine Selbstkontrolle (und damit Selbstmotivation) möglich ist.

Zur Sensibilisierung der touristischen Leistungsträger für Qualität wurde beschlossen, jährlich einen gewissen Budgetbetrag vorzusehen, mit dem die Kurskosten der Ausbildung zum Qualitäts-Coach (Qualitäts-Gütesiegel des Schweizer Tourismus Stufe I) übernommen werden.

8.7.3 Kosten und Nutzen des Projektes

Die externen Kosten beliefen sich auf rund 80 000 CHF, die sich wie folgt aufteilten: Vor-Audit und Zertifizierung: 10 000 CHF, externer Coach: 40 000 CHF, externes Sekretariat für Schreibarbeiten: 15 000 CHF, diverse Kosten für

Kommunikation etc.: 15 000 CHF. Zudem war ein erheblicher interner Aufwand notwendig, der zum Teil an den Grenzen der Belastbarkeit lag.

Der Projektleiter Maurus Dosch betonte jedoch, dass eine ISO-Zertifizierung keinen Kostenfaktor darstelle, sondern eine Investition. Zudem habe ISO durch die Umstellung von einer kriterien- zu einer prozessorientierten Betrachtung ihre Schwachstellen für Dienstleistungsbetriebe ausgemerzt und eigne sich hervorragend, um Prozesse zu optimieren und damit Kosten zu sparen.

8.7.4 Fazit

Die ISO-Normen waren anfangs bei Mitarbeitern, Partnern und in der Bevölkerung kaum bekannt. Deshalb war man skeptisch. Mit der Zeit erkannte man aber, dass die Zertifizierung Zukunftssicherung bedeutet. Dies führte zu mehr Engagement und Identifikation. In der Bevölkerung brauchte es viele persönliche Gespräche, um die Skepsis zu überwinden.

Gäste reagieren kaum auf die Zertifizierung, doch spüren sie die Verbesserung der Qualität in den Leistungen. Die ISO-Zertifizierung ist ein fortlaufender Prozess, der mit der Entgegennahme des Zertifikats nicht zu Ende war, sondern erst so richtig begann. Ob die Zertifizierung erneuert wird, ist offen.

8.8 Qualitätsstrategien für Destinationen

In vielen weiteren Destinationen stellt man sich die Frage, wie die Qualität des gesamten Leistungsbündels, das vom Gast nachgefragt wird, verbessert werden kann. Grundsätzlich lassen sich vier verschiedene Stufen zur Beeinflussung des Qualitätsbewusstseins mit unterschiedlichen Anforderungen an das Destinations-Management auseinander halten:

Weg 1: Der freiwillige einzelbetriebliche Weg – Destinationsmanager als Animator
Qualität wird anlässlich Mitliederversammlungen und Kommissionssitzungen etc. thematisiert. Es werden in der Destination Q-Tourismustage organisiert, Informationen vermittelt und die Betriebe ermutigt, Q-Bestrebungen zu verstärken. Der Aufwand für diesen Weg ist bescheiden.

Weg 2: Der forcierte einzelbetriebliche Weg – Destinationsmanager als Organisator von Q-Seminarien und Q-Coaching
Die Animation zu zusätzlichen Q-Anstrengungen erfolgt wie bei Weg 1. Zusätzlich werden regelmässig Q-Coach- und Q-Trainer-Kurse durchgeführt. Das

Tourist-Center versteht sich als Informations- und Koordinationsstelle und begleitet Betriebe auf dem Weg zum Gütesiegel (insbesondere Kleinbetriebe). Der Aufwand für diesen Weg beträgt rund eine 10%-Stelle und ein Budget ca. 30 000 EUR.

Weg 3: Der gemeinsame Weg – Destinationsmanager als Initiator eines eigenen Qualitätsprogramms
Die Animation resp. die Organisation erfolgen gemäss Weg 2. Zusätzlich wird ein Weg ähnlich dem Q-Plus im Kleinwalsertal (vgl. Kapitel 8.3) resp. dem Q for you im Saastal (vgl. Kapitel 8.2) beschritten. Der Aufwand ist erheblich und bedingt eine 50%-Stelle bei interner Projektleitung sowie ein jährliches Budget von ca. 70–100 000 EUR für die externe Beratung, Projektrealisierung und Schulung. Zudem ist ein erheblicher Zeitaufwand in den Qualitätszirkeln vorzusehen.

Weg 4: Der zertifizierte Weg – Destinationsmanager als Koordinator eines destinationsweiten ISO 9001-Zertifizierungsprogramms
Die Animation resp. Organisation erfolgen gemäss Weg 2. Es wird eine ISO-Zertifizierung 9001:2000 für die gesamte Destination angestrebt, also nicht nur für die Tourismusorganisation wie in Kapitel 8.4 vorgestellt, sondern für alle relevanten Partner in der Destination.

Das Vorgehen kann wie folgt skizziert werden: Gründen eines Qualitätsrates (1), Vorabklärungen mit einer Beratungsstelle – festlegen des Vorgehens (2), Gründen von branchenspezifischen Qualitätszirkeln – Erarbeiten von Qualitätshandbüchern je Qualitätszirkel – Bereinigen von Schnittstellen – Festlegen von Verfahrensfragen (3), offizielle Anmeldung bei zur Zertifizierung berechtigten Zertifizierungsstellen (4), Selbstbeurteilung der Betriebe/Branche (5), Einleiten von Massnahmen (6), Zertifizierungs-Audit (Fremdbeurteilung nach Standard) (7), Antrag zur Zertifikatserteilung (8).

Der Aufwand wäre erheblich, würde mindestens eine 50%-Stelle bedingen und für die externe Beratung während den Vorabklärungen sowie der Vorbereitung wohl gegen 200 000 EUR betragen. Für die Zertifizierung, die Projektrealisierung und Schulung sind je nach Grösse der Destination weitere 70–100 000 EUR zu budgetieren. Zudem ist ein erheblicher Zeitaufwand in den Qualitätszirkeln vorzusehen.

8.9 2Q-Zertifizierung für das Stella Hotel in Interlaken

(Gespräch mit Christine und Werner Hofmann, Inhaber Hotel Stella, Interlaken, geführt von Eveline Lanz Kaufmann)

Portrait Hotel Stella, Interlaken
Vier-Sterne-Hotel mit 30 Zimmern, 50 Betten, Hallenbad
26 Vollzeit-Stellen, 9 200 Logiernächte
2 Mio. CHF Umsatz, wovon rund 50% auf F&B entfällt

Die 1992 entstandene Vision brachte bereits die zentrale Bedeutung der Dienstleistungs-Qualität im Hotel Stella zum Ausdruck. Darin ist von „der Innovationsfreude", „der Aufgeschlossenheit Neuem gegenüber", „der Suche nach Dekorationselementen", „dem Umweltbewusstsein", „der gleich bleibend hohen Qualität der Leistungen und Produkte", „dem Bekenntnis zur Sinnlichkeit" und „dem Streben nach Perfektion" die Rede.

Damals war als Qualitätsmanagement-Instrument für Dienstleistungen einzig die 2Q-Methode von Karl Frey (vgl. Kapitel 4.5) bekannt, die für den Bildungsbereich entwickelt wurde. Der Schweizer Hotelier-Verein hat von der Frey Akademie eine Branchenlösung des 2Q-Systems erarbeiten lassen. Sie musste dann allerdings stark an die Gegebenheiten eines Kleinbetriebs angepasst werden. 1995 wurde das Hotel Stella als erster Hotelbetrieb mit dem 2Q-Zertifikat ausgezeichnet.

8.9.1 Ziele des Qualitätsmanagementsystems

Das 2Q-Verfahren ist ein Hilfsmittel zur Festlegung, Erhaltung und Förderung von Qualität. Es stellt ein Führungsinstrument dar, das die Selbstführung aller Mitarbeiterinnen und Mitarbeiter betont. Hauptziele des 2Q-Verfahrens für das Hotel Stella waren die Förderung der Kreativität einerseits und die Beteiligung aller Mitarbeitenden am fortlaufenden Verbesserungsprozess andererseits. Mit Hilfe des 2Q-Verfahrens unterzog man das Hotel Stella einer sorgfältigen Analyse, leitete zielgerichtete Massnahmen ein und setzte sich mit umsetzbaren Bewertungen auseinander.

8.9.2 Vorgehen und Aufbau des Qualitätsentwicklungssystems

Vision und Struktur des Betriebes bilden die Grundlagen. Die Vision wird alle fünf bis zehn Jahre erneuert. Jährlich wird eine Kernkompetenz ausgewählt, die zum Leitthema für den gesamten Betrieb wird. Beispielsweise wurde für das Jahr 2000 das Thema „Freundlichkeit" ausgewählt.

Qualität und Qualifizierung wird durch selbst gewählte Optionen garantiert, die alle vier Monate überprüft werden. Unter Optionen werden Möglichkeiten verstanden, die für den Erfolg des Hotels Stella wichtig sind. Für sechs Bereiche wurden Optionen definiert, wobei die Team-Optionen resp. die Persönlichkeitsentwicklung für alle Bereiche Gültigkeit haben:

- Team-Optionen: z.B. Lust auf Veränderung, Lust auf Umsetzung etc.
- Service: z.B. Coaching, Motivation, Dienstleistungsbereitschaft etc.
- Réception/Administration: z.B. fachliches Können, Loyalität und Zuverlässigkeit, Verkaufsförderung etc.
- Kader: z.B. Weiterbildung, Arbeitsorganisation, Belastbarkeit, Gästekontakt etc.
- Küche: z.B. Präsentation, Arbeitshygiene, Einkauf und Entsorgung etc.
- Hauswirtschaft: z.B. Generalreinigung, Arbeitsabläufe, Unterhalt etc.

Dreimal jährlich legen alle Mitarbeiterinnen und Mitarbeiter eine bis drei Optionen fest. Auf dem Q-Plan wird festgehalten, um welche Aufgabe es sich handelt, welche Ziele gesteckt werden, wie vorzugehen ist und wie der Erfolg zu beurteilen ist. Der direkte Vorgesetzte oder der Fachvorgesetzte beurteilt den Q-Plan bezüglich Machbarkeit und Sinnhaftigkeit. Für die Kontrolle wird eine Person bestimmt, die selber ausgewählt werden kann. Auf dem Protokoll werden das Auswertungsgespräch mit dem Vorgesetzten festgehalten und die neuen Ziele festgelegt.

Die Q-Pläne werden in einem Ordner abgelegt, wo sie für alle Mitarbeiterinnen und Mitarbeiter einsehbar sind. Verbesserungsvorschläge, welche die Persönlichkeitssphäre betreffen, müssen nicht abgelegt werden. Alte Q-Pläne werden vernichtet. So verhindert man das Abschreiben und Wiederholungen.

Der Kompetenzschlüssel zur ganzheitlichen Berufsausbildung bildete eine der Grundlagen für die Team-Optionen. Die Team-Optionen haben den Vorteil, dass sie auch ausserhalb des Betriebs erfüllt werden können. Dies ist insbesondere bei Lehrlingen wichtig, die einen Grossteil ihrer Ausbildungszeit auch in der Schule verbringen. Tauchen Sicherheitsprobleme auf, haben diese immer Vorrang. In diesem Sinne hat die Betriebsleitung ein Vetorecht. Keine Kompromisse werden auch bezüglich fachlichen Standards, Geld, Zuverlässigkeit und Pünktlichkeit gemacht.

Vorgelebt wird die Qualitätsphilosophie durch das Direktionsehepaar. Sie gehen mit gutem Vorbild voran und füllen wie jeder und jede des Teams ihre eigenen Qualitätspläne aus. Sie erachten die Selbstdynamik als sehr wichtig und sind überzeugt, dass das gegenseitige Vorleben und die konstruktiv Kritik den Verbesserungsprozess fördert.

8.9.3 Kosten und Nutzen des Projektes

Die Einführung von 2Q ist insbesondere für die Führung relativ aufwändig. In KMUs ist die Meinung stark verbreitet, für solche Vorhaben keine Zeit zu haben. Ein grosser Teil des Engagements geht auf Kosten der Freizeit. Die externen Kosten für die Rechte auf die Systembenutzung beliefen sich auf CHF 17 000. Dazu kommen alle zwei Jahre CHF 6 000 für das Audit.

Der Nutzen in Form von Qualitätsverbesserungen und Förderung des Teamgeistes überwiegt die Kosten bei weitem. Festzustellen sind permanente kleine Fortschritte in Kompetenz, Know-how und Persönlichkeitsmerkmalen. Die positive Einstellung der Mitarbeiterinnen und Mitarbeiter ist Garant für die Kontinuität einer hohen Qualität in allen Servicebereichen. Die permanente Auseinandersetzung mit den Mitarbeitern ermöglicht rasche korrektive Massnahmen. Gästebuch-Eintragungen und andere Feedbacks der Gäste bestätigen, dass es im Hotel Stella kaum „Nicht-Qualität" gibt.

Problematisch wird es, wenn der Qualitätsanspruch nach aussen kommuniziert wird und damit die Erwartungen gesteigert werden. Die guten Medienberichte haben einzelne Gäste angezogen, deren Ziel es war, Fehler zu finden.

8.9.4 Fazit

In der 2Q-Methode sind Vertrauen, menschliche Beziehungen und Wertschätzung sehr wichtig, was eine hohe Sozialkompetenz des Kaders erfordert. Die 2Q-Zertifizierung ist eine langfristige Investition in den Betrieb. Voraussetzungen für den Erfolg sind die Offenheit und der Wille bei allen Mitarbeitenden, die ausgewählten Optionen und die selbst gesetzten Ziele zu erfüllen. Die intrinsische Motivation muss also hoch sein. Die 2Q-Methode funktioniert nicht bei Personen, die „null Bock auf nichts" haben.

Eher ungeeignet ist die 2Q-Methode für den Bereich Hauswirtschaft, weil er viele repetitive Arbeiten beinhaltet. Es ist schwierig, immer wieder die Motivation für neue Vorschläge zu finden.

Um die Abwechslung zu steigern, ist Job Rotation in diesem Bereich sehr wichtig. In Saison-Betrieben ist die 2Q-Methode kaum durchführbar, weil die

Arbeitsperioden zu kurz sind. Eine gewisse Kadergrösse muss permanent vorhanden sein.

Im Vergleich zum ISO-Qualitätsmanagementsystem ist die 2Q-Methode weniger auf vorgeschriebene Standards fixiert. Sie lässt Raum für Individualität. Die Begeisterungsfähigkeit und Veränderungsbereitschaft kann durch zu viele Standards gehemmt werden. 2Q ist menschlich, aber auch anspruchsvoll insbesondere bezüglich der Führungsarbeit. ISO hat den Vorteil, dass das System im Betrieb bleibt, auch wenn die Mitarbeitenden wechseln. Die 2Q-Qualifikationen gehen mit dem Wegzug von Mitarbeitern verloren.

Das Hotel Stella hat nach fünf Jahren intensive 2Q-Erfahrung einen Zwischenhalt eingelegt und verzichtete auf eine erneute Zertifizierung. Allerdings wird die Methode beibehalten, um die wertvollen Errungenschaften nicht einfach preiszugeben.

Qualitätsmanagement-Ansätze in der touristischen Praxis

Abbildung 54: Q-Plan-Beispiel vom Hotel Stella

Q-Plan
Qualität und Qualifizierung

Name: ░░░ Vorname: ░░░

Funktion: KV - Lehrling   Blatt: ___

Option 2a
Stichwort: Arbeiten kontrollieren für die Zeit von 1. Juni 96 bis Aug./Sept.

❶ Worum geht es: welche Aufgabe? oder welches Gebiet? oder welches Problem? oder welches große Ziel? Stichworte genügen.

Man soll sich darauf verlassen können, dass meine Arbeiten fehlerfrei sind. → Keine Flüchtigkeitsfehler in Korrespondenz, Menüs, Listen etc...

❷ Ziel: Was möchte ich erreichen? Möglichst genau. Möglichst nur ein Ziel.

Von mir ausgeführte Arbeiten (Korres, Listen + Menüs) sollen nicht beanstandet werden müssen.

❸ Vorgehen: Was tue ich, um das Ziel ❷ zu erreichen? Eventuell: 1. Schritt, 2. Schritt, usw.

Bevor ich ein Menü auf ein Menü-Blatt oder ein Brief auf das Stella-Papier kopiere, wird nachgelesen und korrigiert. Nach einer 2. Kontrolle kann es dann weitergeleitet werden.

❹ Beurteilung: Wie kontrolliere ich meinen Erfolg? Wer kontrolliert noch? Wie? Maßstab?

- Fremdbeurteilung: Fr. Hofmann und Fr. Michel teilen mir mit, wenn etwas nicht fehlerfrei war. Ich führe eine Strafstrichliste:
Massstab: 0 Striche pro Woche = sehr gut;
1 = gut; 2 = genügend; ab 3 = ungenügend

Datum: 21. Mai 96

Der/die Mitarbeiter/in: ░░░

Der/die Vorgesetzte: J. Michel

2Q-Methode von Prof. Dr. K. Frey, Zürich
Nutzungs- & ©-Rechte: Karl Frey. Formblatt 940411

2Q-Methode = Qualitätssicherung und Qualifizierung

8.10 European Quality Award für das Hotel Schindlerhof bei Nürnberg

1999 wurde das Hotel Schindlerhof bei Nürnberg, das vom „manischen Umsetzer" Klaus Kobjoll geführt wird, mit dem European Quality Award for Business Excellence ausgezeichnet. „Für mich ist die ISO-Zertifizierung der Führerschein, um überhaupt in Richtung Business Excellence los zu marschieren," schreibt Klaus Kobjoll in seinem sehr lesenswerten Buch „Abenteuer European Quality Award" (2000). In der Folge werden einige wichtige Aspekte aus diesem Buch zusammengefasst.

8.10.1 Herausforderungen annehmen

„Viele Unternehmen kommen kaum mehr vom Fleck, weil sie sich nicht mehr getrauen, ihre Leute offen mit hochgesteckten Zielen zu konfrontieren und dadurch auch zu fordern" (Kobjoll 2000, S. 18). Deshalb hat man sich im Schindlerhof jährlich einer neuen Herausforderung angenommen, sei es über detaillierte Qualitätsprogramme, sei es über mutige Innovationsvorhaben oder sei es über vertiefte Öko-Wettbewerbe.

1994 wurde das Ziel anvisiert, den deutschen Marketingpreis der „Hotel Sales and Marketing Associations" zu gewinnen. Und es wurde erreicht. 1995 war ISO 9001 angesagt. Es wurden 2150 Mitarbeiterstunden eingesetzt – in der Freizeit – und das Ziel in fünfeinhalb Monaten erreicht. „Diese Arbeiten vor Beginn des EQA-Abenteuers führten zu Kreativitätsschüben und zu vielen kleinen Neuerungen im Betrieb", meinte Klaus Kobjoll (2000, S. 21).

8.10.2 Die Bewerbung zum European Quality Award

1997 wurde der erste Versuch gestartet. Der Nachweis über Führung/Leadership und Strategien/Planung, über Mitarbeiterorientierung und Ressourcen, über Prozesse und gesellschaftliche Ergebnisse, über Mitarbeiter- und Gästezufriedenheit sowie über Geschäftsergebnisse (vgl. Kapitel 4.3) wurden im April 1997 eingesandt. Die Resultate waren so ermutigend, dass die EFQM-Zentrale in Bruxelles hellhörig wurde. Es kam zu einer so genannten „site visit": vier internationale Assessoren stellten den Schindlerhof während fünf Tagen auf den Prüfstand. Es folgte ein Schlussbericht mit einer Punktzahl. Es wurde bemängelt, dass zu wenig gemessen wurde. In vier Kriterien des Ergebnisteils war der Schindlerhof noch zu schwach. „Jetzt fiel die Motivation im Team in den Keller. Jetzt wussten wir, dass wir nichts wussten ..." (Kobjoll 2000, S. 41).

Trotzdem hat es gereicht, um ins Finale zu kommen. Der Schindlerhof war gleich beim ersten Anlauf unter den besten sieben Unternehmen Europas im KMU-Bereich. Doch ganz zufrieden war man nicht. Es folgten die Nachbesserungen. Man kam zur Einsicht: „Nur was gemessen wird, wird auch getan."
Nachdem die Schwachstellen beseitigt und vor allem für viele neue Bereiche Standards gesetzt wurden, die gemessen und die Einhaltung in Streudiagrammen festgehalten werden können, erfolgte 1999 die zweite Bewerbung. Und dieses Mal klappte es: Der Schindlerhof konnte den begehrten European Quality Award for Business Excellence entgegennehmen.

„TQM ist ein Marathon, wenn nicht sogar ein Ironman.

(Klaus Kobjoll)

8.10.3 Die Bewerbungsunterlagen

Im Buch von Klaus Kobjoll (2000, S. 109ff) sind die Bewerbungsunterlagen des Schindlerhofs detailliert abgedruckt. Sie folgen den im EFQM-Modell vorgesehenen neun Kapiteln mit den vertiefenden Fragen (vgl. Kapitel 4.3).

Beispielsweise ist im Kapitel 1 *„Führung/Leadership"* nachzulesen: „Die Fluktuationsrate konnte von anfänglich 29% im Januar 1997 auf 17% im Februar 1997 auf 0% für den Rest des Jahres gesenkt werden. Bessere Kommunikation zwischen den Abteilungen und dem Housekeeping und die daraus resultierende Dienstplanverknüpfung senkte die Aushilfskosten innerhalb zweier Monate um fast 50%."

Oder im Kapitel 2 *„Strategie/Planung"* ist die Lageanalyse (siehe folgende Seite Abbildung 55) zu finden.

Im Kapitel 3 *„Mitarbeiterorientierung"* wird u.a. gezeigt, wie anlässlich eines Qualitätszirkels die Schwachstelle „Eigenverantwortung" behoben worden ist:

Im Rahmen der „totalen Verantwortung" gemäss Unternehmensstrategie obliegt es den Mitarbeitern.

- auf Gästereklamationen zu reagieren, d.h. der Rahmen der sofortigen Wiedergutmachung wird durch jeden Mitarbeiter bestimmt,
- seine Prozessabläufe zu hinterfragen und ggf. zu korrigieren, d.h. Teilnahme an den Qualitätszirkeln bzw. an den internen Audits,
- seine Verbesserungsvorschläge selber umzusetzen, d.h. geeignete Massnahmen werden nach Rücksprache mit dem Abteilungsleiter eingeleitet und die nötigen Mittel beschafft.

Im Kapitel 5 „*Prozesse*" wird beispielsweise die Struktur des Organisationshandbuchs beschrieben, die für alle Abläufe Gültigkeit hat:
1. Thema der Verfahrensbeschreibung: Welcher Vorgang wird beschrieben?
2. Ziel der Verfahrensbeschreibung: Warum wird der Vorgang beschrieben?
3. Weg: Welche Schritte sind nötig?
4. Dokumentation: Wo wird dokumentiert und wie?
5. Verantwortlichkeiten: Wer ist verantwortlich?
6. Geltungsbereich: Für wen gilt die Beschreibung?
7. Mitgeltende Unterlagen: Welche zusätzlichen Informationen sind wichtig?
8. Abkürzungen: Was bedeuten die vielen Abkürzungen?
9. Anhang: Gibt es Formulare, Checklisten?

Im Kapitel 7 „*Mitarbeiterbezogene Ergebnisse*" werden einige Kennziffern aufgeführt, z.B.:
- Senkung der Krankentage von 12 im Jahre 1992 auf 5 im Jahre 1997

Abbildung 55: Lageanalyse Schindlerhof 1997

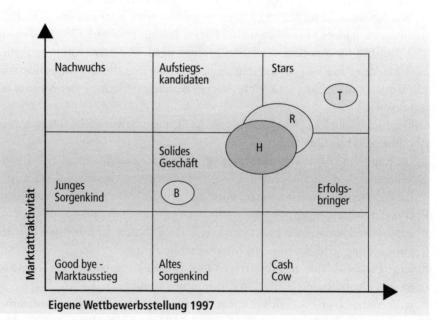

Legende: B = Bankett, R = Restaurant, H = Hotel, T = Tagung
Quelle: K. Kobjoll: Abenteuer European Quality Award, Zürich 2000, S. 124

- Steigerung der eingegangenen Verbesserungsvorschläge je Mitarbeiter von 4,22 (1992) auf 7,5 (1997)
- Intensivierung der Beteiligung an Weiterbildungsmassnahmen von 100 (1994) auf 250 (1997).

8.10.4 Fazit

„TQM ist nicht nur das Steckenpferd eines qualitätsbesessenen Unternehmers, Beschäftigungsprogramm für Mitarbeitende und saumässig viel Arbeit. Nein, TQM führt zu einem klar erkennbaren Mehrwert im Unternehmen. Ich versichere Ihnen: TQM gilt inzwischen bei meinen Banken bereits als höhere Sicherheit als eine Bilanz, die vielleicht zufällig gut war, oder als irgendeine dringliche Sicherheit" (Kobjoll 2000, S. 56).

Die zahlreichen Erkenntnisse aus dem Abenteuer EQA des Schindlerhofs lassen sich ganz grob wie folgt zusammenfassen (vgl. Kobjoll 2000, S. 53ff):

- Strategische Planung hat eine magische Kraft.
- Ohne Verhaltensnormen entstehen keine Werte: Freude und Spass, Freiheit und Harmonie, Individualität und Konformität, Sinnverwirklichung im Betrieb und Produktivität etc.
- Die Auswahl der Mitarbeitenden ist zentral: fünf Filter garantieren, dass die Chemie stimmt.
- Investitionen in das Wohlbefinden der Mitarbeitenden lohnen sich.
- Dialoge mit den Augen des Andern helfen weiter.
- Verbesserungsvorschläge, animiert durch einen liebevollen Druck, sind der Schlüssel der stetigen Qualitätsentwicklung.
- Ergänzend zu den kleinen Verbesserungsschritten gehören echte Innovationen zu den Kernprozessen des Qualitätsmanagements.
- Das eigene Verhalten muss kongruent sein zu dem, was gepredigt und verlangt wird.

„Ausreichende Energie mag dazu führen, dass Sie sich vielleicht für den European Quality Award bewerben. Ich verspreche Ihnen eins: Endorphin ohne Ende."

(Klaus Kobjoll)

8.11 ISO-Zertifizierung (9001 und 14001) des Hotels Inter-Continental in Zürich

(Gespräche mit Stephan Kistler, Direktor und Louis Verbeek, Vizedirektor Hotel-Intercontinental, Zürich geführt von Eveline Lanz Kaufmann sowie Konrad Jans)

Portrait Hotel Inter-Continental, Zürich
1972 als Hotel Nova-Park eröffnet, seit 1996 Hotel Inter-Continental
Vier-Stern-Hotel mit 364 Zimmern, 120'000 Logiernächte (2002)
71% Zimmerauslastung
15 Konferenz- und Banketträume bis 400 Personen
27 Mio. SFr. Umsatz, 7,5 Mio. SFr. Gewinn (G.O.P.) (2002)

Im Mai 1997 wurde entschieden, sich auf eine ISO-Zertifizierung vorzubereiten. Der Vizedirektor Louis Verbeek wurde als Projektleiter ein Jahr für das Qualitäts-Projekt freigestellt. Er wurde von Katharina Muellener als externe Coaching-Partnerin begleitet.

Die Direktion betrachtete die ISO-Zertifizierung als Instrument für eine Verbesserung der Qualitätssicherung. Als Nebeneffekt erhoffte man sich eine Umstrukturierung in Richtung eines partizipativen Managements. Man wollte motivieren, Richtlinien gemeinsam festlegen und kommunizieren. Weil insbesondere im Umweltbereich enormes Kostensparpotenzial vermutet wurde, beschloss man, gleichzeitig auch eine ISO-Zertifizierung nach der 14001-Norm anzustreben. Die Umweltorientierung war vorher im Hotel Inter-Continental klein geschrieben. Der Einbezug der 14001-Normen erfolgte parallel zu den 9001-Normen.

8.11.1 Ziele der ISO-Zertifizierung

Oberstes Ziel war, Prozesse zu rationalisieren und über eine hohe Produkte- und Dienstleistungs-Qualität den Shareholder-Value zu verbessern. Die ISO-Zertifizierung war damit nur Mittel zum Zweck. Im Vordergrund standen Know-how-Sicherung und Implementierung der Inter-Continental-Standards.

8.11.2 Aufbau und Ablauf des Qualitätssicherungssystems

Vorerst wurden die Leitsätze mit dem Kader definiert. Anschliessend wurde das Personalmanagement unter die Lupe genommen: Stellenbeschriebe, Auswechslung von Mitarbeitern, Betonung des ISO-Projektes in den Bewerbungsgesprächen. Erst danach gingen die einzelnen Abteilungen an die Arbeit. Jede Abteilung bestimmte einen Verantwortlichen, der wöchentlich mit der Qualitäts-Projektgruppe (8 Personen, Leitung Verbeek) tagte. In sieben Ordnern beschrieben die Abteilungen ihre Arbeitsabläufe und legten Standards fest. Dabei wurden auch die Standards der Inter-Continental-Gruppe integriert.

Der Verwaltungsrat wurde bei diesem Prozess nicht involviert. Es bestand auch kaum Handlungsdruck von oben. Zeit und Geld für ein umfangreiches Projekt wurden bereitgestellt. Der Qualitätsverbesserungsprozess wurde eher interessenlos zur Kenntnis genommen. Die Zertifizierung wurde dann allerdings mit dem VR gefeiert und die Mitarbeiter erhielten eine Prämie.

Vizedirektor Verbeek ist auch nach der Zertifizierung Qualitäts-Verantwortlicher und leitet alle zwei Wochen eine Sitzung des Qualitätsteams. Dieses überprüft die Standards. Messkriterien sind die Ergebnisse der Mystery-Besuche durch Richey International (2–3 Mal jährlich), Finanzkennziffern, die Management-Review sowie die Tages-Rapporte der Abteilungen. Auch die zweimal wöchentlich stattfindenden Kadersitzungen nehmen Qualitätsaspekte immer wieder auf. Zudem finden laufend interne Audits statt.

Die Qualitätsphilosophie wird bereits in der Eintrittsschulung kommuniziert. Jeder Mitarbeiter hat innert der ersten zwei Monate eine zweitägige Schulung im Haus zu absolvieren, die auch Qualitätsinhalte umfasst („my guest is my customer"). Innerhalb der Abteilungen wird bei den Shift-Übergabe-Meetings sowie in den Kadersitzungen der Qualität ein spezieller Platz eingeräumt. Zudem existiert ein Schulungsplan pro Abteilung, welcher interne und externe Schulungen vorsieht.

8.11.3 Kosten und Nutzen des Projektes

Der Nutzen übertraf die Kosten bei weitem. Die Kosten werden insgesamt auf rund 200 000 CHF geschätzt. Davon beliefen sich rund 70 000 CHF für die externe Beratung und Zertifizierung. Dazu kamen vor allem die Personalkosten für die interne Arbeit.

Der Nutzen liegt in den vorgenommenen Strukturanpassungen und Kosteneinsparungen sowie der daraus resultierenden Umsatzsteigerung. So wurde beispielsweise der Mitarbeiterbestand von 250 auf 160 reduziert. Er konnte anschliessend dank gutem Geschäftsgang wieder auf 180 aufgestockt werden.

Mit ISO wird nicht geworben, um keine zu hohen Erwartungen zu wecken, doch reagierten die Gäste sehr positiv auf die erreichte höhere Servicequalität. Die Mitarbeiter zeigten anfangs eine gewisse Skepsis, erkannten dann aber die Chance zur Mitwirkung. Ein Abteilungsleiter, der nicht mitmachen wollte, wurde ausgewechselt.

Die Lieferanten waren erstaunt. Sie schätzten jedoch die notwendig gewordenen Gespräche und sind nun sogar stolz, dass sie liefern dürfen.

8.11.4 Fazit

Die Zertifizierung nach ISO 9001 und 14001 im Mai 1999 war erst ein Anfang – der weit schwierigere Teil folgte mit der Umsetzung. Die Direktion würde jedoch das Projekt jederzeit wieder angehen und empfiehlt es weiter. Sie empfand es sogar als sehr bequem, die Mitarbeiter selber an den Qualitätsverbesserungsprozessen arbeiten zu lassen. Die Frage nach den eigenen Zielen hat sich bewährt.

Der erhebliche „Papierkrieg" bei der Erstzertifizierung wurde als aufwändig und schwerfällig eingeschätzt. Im Rahmen der Neu-Zertifizierung nach der Norm ISO 9001:2000 und 14001:2000 im Mai 2002 wurden die Prozesshandbücher überarbeitet und gestrafft. Das ganze Prozessmanagement wird heute mit der Software IQSoft verwaltet.

Im Mai 2003 wurde das Hotel Inter-Continental mit dem Qualitätsgütesiegel für den Schweizer Tourismus Stufe III ausgezeichnet. Für 2005 plant das Hotel die Realisierung eines TQM-Systems nach dem EFQM-Modell für Business Excellence.

Verhaltensgrundsätze des Hotels Inter-Continental

- **Willkommen** – Mit einem herzlichen Grüezi begrüssen wir unsere Gäste.
- **Gästekontakt** – Der Augenkontakt und das Lächeln ist selbstverständlich, sei es bei einer Begegnung oder im Gespräch mit einem Gast.
- **Gastname** – Wann immer möglich, begrüssen und verabschieden wir unsere Gäste mit deren Namen.
- **Wegweisend** – Wann immer wir können, führen wir unsere Gäste an den Ort nach welchem sie uns gefragt haben, statt ihnen einfach den Weg zu beschreiben.
- **Hotel Informationen** – Wir kennen unsere Dienstleistungen, Angebote und Öffnungszeiten und empfehlen immer zuerst unsere Lokale.

Qualitätsmanagement-Ansätze in der touristischen Praxis 171

- **Telefon** – Das beantworten eines Anrufes ist unsere Visitenkarte. Wir lassen es nie länger als drei Mal klingeln und grüssen den Anrufer freundlich:
  Intern mit Abteilung, Name und Grüezi.
  Rezeption mit Hotel Inter-Continental Zürich, Name und Grüezi.
- **Verabschiedung** – Mit einem netten auf Wiedersehen und dem Gastnamen verabschieden wir unsere Gäste.
- **Smile, you are on stage** – Freundlichkeit und Aufmerksamkeit leben wir jederzeit im ICH Zürich, unserer Bühne.
- **Mängel oder Defekte** – Diese werden immer sofort weitergeleitet. Wir vergewissern uns über die ordnungsgemässe Durchführung.
- **Sorgfalt** – Mit Maschinen, Geräten und Materialien gehen wir sorgfältig um. Mängel leiten wir sofort weiter.
- **Team** – Wir wissen, dass gute Leistungen nur im Team möglich sind. Respekt, Toleranz und Teamgeist prägen unser Verhalten.
- **Sicherheit** – Wir kennen die Sicherheitsvorschriften und Sicherheitsmassnahmen betreffend Unfällen, Feuer, usw. an unseren Arbeitsplätzen. Wir handeln vorbeugend und wissen wie wir uns in einem Notfall zu verhalten haben.
- **Hygiene** – Wir kennen die Hygienevorschriften. Jeder einzelne ist dafür verantwortlich, dass diese überall eingehalten und Mängel sofort behoben werden.
- **Kunden** – Wir kennen die Erwartungen unserer Gäste, um entsprechende Produkte und Dienstleistungen liefern zu können.
- **Erscheinungsbild** – ist ein wichtiger Teil der Qualität: eine saubere, korrekt getragene Uniform, sichere, saubere und polierte Schuhe. Ebenso ein gepflegtes Äusseres, das die gepflegte Frisur, die tägliche persönliche Körperpflege sowie das entsprechende Make-up umfasst.
- **Umwelt** – Sinnvoll leben bedeutet respektvollen Umgang mit Ressourcen (Energie, Verpackungen, Abfall). Wir leben das von uns definierte Umwelt Management System.
- **Kundenprobleme und Reklamationen** – Jede Reklamation ist eine Chance. Jeder Mitarbeiter, der eine Reklamation erhält, ist verantwortlich, dass diese behandelt wird oder sofort an die zuständige Person weitergeleitet wird.
- **Umgangssprache** – Wir legen Wert auf eine gepflegte Sprache. Wir benutzen Wörter wie: ja gerne, selbstverständlich, yes of course, please, no problem. Wörter wie: no, ah, eh, oh, mm, usw. gibt es bei uns nicht.
- **Inter-Continental** – ist für uns ein Begriff. Wir gehören dazu und kennen unser Unternehmen.

8.12 ISO-Zertifizierung des Gasthofs Rössli, Werdenberg – Der Weg in einer Dreiergruppe

(Gespräch mit Marcel Senn, Pächter des Gasthofs Rössli, Werdenberg, vom 31.7.2003, geführt von Konrad Jans)

Portrait Gasthof Rössli, Werdenberg
Im Mai 1990 wurde der aufwändig restaurierte Gasthof mit den neuen Pächtern Marcel und Gerda Senn wieder eröffnet
Sitzplätze: Restaurant 32, Schloss-Stube 28, Bankettsaal 80, Gartenterrasse 45
1,2 Mio. CHF Umsatz, davon mehr als 60% in der Sparte Küche (2002)
11 Voll- und 5 Teilzeitbeschäftigte
Saisonal wechselndes Angebot, regionale Spezialitäten

Am 3. Mai 2001 war es soweit. Nach fast einem Jahr Arbeit und den erforderlichen Audits durch die SQS war die Familie Senn vom Gasthof Rössli in Werdenberg am Ziel. Sie durften das Qualitätsmanagement-Zertifikat ISO 9001:2000 in Empfang nehmen. Der Aufbau des Qualitätsmanagement-Systems wurde in einem Konvoi realisiert: Das Projekt wurde gemeinsam mit dem Hotel-Restaurant Zollhaus in Gams und dem Hotel Schiffahrt in Mols lanciert.

Die drei Betriebe leisteten Pionierarbeit. Sie waren die ersten KMUs in der Gastronomiebranche, die die neueste ISO-Norm 9001:2000 erlangt haben. Extern beraten wurde die 3er-Gruppe von Hans Enzler, diplomierter Lebensmittelinspektor aus Buchs und eigentlicher Initiator des Projekts, und von der Firma Mabesa, Bischofszell, die KMUs in Hygiene, HACCP, Arbeitssicherheit nach EKAS-Richtlinien und Qualitätsmanagement begleitet.

8.12.1 Ziele der ISO-Zertifizierung

Ziel für Marcel Senn war es, mehr Sicherheit in den Betrieb zu bekommen. Der Gasthof Rössli wollte seinen Kunden mit dem Aufbau eines Qualitätsmanagement-Systems mehr Konstanz in der Leistungserbringung bieten und somit das Vertrauen in den eigenen Betrieb stärken. Mit der Realisierung des ISO-Systems erhoffte sich der Gasthof Rössli auch, vorhandene Informationen und verfügbares Wissen schneller und mit möglichst wenig Verlusten sammeln, aufbereiten und weitergeben zu können.

8.12.2 Aufbau und Ablauf des Qualitätssicherungssystems

Im Frühjahr 2000 lud der Schweizer Gastroverband Heidiland interessierte Gastronomen zu einer Orientierung über eine mögliche Gruppenzertifizierung nach ISO 9001:2000 ein. Hier fand sich auch der erste Konvoi Werdenberg-Heidiland zusammen. Viele anwesende Gastronomen scheuten aber den beträchtlichen Aufwand und die hohen Kosten und wandten sich vom Projekt ab.

Die Startvoraussetzung bei den drei Betrieben war unterschiedlich. Alle hatten jedoch bereits das Hygiene-Kontrollsystem eingeführt. Dabei diente das „Gastronomie-Hygienebuch" (Enzler 1997) als wichtige Hilfestellung. Das Selbstkontrollsystem des Gasthofs Rössli bedurfte nur einiger weniger Veränderungen und Ergänzungen sowie der Einbindung ins ganze ISO-System. Auch waren die Erfahrungen mit dem Qualitäts-Gütesiegel Stufe I für alle Gruppenmitglieder eine grosse Hilfe bei der kostengünstigen Erreichung der ISO 9001:2000-Zertifizierung. Was fehlte – dies gilt wohl für die meisten KMUs – waren die beiden Bereiche „Führungs- und Unterstützungsprozesse".

Der Q-Berater erstellte für jeden Betrieb individuelle Ist-Analysen der Führungs-, Wertschöpfungs- und Unterstützungsprozesse. Daraus leitete sie Stärken und Schwächen, Chancen und Gefahren sowie die jeweiligen betrieblichen wie organisatorischen Strukturen ab.

Weiter erarbeitete der Q-Berater einen Jahresplan mit den Daten der monatlichen Sitzungen und stellte den inhaltlichen Ablauf detailliert vor. An den monatlichen Workshops berichteten die Gastronomen von ihren „Hausaufgaben" in den einzelnen Prozessbereichen. Hier zeigten sich alle Vorteile einer kleinen Erfa-Gruppe. Die individuellen Erfahrungen und Erkenntnisse aus den „Hausaufgaben" wurden gemeinsam diskutiert, gewisse Aufgaben zusammen in Angriff genommen und einige Arbeiten auf die einzelnen Gruppenmitglieder aufgeteilt. Nach einem halben Jahr begann dann parallel zur Planungs- und Konzeptphase die eigentliche Umsetzung im Betrieb.

Die Anstrengungen in den Workshops haben sich gelohnt. Das Audit im April 2001 zur Zertifizierung nach ISO 9001:2000 haben alle drei Betriebe mit Erfolg bestanden.

8.12.3 Kosten und Nutzen des Projekts

Die Fremdkosten für den Gasthof Rössli beliefen sich auf rund 12 000 CHF. Die Eigenleistung ist schlecht bezifferbar. Die Rechnung wäre wohl um über 50 % höher ausgefallen, wenn das Projekt nicht in der 3er-Gruppe realisiert worden wäre. Beispielsweise wurden und werden heute noch Audits mit allen drei Betrieben zusammen durchgeführt. Die einzelnen Betriebe können somit u.a. von tieferen Wegspesen der Prüfpersonen profitieren. Zusätzlich hätten die Gastronomen bei einem Alleingang selber wesentlich mehr Zeit in den Aufbau des Qualitätsmanagement-Systems investieren müssen. Die Konstellation, als 3er-Gruppe eine ISO-Zertifizierung zu erarbeiten, erbrachte dem Gasthof Rössli nebst dieser nicht unerheblichen Kostensenkung vor allem eine Effizienzsteigerung bei der Ausarbeitung des ISO-Systems. Auch profitierte der Konvoi von allen Vorteilen einer Erfa-Gruppe.

Zu den Nutzen des Qualitätsmanagement-Systems zählt der Pächter des Gasthofs Rössli:
- die Integration der vielen neuen gesetzlichen Auflagen (Arbeitssicherheit und Gesundheitsschutz, neues Arbeitsgesetz, Lebensmittelverordnung) in das Management-System,
- die mühelose Integration bereits vorhandener Instrumente wie das Qualitäts-Gütesiegel Stufe I und das Hygiene-Selbstkontrollkonzept,
- die Neuerarbeitung und die schriftliche Festlegung von ungeschriebenen „Rössli-Gesetzen" als Qualitäts-Standards und somit die effizientere und lückenlose Mitarbeiter-Schulung respektive Einführung von neuen Mitarbeitern,
- die interne und externe Vertrauensförderung,
- die ständige Hinterfragung und Verbesserung der Arbeitsabläufe,
- die Erhöhung der Zufriedenheit durch kunden- und marktorientierte Verbesserungen,
- die Konstanz einer hohen Qualität,
- die klare Kompetenz- und Aufgabenregelung.

8.12.4 Fazit

Für den Gasthof Rössli waren die Erfahrungen mit der 3er-Gruppe sehr positiv. Aufgrund der unterschiedlichen Stärken der Gruppenmitglieder konnte voneinander gelernt, profitiert und individuelle Erfahrungen ausgetauscht werden. Man würde das Projekt jederzeit wieder angehen.

Falsch wäre, sich zu fest an die Papiervorgaben zu klammern und dabei den wichtigen Kontakt zu den Gästen zu vernachlässigen. Es gilt, das Konzept schlank zu halten. Doch vor einer eigentlichen „Light-Version" der ISO-Zertifizierung für Kleinbetriebe sei gewarnt: Sie würde zu einer Verwässerung des Konzeptes führen.

8.13 ISO-Zertifizierung der PILATUS-BAHNEN

(Gespräch mit A. Zimmermann, Direktor der PILATUS-BAHNEN vom 21.7.2003, geführt von Konrad Jans)

Portrait PILATUS-BAHNEN

Gründung der Pilatus-Bahn-Gesellschaft am 29.3.1886 (Zahnradbahn: Alpnachstad-Pilatus)
Gründung der Kriensereggbahn AG am 15.6.1953 (Gondelbahn: Kriens-Fräkmüntegg)
Betriebsaufnahme der Luftseilbahn am 9.3.1956 (Fräkmüntegg-Pilatus)
Fusion der Gesellschaften im Jahre 2000
zwei Hotels auf Pilatus-Kulm, sieben Restaurationsbetriebe
AG mit einem Aktienkapital von rund 1,32 Mio. CHF
rund 16 Mio. CHF Umsatz (10 Mio. Verkehrsertrag/ 5 Mio. Hotels und Gastronomie/ 1 Mio. Merchandising), wobei 70% im Sommer erwirtschaftet wird (2002)
rund 149 Beschäftigte, davon 68 Vollzeitangestellte

Bereits 1993 forderte der Verwaltungsratspräsident die Geschäftsleitung aufgrund von Medienberichten auf, eine ISO-Zertifizierung zu prüfen. Der VR wollte damit die erste ISO-zertifizierte Bahn der Schweiz werden. Man setzte sich vertieft mit der ISO-Zertifizierung auseinander und nahm Kontakt mit der SQS auf. Dabei gelangte man zur Überzeugung, dass der interne Effekt einer Zertifizierung viel wertvoller sei als der PR-Effekt und unterstützte die Idee des Verwaltungsrates.

Im Frühling 1994 wurde ein fünfköpfiges Projektteam, bestehend aus dem Direktor, dem stellvertretenden Direktor und je einem Vertreter der drei Bahnen, gegründet. Das Projektteam machte sich an die Erarbeitung der ersten 2–3 Kapitel, hatte aber grosse Mühe mit der Umsetzung der technischen Begriffe auf einen Dienstleistungsbetrieb („Normen-Deutsch"). Deshalb wandte sich das Projektteam im November 1994 an die Focus Quality AG in Meggen. Es fanden nun wöchentliche Sitzungen mit einem Coach statt, in welcher die Projektaufgaben besprochen wurden.

Kurz vor dem Vor-Audit wurde beschlossen, auf eine Prozess-Orientierung umzustellen, weil man merkte, dass die Mitarbeiter besser auf Prozessabläufe als auf verbale Beschreibungen anzusprechen wären. Die Subprozesse aus den 20 Kapiteln wurden neu geordnet und Schnittstellen aufgearbeitet. Im März 1995 konnte mit dem Vor-Audit eine erste Standortbestimmung vorgenommen werden. Ende August 1995 erfolgte die Zertifizierung durch SQS.

8.13.1 Ziele der ISO-Zertifizierung

Im Verlaufe der Vorbereitung zur ISO-Zertifizierung wurden die Vorteile dieses Qualitätsmanagement-Systems immer deutlicher:
- Die ISO-Normen sind international bekannt. Vor allem in Fernost (wichtiger Markt der PILATUS-BAHNEN) sind sie ein Begriff.
- Durch die externe Prüfung ist man gezwungen, das Ziel der Qualitätssicherung nicht aus den Augen zu verlieren und ständig daran zu arbeiten. „Hausgemachte" Systeme haben diesen Vorteil nicht.
- Die ISO 9001 Norm bezieht alle relevanten Geschäftsabläufe mit ein und hat eine konsequente Kundenorientierung zum Ziel.
- Mit dem Element „Designlenkung" wird man gezwungen, die gesamte Projektmanagement-Organisation zu erfassen.

Die Ziele der ISO-Zertifizierung waren je nach Bezugsgruppe unterschiedlich:
- Ausgangspunkt des VR-Entscheids war ein möglicher PR-Effekt.
- Die Direktion verfolgte das Ziel, alle drei Bahnbetriebe transparenter zu machen, um die geographische Distanz zwischen einzelnen Bahnbetrieben zu überwinden.
- Das Projektteam betrachtete die Zertifizierung als Zukunftssicherung.
- Die Mitarbeiter und Mitarbeiterinnen wurden dank der Partizipation motiviert und durch die grössere Transparenz besser über den Betrieb und die internen Arbeitsabläufe informiert. Zudem wurden die Arbeitsabläufe der drei Bahnen vereinheitlicht.

8.13.2 Aufbau und Ablauf des Qualitätssicherungssystems

Das Qualitätshandbuch gliedert sich in vier Teile: Einleitung, Führungsprozesse, Geschäftsprozesse und Basisprozesse. Im Leitbild (Einleitung) ist z.B. nachzulesen: „Wir sind ein führendes Bahnunternehmen in der Zentralschweiz und wollen durch überragende Qualität unserer Dienstleistungen dem Kunden einen der Konkurrenz überlegenen Nutzen stiften".

Das Kapitel „Führungsprozesse" umfasst: Qualitätsmanagement-System, internes Audit/Personal, Korrektur-/Vorbeugungsmassnahmen, usw.. Das Kapitel „Geschäftsprozesse" enthält: Marketing/Verkauf, Designlenkung (Projektabläufe), Beschaffung/Einkauf, Dienstleistungs-Realisierung usw.. Das Kapitel „Basisprozesse" besteht aus: Unterhalt, Revision, Wartung, Vorgehen bei Fehlern, Prüfung, usw.

Jede Arbeitsstelle besitzt einen Arbeitsordner, das Prozess-Handbuch liegt in jedem Betrieb auf. Jeder Mitarbeiter trägt zudem eine kleine rote Karte mit den Unternehmens- und Qualitätszielen auf sich. Externe Handbücher existieren nicht. Die Direktion wollte sie bewusst nicht zu PR-Zwecken einsetzen.

Die Information resp. Partizipation der Mitarbeiter und Mitarbeiterinnen wurde (und wird zur Zeit noch immer) wie folgt sichergestellt:

- Die Projektteammitglieder werden in die laufenden Arbeitsprozesse integriert und sind mit ihren Mitarbeitern laufend im Kontakt.
- Zu Saisonbeginn wird das gesamte Personal zu einer eintägigen Informationstagung eingeladen.
- Das Handbuch liegt in jedem Betrieb auf.
- Die Mitarbeiter und Mitarbeiterinnen werden spartenweise regelmässig zusammengerufen.
- Das Projektteam trifft sich häufig zu Arbeitssitzungen.
- Als oberster Grundsatz gilt: Qualität ist täglich vorzuleben.

Darüber hinaus wurde die Schulung resp. Weiterbildung intensiviert: Mitglieder der Projektgruppe besuchten Kurse für Qualitäts-Leiter resp. -Beauftragte, die Betroffenen wurden in einzelnen Phasen vom Coach in die entsprechenden Normen eingeführt und allen Mitarbeiterinnen und Mitarbeitern wurde an vier Vormittagen ein Kurs über den erfolgreichen Umgang mit Gästen angeboten.

8.13.3 Kosten und Nutzen des Projektes

Als Schwachstellen des ISO-Systems wird aus der Sicht der PILATUS-BAHNEN genannt:
- die starre Struktur mit den 20 Elementen,
- die starke Techniklastigkeit und der damit verbundene enorme Interpretationsbedarf,
- die Gefahr, in einigen Bereichen die Messlatte sehr hoch anzusetzen,
- die Abhängigkeit vom spezifischen Fachwissen und von der unterschiedlichen Toleranz der Auditoren,
- die schwierige Formulierung von Normen.

Die Kosten des externen Coachings beliefen sich auf rund 100 000 CHF. Das gesamte Projekt inkl. Zertifizierung und Arbeitszeit der Projektgruppe wird auf ca. 250 000 CHF geschätzt.

Der interne Nutzen lag in einer höheren Transparenz in allen Teilbereichen sowie im Zwang zur Verbesserung der internen und externen Kommunikation.

Die formulierten Ziele wurden grösstenteils erreicht. Der externe Nutzen war relativ gering: In der Presse fand die Zertifizierung nur ein minimales Interesse und nur in wenigen Partnerkreisen wurde auf ISO geachtet. Allerdings hat das Bundesamt für Verkehr signalisiert, dass zertifizierte Bahnen nur noch alle 2–3 Jahre kontrolliert werden könnten. Zudem vermutete man, dass die Gäste eine verbesserte Leistungsqualität zu spüren bekommen.

8.13.4 Fazit

Insgesamt waren die Erfahrungen sehr positiv. Man würde das Projekt wieder lancieren. Allerdings wären vorerst die Schulungen zu forcieren. So hätte man viel Zeit und Geld sparen können.

Das Echo der Mitarbeiter war auch sehr positiv. Sie seien in das Projekt gut einbezogen worden und der Arbeitsaufwand für das Skizzieren der Arbeitsabläufe hielt sich in Grenzen. Viele v.a. technische Abläufe waren schon gut beschrieben und mussten nur noch durch Qualitätsbezüge ergänzt werden. Die Mitarbeiter schätzten es, Zeichen setzen zu können. Zudem wurden Eigenverantwortung und Teamwork gefördert.

Für die PILATUS-BAHNEN wäre es zudem wichtig, dass der Verband Seilbahnen Schweiz (SBS) bezüglich Qualitätsmanagement eine wichtige Rolle übernimmt. Den Mitgliedern sollte vermehrt Informationen über QM-Systeme und Empfehlungen weitergegeben werden. Zudem könnten einzelne Module der Zertifizierung aufbereitet werden. Für kleine Betriebe müsste als Motivationsspritzen ein abgekürztes Verfahren entwickelt werden, eine Forderung, die mit dem Qualitäts-Gütesiegel für den Schweizer Tourismus eingelöst wurde.

Mit der Ablösung der „1994er Norm" durch ISO 9001:2000 hat sich die Geschäftsleitung im Jahre 2002 über die Zukunft des Qualitätsmanagement-Systems der PILATUS-BAHNEN auseinandergesetzt. Es wurden Alternativen diskutiert (Qualitätsgütesiegel). Man kam zum Schluss, dass die Zukunft nur über ein umfassendes Qualitätsmanagement-System gehen könne. Die Komplexität der PILATUS-BAHNEN – seit 2001 werden die Hotels & Gastronomiebetriebe wieder in eigener Regie geführt – verlangt eine klare Struktur.

Somit wurde im Herbst 2002 das Projekt PILATUS-Top gestartet. Ziel: Die Zertifizierung der gesamten Unternehmung nach ISO 9001:2000 sowie dem Umweltmanagement-System ISO 14001. Man war der Überzeugung, dass ein Unternehmen, das primär von der Schönheit der Natur lebt, auch aktiv etwas zur Erhaltung beitragen muss.

Im Frühling 2003 konnten die PILATUS-BAHNEN aufgrund der bestehenden Zertifizierung als eines der ersten Unternehmen in der Schweiz das Qualitätsgütesiegel Stufe III vom Schweizer Tourismus in Empfang nehmen. Die PILATUS-BAHNEN werden auch in Zukunft auf einen internationalen Standard setzen.

8.14 ISO-Zertifizierung der railtour suisse sa

(Gespräche mit Werner Schindler, Direktor railtour suisse sa, und mit Heinz Hofmann, Geschäftsleitungsmitglied, vom 24.7.2003, geführt von Sabine Michel)

Portrait railtour suisse sa, Bern

Gründung 1972 durch SBB und 42 Reisebüros als Reiseveranstalter für Bahn- und Autoreisen

Vertrieb in rund 1500 Reisebüros sowie in Bahnhöfen

120 Mitarbeitende am Hauptsitz in Bern und den Service-Centers in Zürich, Genf, Lausanne und Paris

Aktienkapital von 1 600 000 CHF, qualifiziertes Stimmenmehr durch die Kuoni Holding AG

Umsatz rund 95 Mio. CHF, Passagiere (Pax) rund 200 000, Gewinn 3,5 Mio. CHF (2002)

Das schnelle Wachstum der Unternehmung und Qualitäts-Probleme veranlassten 1995 die Geschäftsleitung, sich nach einer Methode für den bewussteren Umgang mit Arbeitsprozessen umzusehen. Gesucht wurde ein Instrumentarium, das zum Nachdenken anregte und „Selbstheilungskräfte" freilegte. Ein Vortrag machte die Geschäftsleitung auf ISO aufmerksam. Die ISO-Norm 9000 schien am geeignetsten, obwohl diese Normen damals noch kaum prozessorientiert ausgerichtet waren. Ausgangspunkt war also nicht wirtschaftlicher Druck, sondern das Ziel, Prozesse so in den Griff zu bekommen, damit künftiges Wachstum gesichert wird.

8.14.1 Ziele der ISO-Zertifizierung

Ziel der ISO-Zertifizierung war es, die Arbeitsprozesse so zu gestalten, dass eine höhere Produktivität bei verbesserter Qualität erreicht werden konnte. Die Zertifizierung war somit nur Mittel zum Zweck.

Im Zentrum der Qualitätsanstrengungen standen die Reisegäste, die Reisebüros, die Mitarbeitenden und die Aktionäre. Die entsprechenden Standards haben folgende Ausprägungen:

- *Reisegast:* Reklamationsquoten, Zufriedenheit mit Unterkunft, Kundendokumentation und Beratung.
- *Reisebüro:* Erreichbarkeit per Telefon, TOURBO-Tempo, -Bedienungsfreundlichkeit, -Help Desk, Workshops, Informationsfluss, Prospekte, Kundendokumente, Kurierdienst, Werbung, Freundlichkeit, Kompetenz, Flexibilität, Richtigkeit von Rechnungen/Bestätigungen und Kundendossiers, rasche und kulante Reklamationsbehandlung.
- *Mitarbeitende:* Befindlichkeitskontrolle, jährliche Fluktuationsquote der MitarbeiterInnen und des Kaders, Krankheitsquote, persönliche Leistungen.
- *Aktionäre:* Erfüllung der Erwartungen.

8.14.2 Aufbau und Ablauf des Qualitätssicherungssystems

Im März 1996 erfolgte der Start, im Oktober des gleichen Jahres bereits die Zertifizierung. Nach der Bestimmung der Qualitäts-Leiterin und des Qualitäts-Beauftragten wurden alle Mitarbeiterinnen und Mitarbeiter angewiesen, ihre Arbeitsprozesse zu definieren und zu beschreiben (inkl. Buchhaltung und Spedition). Externe Beratung wurde nicht beigezogen. Um Arbeitsprozesse und Ziele zu definieren sowie Verantwortungen festzulegen, wurden abteilungsübergreifend Arbeitsgruppen mit bis zu fünf Personen pro Prozess gebildet. Dies führte zu Anpassungen des Organigramms. Prozesse mussten allgemein gültig beschrieben, Abweichungen und Spezialfälle begründet werden. 1999 und 2002 wurde das Wiederhol-Audit erfolgreich bestanden.

Leitbild: railtour suisse sa

- ist der führende schweizerische Veranstalter für Bahnreisen, Schweizreisen und Regionalangebote,
- besteht aus Menschen mit dem hartnäckigen, humorvollen, schrägen, zähen, freundlichen und erfolgreichen railtour-Geist: Dienen kommt vor Verdienen!
- hat informationstechnologisch die Nase stets vorn,
- erbringt für alle Betroffenen in allen Handlungen stets die erwartete, hohe Qualität.

Man soll sich wundern über uns! railtour macht Spass!

Das ursprünglich mit 100 Arbeitsprozessen dokumentierten Handbuch wurde stark überarbeitet und umfasst nun rund 30 Arbeitsprozesse für alle Geschäftsbereiche sowie entsprechende Formulare und Vorlagen. Diese neu definierten Prozesse sind nun besser in die Führungssystematik eingebaut, die Integration der Stellenbeschreibung und der Ablaufdefinition ist erfolgt. Der Qualitäts-Beauftragte arbeitet mit einem interdisziplinären „Qualiteam", das Arbeitsprozesse laufend beobachtet und wenn nötig anpasst.

An Veranstaltungen wie Reisen mit Reisebüro-Vertretern, Workshops oder Vorträgen werden immer wieder Qualitätsversprechen abgegeben. Qualitative Daten über die Kunden-/Agenten-/Mitarbeiter-Zufriedenheit werden regelmässig publiziert.

Jährlich wird ein zweitägiger Workshop zur Produkte- und Destinationsschulung durchgeführt, welcher auch das Thema Qualität beinhaltet. Dabei werden die Mitarbeitenden nicht für eine maximale, sondern für eine optimale Qualität sensibilisiert.

Anfänglich wurden die Agentendossiers mit einem „ISO-Zettel" versehen mit dem Satz „Dieses Arrangement wurde geprüft von X". Die daraus folgenden Erwartungen konnten aber nicht erfüllt werden, was wieder zur Abschaffung dieser Zettel führte.

8.14.3 Kosten und Nutzen des Projektes

Die Einführung des ISO-System beanspruchte rund ein Mannjahr, die kontinuierliche Pflege eine 20%-Stelle. Die externen Kosten der Zertifizierung beliefen sich auf ca. 20 000 CHF.

Der Nutzen ist sehr gross, sind doch die Prozesse heute systematisch festgelegt: Bei Problemen können die transparenten Abläufe genau nachvollzogen und Fehlerquellen identifiziert werden. Dank kontinuierlicher Messung qualitativer Daten kann schnell reagiert werden. Die Bereitschaft zu laufenden Veränderungen ist gestiegen.

Allerdings war die Normenwelt 1996 noch zu technisch. Deshalb wird die in der Zwischenzeit vollzogene Ausrichtung auf Prozesse resp. Kunden, gemäss ISO 9001:2000, sehr begrüsst. Verbesserungen im Bezug auf die Integration in das Führungssystem und die Konzentration auf wenige Schlüsselprozesse sind erfolgt. Die Definition der Schlüsselprozesse kann auch von kleinen Mitarbeitergruppen (Kader) geleistet werden.

8.14.4 Fazit

Die Auseinandersetzung mit Abläufen und Zielen war sehr wertvoll. Die jährliche Repetition, die dank den Audits stattfand, lohnte sich. Die 1996 eigens zur Fehlermeldung eingeführten „Qual-Infos-Formulare" wurden unterdessen durch das Formular „Vorschlagswesen" ersetzt. Ziel ist es, dass jeder Mitarbeiter mit

Hilfe dieses Formulars, das auf Intranet abrufbar ist, seine Ideen, Änderungsvorschläge oder Kritik dem entsprechenden Quali-Team-Mitarbeiter weiterleitet.

Trotz der anfänglichen Integrationsschwierigkeiten des ISO-Handbuches in den Arbeitsalltag, hat es heute an Akzeptanz gewonnen. So wird das Qualitätsmanagement-System von den Mitarbeitern heute intensiver gelebt. Es ist ein kontinuierlicher Prozess der Optimierung, zum Beispiel durch (halb)jährliche interne Audits, durch die Einführung neuer Mitarbeiter, Informationen an Kaderseminarien oder Team-Höcks.

Abbildung 56: Prozess „Produkterstellung" bei railtour suisse sa

Beschreibung:		Prozess-Schritte:	Details:
		Produktplanung	CL Produktplanung Öff. Ordner/Kader/Produktplanung
		Einkaufsplanung	Destinationsbewertung
Stelleninhaber:	Einkäufer	Prüfung	Bereichsleiter
Stellenbezeichnung:	Einkäufer bzw. Transportkoordin.	Einkauf Hotel und Zusatzleistungen	Reiseplanung Einkauf CL Vertrag Agentur Vertrag Handel Vertrag Zusatzleistungen Infoblatt Hotel Spielregeln Vertragskontrolle Einkauf siehe Vorlagen Einkaufsformulare
Vorgesetzte Stelle:	Bereichsleiter		
Stellvertretung:	keine		
Kompetenzen:	Allg. Kompetenzregeln als Kompetenzregelung zu AP		
Ziele:			
• Fristgerechte Beschaffung und Verarbeitung von qualitativ einwandfreien touristischen Leistungen im Rahmen des railtour-Sortimentes. Parameter: Terminplanung Katalogproduktion Zufriedenheitsrate MAFO=95%, SAV-Rate=<0,7% • Bereitstellung von genügend Kapazitäten zur Abdeckung der geplanten Passagierzahlen. • Effizienter Einsatz personeller Ressourcen - Punkteliste EK • Auflage von neuen Angebotsteilen mit einem Paxpotential von 3'000 Pax.		Prüfung	Öff. Ordner Kader/PCL EK Aufträge-/Rapporte
		Einkaufsplanung Transport	siehe Produkteplanung öff. Ordner Kader/PCL
		Einkauf Transport	EK Transport CL
		Briefing Kundendokumente	Siehe AP Versand
• Vollständige schriftliche Dokumentation aller eingegangenen vertraglichen Engagements im Rahmen des touristischen Angebotes.		Katalogarbeiten	Siehe AP Publishing
		Kontibewirtschaftung	Kontibewirtschaftung AD2
		Nachbeschaffung	Kontiüberwachung AD3

9 Öko-Management als partieller Qualitätsansatz

Im Zusammenhang mit zunehmenden ökologischen Bedrohungen einerseits und einer steigenden Umweltsensibilität der Touristen andererseits wurden in den letzten Jahren viele Vorschläge entwickelt, wie im Management die Umweltverantwortung verstärkt werden kann. Dabei geht es im Tourismus immer auch um die langfristige Sicherung der mehr und mehr bedrohten Existenz. Denn im Geschäft mit einer intakten Natur kommen Anstrengungen zur Bewahrung der touristischen Traumbilder einem Qualitätsmanagement gleich und zahlen sich auch ökonomisch aus.

Das vorliegende Kapitel will aufzeigen, welche Ansatzpunkte, Ziele und Strategien das Öko-Management in dieser Situation bietet und welche unternehmerischen Grundhaltungen dafür Voraussetzung sind.

9.1 Begriffe

In Anlehnung an die Managementdefinition von Ulrich (1984) „Gestalten, Lenken und Entwickeln von zweckorientierten sozialen Systemen" könnte man Öko-Management sehr allgemein als das umwelt- (und sozial-) verantwortliche Gestalten, Lenken und Entwickeln von zweckorientierten sozialen Systemen beschreiben.

Mezzasalma (1994, S. 21) hat den Begriff noch etwas eingegrenzt und ihn wie folgt definiert: „Das Öko-Management einer Unternehmung umfasst in sämtlichen Unternehmensfunktionen und bei allen (wirtschaftlichen) Unternehmensaktivitäten die Berücksichtigung aller Wechselwirkungen mit der natürlichen und sozialen Umwelt und deren verantwortungsvollen Einbezug in die Entscheidprozesse." Wir orientieren uns an dieser Definition und umschreiben Öko-Management wie folgt:

> Unter Öko-Management verstehen wir das umweltverantwortliche Gestalten, Lenken und Entwickeln von Unternehmungen und Organisationen. Das Öko-Management berücksichtigt in sämtlichen Unternehmensfunktionen die Wechselwirkungen mit der natürlichen Umwelt und bezieht sie bei allen Unternehmensaktivitäten verantwortungsvoll in die Entscheidprozesse ein.

(Hansruedi Müller)

Voraussetzung für die Einführung eines Öko-Managementsystems sind Führungskräfte mit speziellen verantwortungsethischen Denkmustern, denn das

Öko-Management basiert auf einer unternehmerischen Verantwortung, die über die kurzfristige Gewinnoptimierung hinausgeht.

9.2 Unternehmensethische Denkmuster von Führungskräften

In empirischen Untersuchungen über unternehmensethische Denkmuster von Führungskräften in der Schweiz kommen Ulrich/Thielemann (1992) zu vier Grundtypen unternehmerischer Verantwortung:

Auf der Horizontalen wird die Frage nach der Wahrnehmung gestellt (Ulrich/Thielemann 1992, S. 24):

- Werden die wirtschaftlichen Entscheidungen und Handlungen von systembedingten Sachzwängen dominiert, die ihre eigene „Sachlogik" haben, innerhalb derer sich das Management bewegen muss? ⇨ *Systemorientierte*

- Wird davon ausgegangen, dass die Wirtschaft eine Lebenssphäre wie jede andere ist (Familie, Politik, Wissenschaft) und dass deshalb die Wirtschaftsethik etwas ganz Selbstverständliches ist? ⇨ *Kulturorientierte*

- In der Vertikalen geht es um das Problembewusstsein hinsichtlich des Verhältnisses von Ethik und unternehmerischem Erfolgsstreben:

- Vertritt man die Ansicht, dass zwischen Ethik und wirtschaftlichem Erfolg im wesentlichen (aber natürlich nicht in jedem einzelnen Fall) ein harmonisches Verhältnis besteht? ⇨ *Harmonisten*

- Geht man davon aus, dass zwischen Unternehmenserfolg und ethischen Anforderungen regelmässig ein Konflikt besteht, die „Harmonisierung" also über eine stetige Konfliktbewältigung verläuft? ⇨ *Konfliktbewusste*

Abbildung 57: Grundtypen unternehmerischer Verantwortung

Problembewusstsein \ Wahrnehmungsform	Systemorientierte	Kulturorientierte
Harmonisten	Ökonomisten	Konventionalisten
Konfliktbewusste	Reformer	Idealisten

Quelle: P. Ulrich, U. Thielemann: Ethik und Erfolg, in: St.Galler-Beiträge zur Wirtschaftsethik Nr. 6, Bern/Stuttgart 1992, S. 25

Ausgehend von diesen Grundhaltungen können typische ökologisch-ethische Ansprüche an das ökonomische Handeln abgeleitet werden (vgl. Ulrich/Thielemann 1992, S. 7):

- *Der Ökonomist* ist der festen Überzeugung, der Markt könne sich am eigenen Schopf aus dem ökologischen Sumpf ziehen. Bedingung ist jedoch – so Schmidheiny (1992, S. 26) – eine langfristige Rentabilitätsorientierung. Der Ökonomist ist der Ansicht, dass diejenigen Unternehmen zu den Überlebenden zählen, die „öko-effizient" zu wirtschaften verstehen.

- *Der Konventionalist* möchte mit seinen Management-Entscheiden grundsätzlich sicherstellen, dass die Menschheit und möglichst alle übrigen Lebewesen weiterhin auf einem sicheren Planeten leben können. (Schmidheiny 1992, S. 31) Mehr Unternehmergeist und mutigere Taten werden angesichts der ökologischen Herausforderungen proklamiert, um sich vom Rest – von den Unterlassern – abzugrenzen.

- *Der Idealist* ist die kritische Form des Konventionalisten. Neue Werte sollen das Wirtschaften bestimmen. Um aus der ökologischen Krise herauszukommen, ist ein grundlegender Werte- und Bewusstseinswandel, der alle Gesellschaftssphären erfasst und damit auch die Wirtschaft durchdringt, notwendig. Der Wandel soll jedoch primär von „neuen", von öko-sozialen Konsumenten ausgehen, denn sie bestimmen den Markt.

- *Der Reformist* glaubt, dass ohne eine wettbewerbsneutrale Internalisierung der negativen externen Effekte ein ökologisches Engagement ökonomisch nicht zumutbar ist. Um einen Wettbewerb der Rechtsordnungen zu verhindern, muss diese ordnungspolitische Instanz global wirken.

Diese Typisierung kann helfen, die sehr unterschiedlichen Haltungen von Führungskräften im Zusammenhang mit Öko-Management-Ansätzen zu verstehen. Meffert et al. (1987, S. 32) haben das umweltgerichtete Unternehmensverhalten empirisch untersucht und in vier Typen eingeteilt:
- Die *Aktiven* setzen sich kreativ mit ökologischen Fragen auseinander und richten ihre Unternehmenspolitik aktiv am Umweltschutz aus. Umweltschutz wird als ethische Grundhaltung praktiziert.
- Die *Selektiven* orientieren sich an ökologischen Forderungen, wenn diese ihnen Vorteile erbringen, insbesondere zur Senkung von Kosten oder für die Erringung von Wettbewerbsvorteilen durch Imagegewinne. „Ethik rentiert" lautet die Devise.

- Die *Reaktiven* verändern ihr Verhalten nur aufgrund von neuen gesetzlichen und behördlichen Auflagen. Sie sind als „Öko-Hardliner" zu bezeichnen.
- Die *Unbetroffenen* sehen weder Vor- noch Nachteile in der Berücksichtigung von Umweltaspekten. Sie geben sich relativ unbetroffen und apathisch.

Für touristische Unternehmer ist wohl nur eine aktive Anpassung an die ökologischen Herausforderungen eine erfolgsversprechende und zukunftsgerichtete Verhaltensweise. Doch dies stellt einen hohen Anspruch an die unternehmerische Ethik.

9.3 Dimensionen des Öko-Managements

Aus den theoretischen Erkenntnissen und den praktischen Erfahrungen lassen sich die Dimensionen eines umweltorientierten Managements ableiten. Sie sollen Wegleiter sein für „neue" Touristiker – ökologische Heart-Liner statt Hard-Liner –, die versuchen, in ihren Entscheidungen den Selbstzerstörungstendenzen des Tourismus entgegenzuwirken. Dabei gehen wir davon aus, dass in den täglichen Entscheidfindungsprozessen zwischen den ökonomischen Prämissen und den ökologischen Erfordernissen ein ständiger Konflikt besteht. Deshalb sind auf der normativen Ebene des Unternehmensleitbildes Entscheidhilfen notwendig. Es braucht:

- ein *Credo für den Umweltschutz* in den obersten geschäftspolitischen Grundsätzen,
- *Umweltschutzziele* in der Unternehmungspolitik,
- *Öko-Strategien* für alle Managementbereiche.

Solche Öko-Strategien können wie folgt gegliedert werden (vgl. Meffert et al. 1987, S. 34):

- **Information/Beratung**
  - Zusammenarbeit mit Öko-Beratungs- und Informationsstellen vertiefen
  - Öko-Datenbank und Öko-Assessmentzentren einrichten
  - Öko-Bilanzen für alle Geschäftsfelder einführen

- **Organisation**
  - Umweltbeauftragter und/oder Öko-Team einsetzen
  - Umweltmanagement-System festlegen (vgl. Kapitel 9.4)
  - Umweltverantwortung in den Pflichtenheften verankern

Öko-Management als partieller Qualitätsansatz

Abbildung 58: Dimensionen des Öko-Managements

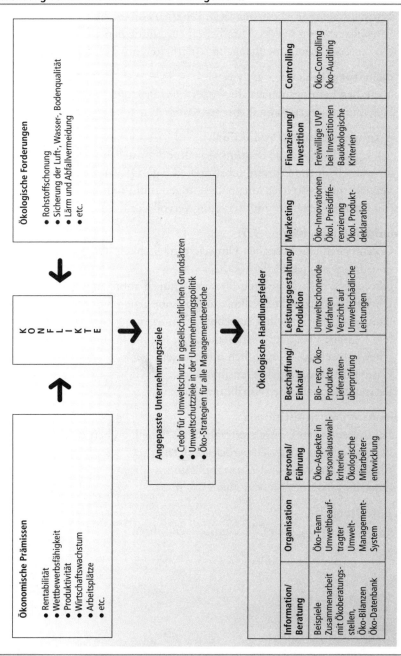

- **Personal/Führung**
  - Umweltaspekte in Personalauswahlkriterien einbeziehen
  - Umweltverhalten bei der Mitarbeiterbeurteilung berücksichtigen
  - Ökologische Zusammenhänge in Mitarbeiterentwicklung einbauen
- **Beschaffung/Einkauf**
  - Neue Beschaffungsmärkte (Bio- oder Öko-Produkte) prüfen
  - Lieferanten aufgrund ökologischer Kriterien neu bewerten
- **Leistungsgestaltung/Produktion**
  - Auf umweltschonende Leistungsgestaltung umstellen resp. umweltschädliche Prozesse substituieren (vgl. DRV 1995)
  - Verzicht auf umweltschädliche Leistungen und Produkte
  - Abfallbörsen schaffen und Recycling vervollständigen
- **Marketing (vgl. Kapitel 9.5)**
  - Gesamtsortiment bezüglich Umweltverträglichkeit überprüfen
  - Öko-Innovationen fördern
  - Ökologisch orientierte Preisdifferenzierungen anbieten resp. Umweltrelevanz in Preiskalkulationen einbeziehen
  - Umweltaspekte einzelner Angebote offen legen (ökologische Produkte-Deklaration, vgl. Kapitel 9.7)
  - Über Umweltsituation ehrlich informieren
  - Gäste für Umweltaspekte sensibilisieren
  - Ressourcenschonende Distribution aufbauen
- **Finanzierung/Investitionen**
  - Bei Investitionen Umweltverträglichkeit freiwillig überprüfen
  - Bauökologische Kriterien berücksichtigen
  - Aktionsprogramme und Zinsverbilligungen für umweltschonende Innovationen nutzen
- **Controlling**
  - Öko-Controlling oder Öko-Auditing einführen

Öko-Management als partieller Qualitätsansatz

Abbildung 59: Unternehmensleitbild – das Beispiel Reiseveranstalter

Öko-Grundsatz im Unternehmensleitbild
„Wir sind uns unserer Verantwortung gegenüber Umwelt und Kultur bewusst und bemühen uns, ökologisch und sozial vertretbare Produkte und Dienstleistungen anzubieten. Ökologische und soziale Kriterien stehen gleichberechtigt neben ökonomischen Überlegungen."

Umweltschutzziele für einen Reiseveranstalter
Als Veranstalter von Reisen in attraktiver natürlicher Umgebung und zu faszinierenden fremden Kulturen bekennen wir uns zu unserem langfristigen Interesse an der Schonung und Erhaltung von Natur und Kultur. Wir wissen, dass jede Reise die Umwelt in verschiedenartiger Form belastet. Deshalb setzen wir uns zum Ziel, die Beeinträchtigungen durch unsere Aktivitäten möglichst gering zu halten.

- Wir berücksichtigen ökologische Aspekte bereits bei der Zusammenstellung unserer Angebote, indem wir beim Hoteleinkauf Öko-Checklisten einsetzen und für Transportleistungen eine Energiebilanz erstellen.

- Wir verzichten auf Kurzflüge und Besuche von abgeschlossenen, von unserer Zivilisation kaum berührten ethnischen Gruppen. Wir nehmen Abstand von jeglicher Werbung für Sex-Tourismus.

- Wir geben unseren Gästen Informationen über die Lebensweisen, Bedürfnisse und Wertvorstellungen der Bevölkerung in den von uns besuchten Ländern und ermuntern sie zu rücksichtsvollem Verhalten.

- Wir informieren in unseren Katalogen auch über die Umweltsituation an unseren Ferienzielen und wollen damit zu einer Sensibilisierung sowohl unserer Gäste als auch der lokalen Verantwortlichen beitragen.

- Wir unternehmen in allen unseren Abteilungen grosse Anstrengungen, um den Energieverbrauch zu senken, umweltschonendes Material einzusetzen sowie Abfälle zu vermeiden oder umweltgerecht zu entsorgen.

- Wir unterstützen unser Umweltteam in seinen Bestrebungen, die Umwelt- und Sozialverträglichkeit unserer Unternehmung sowie unserer Leistungen laufend weiter zu verbessern.

9.4 Umweltmanagement-Systeme (UMS)

Am 13. Juli 1993 trat die vom Rat der EU beschlossene „Verordnung über die freiwillige Beteiligung gewerblicher Unternehmen an einem Gemeinschaftssystem für das Umweltmanagement und die Umweltbetriebsführung" (kurz Öko-Audit- oder EMAS-Verordnung genannt) in Kraft. Damit wollte man einen Anreiz schaffen, um Umweltauswirkungen an den jeweiligen Standorten zu vermindern und damit die freiwillige Umweltverantwortung zu erhöhen. Unternehmungen, die sich diesem System unterziehen, werden in ein öffentliches Register eingetragen und bekommen eine Teilnahmebescheinigung (ähnlich Zertifikat).

Abbildung 60: Überblick über die Umwelt-Audit-Verordnung der EU 1836/93

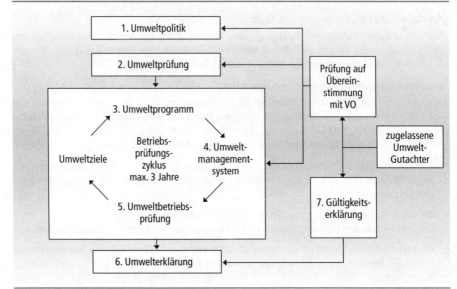

Quelle: BUWAL 1995: Umweltmanagementsysteme – ein neues marktorientiertes Instrument des Umweltschutzes, in: BUWAL-Bulletin Nr. 3/95, Bern 1995, S. 22

Anfangs der 90er-Jahre hat auch die International Organization for Standardization (ISO) ein Umweltmanagement-System entwickelt. Die Grundstrukturen und -prinzipen für dieses UMS nach ISO-Normenreihe 14001 sind dem Qualitätsmanagement entlehnt. Analog zu ISO 9001:2000, die nicht qualitativ hoch stehende Erzeugnisse garantiert, sondern nur die Fähigkeit bescheinigt, eine bestimmte gleich bleibende Qualität zu gewährleisten, steht auch ISO 14001 nicht für „grüne" Produkte, sondern für die Fähigkeit zur kontinuierlichen Verbesserung der Umweltleistung einer Unternehmung.

9.4.1 Umweltmanagement-System nach ISO 14001

Das Umweltmanagement nach ISO 14001 bedeutet:
- Gesetzliche Anforderungen erfüllen.
- Betrieblicher Umweltschutz in Eigenverantwortung durch geeignete Managementstrukturen, Methoden und Verfahren kontinuierlich verbessern.
  - Beurteilung, Kontrolle und Verringerung der Umweltauswirkungen,
  - fortschrittliche Umwelttechnologien wirksam einsetzen,
  - systematische Planung, Umsetzung, Überwachung und Bewertung der betrieblichen Umweltleistungen.

Öko-Management als partieller Qualitätsansatz

- Bereitstellung von Informationen über den betrieblichen Umweltschutz für die Öffentlichkeit (Dyllick et al. 1996, S. 23).

Die Grundstruktur des UMS nach ISO-Norm 14001 besteht aus fünf hintereinander geschalteten und aufeinander Bezug nehmenden Strukturelementen:

1. *Umweltpolitik:* Klares Bekenntnis der obersten Führung zur Umweltverantwortung (Umweltleitbild).

2. *Planung:* Durchführung einer Umweltanalyse sowie Festlegen von Zielen und eines Umweltprogramms. Um die relevanten Bereiche der Umweltanalyse festzulegen, empfiehlt sich die Erstellung einer Öko-Relevanzmatrix (vgl. Abbildung 66). Die Umweltziele sollten möglichst konkret und messbar sein. Das Umweltprogramm enthält Massnahmen, Mittel, Fristen und Verantwortlichkeiten zur Erreichung der Zielsetzungen.

3. *Implementierung und Durchführung:* Festlegen von geeigneten organisatorischen und personellen Strukturen und Abläufen. Dazu gehören Aufgaben und Verantwortlichkeiten, Aus- und Weiterbildungserfordernisse, Kommunikationsmassnahmen und Bereitstellen von Ressourcen.

Abbildung 61: Öko-Relevanzmatrix eines Eishockeyspiels (Beispiel)

Aktionsbereiche	Umweltaspekte							
	Luft	Wasser	Boden	Flora/ Fauna	Landschaft	Lärm	Energie	Abfall
Aktive Teilnehmer								
An-/Abreise								
Veranst.-Teilnahme								
Zuschauer								
An-/Abreise	XX					XX	XX	
Veranst.-Besuch								XX
Organisatoren								
Veranst.-Infrastruktur		XX					XX	
Verpflegung							X	X
Verkehr/Transport								
Information							XX	XX

Legende: XX = hoher Handlungsbedarf, X = mittlerer Handlungsbedarf, alle übrigen: niedriger Handlungsbedarf

4. *Überwachung und Korrekturmassnahmen:* Systematische Überwachung und Messung von Umweltleistungen, Dokumentation von Abläufen und Abweichungen sowie Festlegen von Korrekturmassnahmen.

5. *Bewertung durch die oberste Leitung:* Sicherstellung der fortdauernden Angemessenheit und Wirksamkeit durch periodische Überprüfung des UMS durch die oberste Leitung (vgl. Dyllick et al. 1996, S. 35).

Die *Grundprinzipien* der ISO-Norm 14001 lauten:
- Eigenverantwortung,
- Führungsverantwortung,
- kontinuierliche Verbesserung.

Abbildung 62: Grundstruktur der ISO-Norm 14001

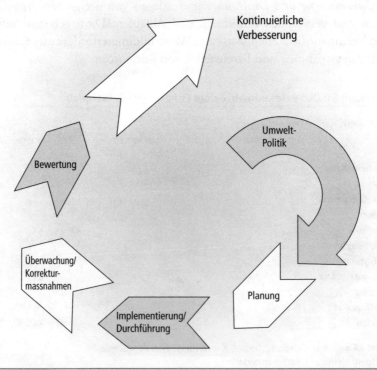

Quelle: T. Dyllick et al.: SAQ-Leitfaden zur Normenreihe ISO 14001 Umweltmanagementsysteme, Hrsg.: SAQ, Olten 1996, S. 35

Öko-Management als partieller Qualitätsansatz

Abbildung 63: Auszug aus der Frageliste zur ISO-Norm 14001

Implementierung und Durchführung

A. Organisationsstruktur und Verantwortlichkeit
1. Sind die Aufgaben, Verantwortlichkeiten und Befugnisse der mit Umweltfragen betrauten Stellen und Bereiche festgelegt, dokumentiert und bekannt gemacht?
2. Sind die Aufgaben, Verantwortlichkeiten und Befugnisse geeignet, um eine wirkungsvolle Umsetzung von Umweltpolitik, -zielen und -programmen sicherzustellen?
3. Stehen die erforderlichen (personellen, technischen und finanziellen) Mittel zur Verfügung, die für die Implementierung und Überwachung des UMS benötigt werden?
4. Existiert ein Beauftragter der obersten Leitung als Verantwortlicher für die Einführung, Implementierung und Aufrechterhaltung der Anforderungen an das UMS?
5. Stellt dieser sicher, dass die oberste Leitung über die Leistungen des UMS informiert wird, dass sie Schwachstellen erkennt und Entscheide zu dessen Verbesserung treffen kann?

B. Schulung:
1. Liegen geeignete Verfahren vor, die den Schulungsbedarf auf allen Ebenen ermitteln, dokumentieren und die Verantwortlichkeiten festlegen?
2. Geht man in der Schulung auf Aspekte ein wie die tatsächlichen und potenziellen Umweltauswirkungen der eigenen Tätigkeit oder die Förderung des Bewusstseins für die möglichen Entlastungen der Umwelt durch eine veränderte persönliche Leistung oder die möglichen Folgen eines Abweichens von den festgelegten Verfahren?
3. Ist sichergestellt, dass die MitarbeiterInnen, die durch ihre Tätigkeit bedeutende Umweltauswirkungen verursachen können, die notwendigen Qualifikationen aufgrund von Ausbildung, Schulung, und/oder Erfahrung aufweisen?
4. Gilt dies insbesondere auch für den/die Beauftragten der obersten Leitung, die Verantwortlichen für die Umweltmanagement-Audits?

C. Kommunikation
1. Existiert ein Verfahren, das sicherstellt, dass die interne Kommunikation über Umweltfragen zwischen allen Ebenen und Bereichen des Unternehmens funktioniert?
2. Sind die Verfahren der internen Kommunikation geeignet, um sowohl die Umsetzung der Umweltpolitik und Umweltprogramme sicherzustellen wie auch eine kontinuierliche Verbesserung der Umweltleistung des Unternehmens zu erzielen?
3. Existiert ein dokumentiertes und eingeführtes Verfahren für den Umgang mit umweltrelevanten Anliegen der Mitarbeiter und interessierter Kreise?
4. Existiert ein dokumentiertes und eingeführtes Verfahren für die externe Kommunikation über bedeutende Umweltaspekte der Organisation?

D. Dokumentation
1. Ist das UMS beschrieben?
2. Umfasst die Beschreibung alle Teilelemente der ISO 14001?
3. Ist die Beschreibung zweckmässig?

E. Ablauflenkung
1. Sind die umweltrelevanten Abläufe und Tätigkeiten vollumfänglich ermittelt und festgelegt?
2. Sind die dokumentierten Verfahren eingeführt und aufrechterhalten?
3. Sind die Verfahrensregelungen angemessen in Bezug auf die Umweltrelevanz der betroffenen Aufgaben und Tätigkeiten?
4. Sind insbesondere folgende Aspekte in den Verfahren berücksichtigt: Beschaffung von Waren, Fremdvergabe von Tätigkeiten, Wartung, Umweltrelevanz von Leistungen?
5. Werden die relevanten Verfahren und Anforderungen den Zulieferanten bekannt gemacht?

F. Notfallvorsorge und -massnahmen
1. Existieren dokumentierte Verfahren zur Identifikation und Reaktion bei unvorgesehenen Situationen?
2. Welche Vorkehrungen werden getroffen, um im Ereignisfall die möglichen ökologischen und ökonomischen Auswirkungen zu begrenzen?
3. Wie und wie oft wird die Wirksamkeit der betrieblichen Sicherheitsorganisation erprobt?
4. Wie wird das Personal geschult?
5. Welche Vorbereitungen zur Notfall-Kommunikation sind getroffen?

Quelle: Dyllick et al. 1996: SAQ-Leitfaden zur Normenreihe ISO 14001 Umweltmanagementsysteme, Hrsg.: SAQ, Olten 1996, S. 57ff.

Studiosus, der grösste Studienreise-Veranstalter Deutschlands, hat sich schon Ende der 90er-Jahre nach der ISO-Norm 14001 zertifizieren lassen. 2003 hat mit Kuoni auch der Reiseveranstalter Nummer eins der Schweiz die Zertifizierung nach ISO 14001 erlangt.

In einer Studie von Hamschmidt/Dyllick (1999) wurden die Erfahrungen der Umweltmanager von 158 nach ISO 14001 zertifizierten Unternehmen unterschiedlichster Branchen der Schweiz ausgewertet. Man kam u.a. zu folgenden Ergebnissen:
- 97% schätzen die ökologischen Wirkungen ganz generell positiv ein.
- Betriebsinterne Nutzen wie Systematisierung bestehender Umweltmassnahmen, Sicherung der Rechtskonformität, Risikovorsorge, Erschliessung von Kostensenkungspotenzialen stehen im Vordergrund.
- 52% bewerten den Nutzen aus den Imagevorteilen in der Öffentlichkeit als gross, 28% denjenigen aus der Verbesserung der Marktposition.
- 41% haben einen grossen Nutzen durch die Steigerung der Mitarbeitermotivation erfahren.

Öko-Management als partieller Qualitätsansatz

Noch gering wird der Nutzen durch bessere Konditionen bei Banken und Versicherungen eingeschätzt: 40% sehen keinen und 47% nur einen kleinen diesbezüglichen Vorteil (Hamschmidt/Dyllik 1999).

9.4.2 Vergleich zwischen ISO 14001 und EMAS

In der Praxis hat sich gezeigt, dass die beiden Umweltmanagement-Systeme nach ISO 14001 und nach EMAS-Verordnung sehr ähnlich sind. Nebst vielen Gemeinsamkeiten unterscheiden sich die beiden Systeme im wesentlichen in folgenden Punkten:

- Die EMAS-Verordnung ist nur in EU-Mitgliedländern anwendbar, die ISO-Norm 14001 jedoch weltweit.

- Im Gegensatz zur EMAS-Verordnung ist ISO 14001 anwendbar für alle Organisationen und deren Produkte, Aktivitäten oder Dienstleistungen, unabhängig davon, ob die Organisation einen festen oder wechselnden Standort hat.

- Die EMAS-Verordnung verlangt die Veröffentlichung einer Umwelterklärung mit den Tätigkeiten des Unternehmens, den relevanten Umweltauswirkungen und -daten sowie der Umweltpolitik, dem Umweltprogramm und dem UMS. Bei der ISO-Norm 14001 ist nur vorgeschrieben, die Umweltpolitik zu veröffentlichen (Tuffli 1996, S. 7).

9.4.3 Umweltmanagement-System nach Green Globe

Green Globe ist eine Gesellschaft, die sich auf die Entwicklung von Umweltmanagement und -bewusstsein für die Reise- und Tourismuswirtschaft spezialisiert hat. Das primäre Ziel ist es, „ein hochwertiges praktisches Mittel zur Verfügung zu stellen, mit Hilfe dessen alle touristischen Betriebe und Organisationen Verbesserungen in den Umweltleistungen durchführen können" (Green Globe 1999). Green Globe wurde 1994 als Folgerung aus dem Rio Erdgipfel ins Leben gerufen und hat weltweit bereits Mitglieder aus über 100 Ländern.

Das Green Globe-Programm basiert auf dem umfassenden Aktionsplan zur Sicherstellung einer nachhaltigen Zukunft für unseren Planeten (Agenda 21), der von 182 Regierungen angenommen wurde. Die von Green Globe verfolgten Ziele für die Reise- und Tourismusindustrie sind:

- Einen Beitrag leisten zum Umweltschutz, zum Schutz und zur Wiederherstellung des Ökosystems.

- Auf nachhaltigen Mustern in der Produktion und im Verbrauch basieren.

- Entwicklungsentscheidungen mit Teilnahme der einheimischen Bevölkerung und in Anerkennung der lokalen Identität und Kultur treffen.
- Arbeitsplätze für Frauen und Einheimische schaffen.
- Internationale Gesetze zum Schutz der Umwelt respektieren.
- Handelsprotektionismus anhalten und rückgängig machen.
- Innerhalb der Nationen vor Naturkatastrophen warnen, die eine Auswirkung auf Tourismusgebiete haben könnten.

Green Globe hat einen Standard ausgearbeitet, der die folgenden sechs Leistungsgebiete umfasst (vgl. Green Globe 1999): Abfallreduzierung (1), Energieeffizienz, Konservierung und Energiemanagement (2), Management von Süsswasserquellen (3), Abwassermanagement (4), umweltsensible Einkaufspolitik (5) und soziale und kulturelle Entwicklung (6).

Als zusätzliche Leistungsgebiete, die eine beträchtliche ökologische und soziale Implikation innerhalb der Reise- und Tourismuswirtschaft haben, werden genannt: Luftqualitätsschutz, Lärmkontrolle, Partnerschaft für nachhaltige Entwicklung, Lagerung und Benutzung gefährlicher Substanzen, Transport, Landnutzungsplanung und -management sowie nachhaltiges Design.

Mit Hilfe einer externen Zertifizierungsstelle (SGS Int. Certification Services) wird überprüft, inwiefern die Leistungen auf diesen Gebieten durch ein klar ausgerichtetes Managementsystem unterstützt werden. Es wird sichergestellt, dass die erreichten Leistungen kontinuierlich verbessert werden.

Auf dem Weg zur Green Globe-Zertifizierung sind fünf Schritte vorgeschlagen:

1. *Anmeldung:* Ausfüllen eines Anmeldeformulars und Entrichten einer Eintragungsgebühr. Vorgehens- und Kostenvorschlag einer vollständigen Begutachtung als Gegenleistung.

2. *Erklärung:* Anzahlung von 10% der veranschlagten Kosten. Als Gegenleistung erhält der Betrieb eine Erklärung zur beabsichtigten Handlung, die gegenüber Kunden während zwölf Monaten verwendet werden kann.

3. *Umweltgesundheitsuntersuchung:* Planen und Umsetzen notwendiger Schritte, um den Betrieb auf das für die Zertifizierung erforderliche Niveau zu bringen, aufgrund eines Fragebogens.

4. *Hauptbeurteilung:* Detaillierte Bewertung der Green Globe-Standards bezüglich Umwelt-Management und umweltrelevanten Verfahren resp. Praktiken durch SGS-Auditoren.

5. *Urkundenverleihung:* Übergabe einer Registrierungs-Urkunde von Green Globe, sofern die geforderten Standards erreicht werden. Die kontinuierliche Erfüllung der Bedingungen wird durch Überwachungsbesuche geprüft.

Nach grossen Anstrengungen sind zwar viele touristische Leistungsträger Mitglieder oder Sympathisanten von Green Globe geworden, doch wurden nur wenige Unternehmungen zertifiziert.

9.4.4 Umweltmanagement-Systeme in der touristischen Praxis

Wie ein Umweltmanagement-System in der touristischen Praxis umgesetzt werden kann, zeigen Reiseveranstalter wie Hotelplan, Studiosus, TUI oder Kuoni.

Das Konzern-Umwelt-Managementsystem der TUI

Das Hauptaugenmerk des TUI-Umweltmanagements gilt der kontinuierlichen Verbesserung der Umweltqualität im touristischen Kerngeschäft – im Hotel, am Urlaubsort, im Reisebüro und bei der Beförderung. Ökologische und ökonomische Ziele des TUI-Umweltmanagements gehen dabei Hand in Hand.

Das Umweltengagement der TUI ist in den Unternehmensgrundsätzen verankert:

Der 8. Unternehmensgrundsatz:
Wir engagieren uns für den Schutz der Umwelt

Der Schutz einer intakten Natur und Umwelt hat für uns eine herausragende Bedeutung. Wir sichern damit unsere natürlichen Ressourcen und die Zukunft unseres Unternehmens.

Jeder unserer Unternehmensbereiche trägt Umweltverantwortung. Jeder Mitarbeiter ist gefordert, Ideen einzubringen, denn Umweltschutz fängt bei jedem von uns selbst an. Die Umweltverträglichkeit unserer Produkte ist Bestandteil unserer Qualitätsstandards. Über die Einhaltung umweltrechtlicher Anforderungen hinaus streben wir eine kontinuierliche Verbesserung unseres Umweltverhaltens an.

Wir haben beim Schutz von Umwelt und Natur im In- und Ausland einen guten Namen. Die Glaubwürdigkeit unserer Umweltorientierung ist unsere ständige Verpflichtung.

Wirksamer Umweltschutz ist nur mit vereinten Kräften möglich: Im TUI-Umwelt Netzwerk (TUN!) arbeiten Tausende von TUI-Mitarbeitern, Vertragspartnern, Umweltexperten, Tourismusagenturen, Fremdenverkehrsämter und internationalen Umweltschützer/Umweltverbänden am Berichtswesen und an gemeinsamen Problemlösungen, die die Umwelt entlasten und die Qualität des touristischen Angebotes verbessern. Die Erkenntnisse aus diesem internationalen Umwelt-Monitoring der TUI werden in lokalen und regionalen Seminaren/

Konferenzen den Tourismusverantwortlichen präsentiert. In Form von „Empfehlungen" werden diese Ergebnisse auch an regionale und nationale Regierungen und internationale Organisationen gerichtet.

Kurzfristiges gemeinsames Ziel aller Kooperationspartner im TUI-Umwelt-Netzwerk ist die schrittweise Reduzierung von Umweltbelastungen – durch kleine, systematische Schritte, wie z.b. die Verbesserung der Eco-Effiziency. Langfristige Zielsetzung im Sinne einer nachhaltigen Entwicklung ist der vorsorgende Umweltschutz: die Prävention von Umweltbelastungen durch die pro-aktive Rolle des TUI-Umweltmanagements.

Abbildung 64: TUI-Umwelt-Netzwerk (TUN!)

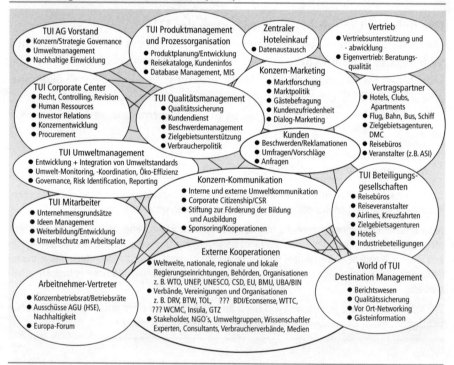

Quelle: TUI AG Umweltmanagement, W. M. Iwand, 08/2003

Das Umwelt-Management-System von Studiosus

(Auszug aus der Studiosus-Umwelterklärung 2003 und aufgrund eines Gesprächs mit Ruth Hopfer-Kubsch und Norbert Schüle, Referat Umwelt&Soziales Studiosus im Juli/August 2003)

Porträt Studiosus Reisen München GmbH

Gründung 1954 durch Werner Kubsch; Führung des Unternehmens durch Peter-Mario Kubsch in zweiter Generation

Grösster Studienreise-Veranstalter in Deutschland

232 Mitarbeiter/innen, 650 Reiseleiter/innen

Planen, Entwickeln und Organisieren von über 900 verschiedenen Reisen in mehr als 100 Länder zu mehr als 6500 Terminen

Über 90 000 Reiseteilnehmer pro Jahr

Der Jahresumsatz beträgt rund 200 Mio. EUR

Als die Europäische Gemeinschaft im Juni 1993 das Öko-Audit, die betriebliche Umweltprüfung, für das produzierende Gewerbe ins Leben gerufen und Bonn 1995 das Umweltaudit-Gesetz erlassen hatte, begann Studiosus sofort damit, zu prüfen, ob und wie das Umwelt-Management-System auch auf Reiseveranstalter ausgedehnt bzw. ob es überhaupt für Dienstleister angewandt werden könne. Ein schwieriger Prozess, ein Lernprozess, bei dessen einzelnen Schritten Studiosus oft sehr positiv mit dem Umweltministerium und dem Umweltbundesamt zusammengearbeitet hat.

Um seine Ziele in der Umweltpolitik effektiv umsetzen zu können, hat Studiosus das Umwelt-Management-System eingeführt. Es wird von den Mitarbeitern „gelebt" und dient der kontinuierlichen Verbesserung der Massnahmen im Umweltschutz. 1998 bestand Studiosus als erster Reiseveranstalter Europas den „Umwelt-TÜV": Studiosus liess sein Umweltmanagement nach der EG-Öko-Auditverordnung validieren. Gleichzeitig wurde das Studiosus-Umwelt-Management-System nach ISO 14001 zertifiziert. 2001 erfolgte die entsprechende Rezertifizerung und Revalidierung nach EMAS II.

Aufgrund der von 1998 und 2001 gesammelten Erfahrungen mit dem Umwelt-Management-System hat Studiosus folgende Änderungen durchgeführt: Das Umwelt-Management-System ist prozesshafter geworden, viele Verantwortlichkeiten wurden in die Fachabteilungen zurückverlagert, und die Mitarbeiter tragen nun auch zur Kontrolle der Umsetzung der festgelegten Massnahmen bei und definieren neue.

Die Veränderungen des Umwelt-Management-Systems haben zu einer entsprechenden Anpassung des Umwelthandbuchs geführt, das allen Verantwortlichen via Intranet zur Verfügung steht. Der Massnahmenteil des Handbuchs wird kontinuierlich verbessert und während des Jahres fortlaufend aktualisiert. Ziel der Massnahmen ist es, das Handbuch zu einem brauchbaren Instrument für die tägliche Arbeit werden zu lassen.

Das Umwelt-Management-System von Studiosus funktioniert nach den Regeln des kontinuierlichen Verbesserungsprozesses:

Abbildung 65: KVP-Zirkel des Umwelt-Management-Systems auf Basis der Massnahmen der System-Matrix

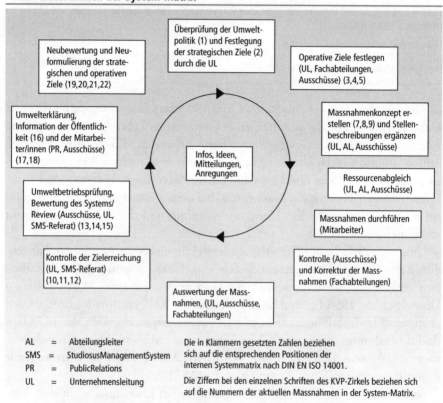

Quelle: Aktualisierte Umwelterklärung 2003, Studiosus Reisen München GmbH

Weitere Bestrebungen im Umwelt-Management

Der Schweizer Hotelier-Verein (SHV) hat zusammen mit GastroSuisse bereits 1993 das hervorragend gestaltete Handbuch „Natürlich erfolgreich" mit rund 400 praktischen Öko-Tipps für das Gastgewerbe herausgegeben. (Volkart/Malzacher 1993) Andere Branchenverbände in Österreich und Deutschland zogen nach. Auch gibt es seit den 90er-Jahren viele Öko-Wettbewerbe wie beispielsweise „Das Öko-Hotel des Jahres" der Hotel- und Tourismus-Revue oder den Umweltpreis des Deutschen Reisebüro-Verbandes. Diese Aktionen haben einiges bewirkt, doch wurden die Grenzen klar sichtbar, als das Umweltthema an Popularität verlor und die umweltrelevanten Kosteneinsparungen ausgereizt waren.

In neuster Zeit gibt es einige Betriebe, die insbesondere im Zusammenhang mit dem Qualitätsmanagement-System ISO 9000 auch gleichzeitig das Umweltmanagement-System ISO 14001 einführten, weil die notwendigen Zusatzanstrengungen sich in Grenzen halten. So haben beispielsweise das Hotel Inter-Continental in Zürich im Herbst oder die PILATUS-BAHNEN beide Zertifizierungen erworben (vgl. Kapitel 8.7 und 8.10). Alle Betriebe, die Valais Excellence erlangen, sind sowohl nach ISO 9001:2000 wie auch nach ISO 14001 zertifiziert. Mit Kuoni hat sich im Jahre 2003 auch der grösste Reiseveranstalter der Schweiz nach der ISO-Norm 14001 zertifizieren lassen.

Solche und andere Anstrengungen zeigen, dass das Öko-Management im Tourismus zum Teil zu einer Selbstverständlichkeit geworden ist und da und dort als strategische Erfolgsposition noch ausgebaut wird.

9.5 Öko-Marketing

Bezüglich der instrumentellen Ausprägung des Marketings im Rahmen eines Öko-Managements haben Meffert und Wagner (1987, S. 4) einen einfachen Grundraster entwickelt, den Mezzasalma (1994, S. 14) für Reiseveranstalter am Beispiel von Hotelplan konkretisiert hat.

Dieser ökologie-orientierte Marketing-Mix für Reiseveranstalter umfasst für die einzelnen Instrumentalbereiche die folgenden Aspekte:

Produkt: Im Rahmen der Produktpolitik werden unter anderem ökologische Minimalanforderungen an alle lokalen Leistungsträger sowie die Wahl ressourcenschonender, emissionsarmer Transportmittel verlangt. Als Indikator für die Umweltverträglichkeit von Transportmitteln wird – mangels wissenschaftlich anerkannter Öko-Bilanzen – der Transport-Energieverbrauch verwendet (vgl. Kapitel 9.7). Für das Marktsegment der besonders umweltbewussten Gäste drängt sich die Lancierung spezieller „Öko-Reisen" auf.

Preis: Eindeutige Empfehlungen für eine ökologie-orientierte Preispolitik sind zwar sehr schwierig, doch helfen beispielsweise Mischkalkulationen zugunsten umweltschonender Produkte oder vorgezogene Entsorgungsgebühren oder präventive Schutzgebühren (z.B. für Kataloge), das Kaufverhalten zu beeinflussen.

Kommunikation: Der um das Element der nicht notwendigerweise verkaufsfördernden Öko-Information erweiterten Kommunikationspolitik kommt grosse Bedeutung zu. Öko-Informationen verfolgen das Ziel, umweltbewussten Gästen die Umsetzung ihrer Überzeugungen beim Kaufentscheid zu ermöglichen. Dazu gehören: Informationen zu den während der Reise verursachten Umweltbelas-

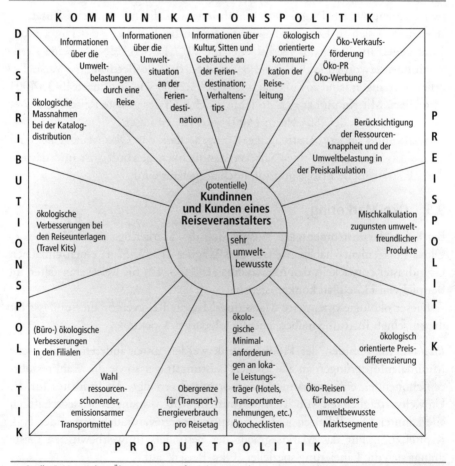

Abbildung 66: Ökologie-orientierter Marketing-Mix für Reiseveranstalter

Quelle: R. Mezzasalma: Öko-Management für Reiseveranstalter, in: Berner Studien zu Freizeit und Tourismus Nr. 31, Bern 1994, S. 15

tungen (z.B. zur verbrauchten Transportenergie), über die Umweltsituation am Reiseziel sowie über Kultur, Sitten und Bräuche in den bereisten Gebieten mit entsprechenden Verhaltensanregungen für Reisende. Vorreiter einer umfassenden Öko-Informationspolitik war der schweizerische Reiseveranstalter SSR.

Distribution: Im Rahmen eines ökologie-orientierten Marketing-Mix kommt der Distributionspolitik eine untergeordnete Rolle zu. Es geht im Wesentlichen um (büro-)ökologische Verbesserungen in den Filialen, um ressourcenschonende Reservationssysteme, um umweltschonende Reiseunterlagen und um ökologische Massnahmen bei der Katalogdistribution (vgl. DRV 1995).

9.6 Öko-Gütesiegel

Tourismusbranche und Umweltschutzorganisationen sind seit längerem auf der Suche nach Auszeichnungen für umweltverantwortliche Tourismusformen. So genannte Öko-Gütesiegel sind beliebt und weit verbreitet. Am Anfang stehen jeweils phantasievolle Namen wie grüner Koffer, grüner Baum, silberne Distel, blauer Engel oder blaue Flagge. Sie sollen einzelnen Stränden, Hotels, Feriengebieten, Reiseveranstaltern oder ganzen Pauschalreisen ökologische Unbedenklichkeit bescheinigen. Hamele (1994) hat die „Umweltauszeichnungen im Tourismus" in einem internationalen Überblick zusammengestellt.

Auf den ersten Blick besticht die Idee: Dem umweltbewusst Reisenden soll mittels Öko-Gütesiegeln der Weg zu umweltverantwortlichen Ferien gewiesen werden. Die Umweltschutzorganisationen erhoffen sich zusätzliche Anreize zu mehr Umweltverträglichkeit für touristische Anbieter. Die Touristiker ihrerseits sehen mit Hilfe von Öko-Gütesiegeln eine neue Marketing-Profilierungsmöglichkeit. Fortschrittliche Investoren und Versicherer vertrauen darauf, mit Hilfe dieses Labels ein zusätzliches Bewertungskriterium und Politiker eine neue Grundlage für Subventionen zu erhalten.

Diese vielschichtige Interessenlage macht deutlich, dass sich die Öko-Gütesiegel-Euphorie nicht nur mit den vielschichtigen ökologischen Herausforderungen und der Umweltsensibilisierung der Gäste erklären lässt. Es stecken zusätzlich Profilierungsmöglichkeiten von Umweltschutzverbänden und von Marketingstrategen dahinter. Öko-Labels wurden zum kleinsten gemeinsamen Nenner.

Die Hauptschwierigkeit für allgemein anerkannte und aussagekräftige Öko-Gütesiegel insbesondere für ganze Destinationen oder Reiseprogramme liegt in der Heterogenität des touristischen Angebots begründet. Bereits die Festlegung von Vergabekriterien und die Wahl der Institution, welche die Auszeichnung verleihen soll, beinhalten ein grosses Konfliktpotenzial. Daneben gibt es noch weitere Gründe, die gegen Öko-Gütesiegel sprechen:

- *Informationsverlust:* Der Informationsgehalt vieler Labels ist gering. Zwar muss die Siegel-Vergabestelle über viele Detailinformationen verfügen, um überhaupt eine Auszeichnung vornehmen zu können, doch werden diese Einzelheiten den Gästen meistens vorenthalten. Das Vorhandensein eines Öko-Gütesiegels zeigt ihnen lediglich an, dass eine touristische Leistung bezüglich ihrer Belastungen unter einer meist willkürlich festgelegten Grenze liegt.

- *Bevormundung:* Im Zusammenhang mit Öko-Gütesiegeln kann von einer eigentlichen Bevormundung von Gästen gesprochen werden, ist es doch eine dem Gast oft unbekannte Stelle, die vorgibt, was ökologisch als akzeptabel und was als unakzeptabel zu bezeichnen ist.

- *Sozialverträglichkeit:* Bei der eifrigen Suche nach möglichst objektiven resp. messbaren ökologischen Kriterien bleibt die Sozialverträglichkeit oft auf der Strecke.

- *Öko-Imperialismus:* Die Gefahr ist gross, dass mit unseren, vor allem eurozentrierten Werthaltungen zum Umweltschutz ein eigentlicher Öko-Imperialismus betrieben wird. Die lokalen Begebenheiten, Voraussetzungen, Möglichkeiten und Bestrebungen werden ignoriert.

- *Ethik:* Öko-Gütesiegel kommen auch einer Art Bankrotterklärung an die persönliche Ethik gleich. War es in der Vergangenheit möglich, mit Vorschriften und moralischen Appellen zu einer bestimmten Handlung anzuleiten, so scheint in der Zeit der Liberalisierung die ganze Hoffnung auf den Marktmechanismen zu liegen.

Fallbeispiele wie im Kleinwalsertal, in Kärnten, im Tirol oder in Graubünden (Verein Ökomarkt Graubünden) zeigen, dass Öko-Gütesiegel auch positive Seiten haben. Insbesondere können sie zu einer Sensibilisierung der touristischen Anbieter – mindestens während einer gewissen Zeit – beitragen. Auch die in Aussicht gestellte Belohnung für umweltverantwortliches Handeln kann zeitweilig zu einer Umweltentlastung führen. Schliesslich können Gütesiegel als Öko-Viren, die den Sensibilisierungsprozess für Umwelt- oder Qualitätsanliegen eigendynamisch vorantreiben, sehr nützlich sein. Beispielsweise trägt die Aufnahme der „Blauen Flagge" in den Reisekatalog dazu bei, dass sich alle Mitarbeiter mit Wasser-Qualitätsfragen auseinandersetzen müssen und dass die engsten Konkurrenten sich ebenfalls mit dieser Thematik zu beschäftigen beginnen. Auch die Anbieter ohne Gütesiegel beginnen sich zu erkundigen, wie diese „ungleiche

Behandlung" im Katalog zustande gekommen ist und werden sich der Frage der Wasser-Qualität annehmen. Zudem schenken die Gäste den unterschiedlichen Wasser-Qualitäten beim Reiseentscheid vermehrt Beachtung.

So gesehen können Öko-Gütesiegel wertvolle Impulsgeber sein. Echte Chancen bestehen jedoch nur, wenn

- eine hohe Eigenverantwortung wahrgenommen wird,
- die Beurteilungskriterien von aussen vorgegeben werden,
- die Öffentlichkeit einbezogen wird,
- eine unabhängige Stelle die Umweltverträglichkeit laufend überprüft,
- eine klare Transparenz geschaffen wird,
- die Unternehmensethik der Gütesiegelträger offen gelegt wird,
- Fernreisedestinationen insbesondere der Dritten Welt ihre eigenen Anforderungen formulieren können.

Erfahrungen haben gezeigt, dass Öko-Gütesiegel nicht gleich Öko-Gütesiegel sind. Unter Berücksichtigung obiger Kritik sind Öko-Gütesiegel am ehesten vertretbar für touristische Betriebe wie Hotels, Campingplätze, Restaurants oder Seilbahnen sowie für überschaubare Räume mit touristischer Sondernutzung wie z.B. Strandabschnitte (Blaue Flagge), Skipisten oder Golfplätze. Diese touristischen Bereiche sind mehr oder weniger transparent darstellbar.

Öko-Gütesiegel sind kaum sinnvoll für ganze touristische Zielgebiete (Orte, Regionen), für ganze Reisepakete/-programme oder für Reiseveranstalter und Reisebüros.

Um das Umweltbewusstsein auch in touristischen Zielgebieten voranzutreiben, können Öko-Innovations-Wettbewerbe, regelmässige Veröffentlichung positiver Beispiele einer umweltschonenden Entwicklung oder Öko-Börsen vorgeschlagen werden. Für Reiseveranstalter und Reisebüros wird eine klare Offenlegung von Umweltinformationen sowie die Einführung eines Umweltmanagement-Systems mit einer Öko-Bilanzierung empfohlen (vgl. Kapitel 9.4). Transport-Energiebilanzen können dabei eine zentrale Rolle spielen.

9.7 Transport-Energiebilanz

An verschiedenen Stellen wurde darauf hingewiesen, dass ein fortschrittliches Öko-Management Umweltinformationen voraussetzt. In vielen Bereichen lassen sich nur Fortschritte erzielen, wenn die Öko-Effizient nachgewiesen und die ökologische Wahrheit offen gelegt werden kann. Es gibt unzählige methodische Versuche, umfassende Öko-Bilanzen zu erstellen. Die Durchsetzung scheitert jedoch nur allzu oft an methodischen Diskussionen.

9.7.1 Legitimierung der Transport-Energiebilanz

Als Mittelweg zwischen dem Dschungel von simplifizierenden Umwelt-Gütesiegeln und den komplizierten Umweltbilanzen hat das FIF der Universität Bern bereits 1991 eine Transport-Energiebilanz zur Diskussion gestellt. Sie beschränkt sich auf die Ermittlung des gesamten für die Mobilität aufzuwendenden Energiebedarfs. Damit ist eingestanden, dass in dieser Deklaration einiges, was zu einer gesamtheitlichen Öko-Bilanzierung einer Reise gehören würde, wegen grossen Erhebungsschwierigkeiten unberücksichtigt bleiben muss: der Energieverbrauch für Unterkunft, Verpflegung und Freizeitbeschäftigung, die gesamte Luftschadstoff-, Abwasser- und Abfallentstehung, Beeinträchtigungen der Landschaft und der Bevölkerung etc.

Dennoch stellt der Transport-Energieverbrauch einen relativ guten Indikator für die globalen ökologischen Belastungen einer Reise dar, weil

- der mengenmässig mit Abstand bedeutendste Energieverbrauch beim Transport zum und am Ferienziel entsteht,
- der Energieverbrauch für jedes Verkehrsmittel relativ genau und objektiv zu ermitteln ist,
- eine recht hohe Korrelation zwischen dem Energieverbrauch und den Luftemissionen einer Reise besteht (Ausnahme Bahnreisen),
- verschiedene Energieträger problemlos gegeneinander aufgerechnet werden können und sich somit subjektive Werthaltungen erübrigen, was beim Einbezug von Abfall, Luft-, Wasser- oder Lärmemissionen nicht der Fall wäre.

9.7.2 Berechnungsgrundlagen und Ergebnisse

Zur Berechnung der Energieverbrauchsdaten pro Person werden verschiedene Durchschnittswerte errechnet. Beispielsweise ergeben sich für die Sitzplatzauslastung der unterschiedlichen Verkehrsmittel die folgenden Richtwerte:

- Bahn   60%
- Bus   85%
- Charterflüge   90%
- Linienflüge   65%

Bei der Fahrt mit dem Privatauto geht die effektive Belegung in die Kalkulation ein. Annahmen müssen auch bezüglich Treibstoffverbrauch oder Gütertransportanteil beim Flugverkehr getroffen werden.

Trotz dieser Verallgemeinerungen widerspiegeln die Berechnungen recht gut die Grössenordnungen des Energieverbrauchs der einzelnen Transportmittel, angegeben in Megajoule pro Kilometer und Person (vgl. Müller/Mezzasalma 1993):

- Bahn   0,34 MJ/km
- Bus   0,35 MJ/km
- Flug   1,49 MJ/km + 343 MJ pro Start-Lande-Zyklus
- Auto   2,88 MJ/km

Wie die Berechnungen zeigen, ergeben sich bereits bei identischen Reisestrecken je nach gewähltem Transportmittel erhebliche Unterschiede, wobei immer vom Primärenergiebedarf pro Person ausgegangen wird. Er beträgt bei einer Reisedistanz von 2500 Kilometern auf dem Landweg bzw. 2000 Kilometern Luftweg ungefähr:

- Bahn (Westeuropa)   850 MJ/Person
- Reisebus   875 MJ/Person
- Direktflug   3600 MJ/Person
- Auto mit 4 Personen   1800 MJ/Person
- Auto mit 3 Personen   2400 MJ/Person
- Auto mit 2 Personen   3600 MJ/Person
- Auto mit 1 Person   7200 MJ/Person

Nebst der Verkehrsmittelwahl ist logischerweise die zurückgelegte Distanz eine entscheidende Grösse für das Ausmass des Energieverbrauchs einer Reise. Es ist empfehlenswert, auch die Reisedauer in die Betrachtung einzubeziehen: Ein bestimmter Transport-Energiebedarf, verbunden mit einem dreiwöchigen Aufenthalt, ist als eher verantwortbar zu bezeichnen als derselbe Energieaufwand für eine einwöchige Kurzreise. Die Energiebilanz für verschiedene auf dem Markt erhältliche Reiseangebote ist deswegen pro Gast und Ferientag zu berechnen und zeigt für den Ausgangspunkt Zürich die nachfolgend dargestellten Ergebnisse.

9.7.3 Fazit

Die getroffenen Annahmen und Vereinfachungen möchten gewährleisten, dass die Transport-Energiebilanz von Reiseveranstaltern für jede Destination und unterschiedliche Verkehrsmittel mit geringem Aufwand erstellt werden kann – getreu dem Grundsatz „rather to be roughly right than exactly wrong". Die Ergebnisse sind unter den getroffenen Annahmen präzis. Andere Annahmen führen selbstverständlich zu unterschiedlichen Ergebnissen. Insbesondere die Auslastung der einzelnen Verkehrsmittel spielt eine wichtige Rolle. So kann davon ausgegangen werden, dass bei den Linienflügen die Auslastung etwas verbessert wurde. Dennoch bleibt die Grössenordnung gleich und die Resultate liefern gute Anhaltspunkte zur Einschätzung des Energieverbrauchs und damit der Umweltverträglichkeit einer Reise.

Mit Hilfe der Transport-Energie-Bilanz werden zwei Ziele verfolgt: Einerseits soll es den Produktmanagern als Instrument zur Messung der Umweltverträglichkeit ihrer Leistungspalette dienen und helfen, den maximalen Energieverbrauch je Reisetag, zu bestimmen. Andererseits sollen die veröffentlichten Energiedaten den Gästen eine umweltverantwortliche Reiseentscheidung ermöglichen. Es bleibt zu hoffen, dass der oft zitierte emanzipierte Gast von morgen dies bei seinen Ferienentscheidungen auch gebührend mitberücksichtigt.

Abbildung 67: Transport-Energiebilanz ausgewählter Reisen
(in Megajoule pro Gast und Ferientag)

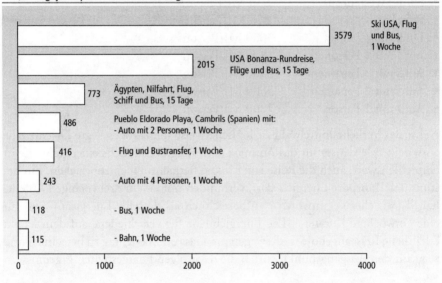

Quelle: HR. Müller, R. Mezzasalma: Transport-Energiebilanz: ein erster Schritt zu einer Öko-Bilanz für Reiseveranstalter, in: Jahrbuch der Schweiz. Tourismuswirtschaft 1992/93, St.Gallen 1993, S. 109

Öko-Management als partieller Qualitätsansatz

Abbildung 68: Berechnung der Transport-Energiebilanz

Berechnungsformular für die Energiebilanz

Reise: ....

Flüge

| von | nach | Anzahl Kilometer |

....
....
....

Total Flugkilometer ....

Total Flugkilometer .... x 1,49 MJ/km = ... MJ

Anzahl Starts (inkl. Zwischenstops) .... x 343 MJ = ... MJ

Total Energiebedarf üfr Flug inkl. Starts und Landungen pro Gast .... MJ

Bus

zurückgelegte Route ....
....

Total Buskilometer .... x 0,35 MJ/km = Energiebedarf pro Gast .... MJ

Auto

zurückgelegte Route ....
....

Total Auto-Km .... x 2,88 MJ/km = ...

dividiert durch die Anzahl der Insassen .... = ... MJ

Schiff

zurückgelegte Route ....
....

Total Schiffskilometer .... x 0,17 MJ/km = Energiebedarf pro Gast .... MJ

alle Transportmittel zusammen

TOTAL Energiebedarf pro Gast .... MJ

TOTAL Energiebedarf pro Gast / MJ dividiert durch Reisetage = Total pro Reisetag .... MJ

Quelle: R. Mezzasalma: Öko-Management für Reiseveranstalter, in: Berner Studien zu Freizeit und Tourismus Nr. 31, Bern 1994, S. 158

9.8 Aktuelle Situation der Umsetzung

In den letzten Jahren wurden unzählige Leitfäden, Checklisten und Kriterienkataloge entwickelt, die aufzeigen, wie ganz konkret die Umweltverantwortung in touristischen Betrieben verbessert werden kann (vgl. beispielsweise ADAC 1991, Tirol Werbung 1993, Hopfenbeck/Zimmer 1993). Insbesondere das vom Schweizer Hotelier-Verein und von GastroSuisse herausgegebene Buch „Natürlich erfolgreich" (Volkart/Malzacher 1993) enthält alle wesentlichen Hinweise und Merkpunkte für ein praxisnahes Öko-Management in Gastronomiebetrieben.

Abbildung 69: Checkliste für Umweltverantwortliche Betriebe

1. Bau
- möglichst heimische und natürliche Baumaterialien und Baustoffe verwenden
- keine Tropenhölzer einsetzen
- regionale Bauunternehmer berücksichtigen
- Isolierung optimieren
- Sonnenenergie auch passiv nutzen (Lage der Fenster)
- Lärm maximal dämmen (Pflanzungen der Strasse entlang)
- Fassaden mit Spalierbäumen begrünen
- Gartenanlagen standortgerecht bepflanzen, ggf. blühende Stützmauern

2. Inneneinrichtungen
- Innerräume natürlich ausstatten (z.B. formaldehydfreie Stoffe, Naturtextilien, Holz)
- energiesparende Küchen- und Haushaltgeräte einsetzen
- zweckmässig und energiesparend beleuchten
- Zonen für Raucher/Nichtraucher schaffen
- auf unnötigen Luxus verzichten (z.B. Minibar)

3. Energieversorgung
- langfristiges Gesamtenergiekonzept vorsehen
- Wärmerückgewinnung optimieren (Kühlkammern, Lüftungen)
- Nutzung alternativer Energiequellen prüfen
- Warmwasser durch Solarenergie aufbereiten
- energiesparendes und schadstoffarmes Heizsystem vorsehen
- individuelle Wärmeregler pro Zimmer vorsehen
- nur belegte Räume beheizen resp. mit Strom versorgen (zentrale Steuerung)
- Heizung und technische Geräte regelmässig warten
- Energiespartipps für Gäste und Mitarbeiter publizieren

4. Wasserver- und Entsorgung
- langfristiges Wassersparkonzept vorsehen
- Wasserverbrauch reduzieren (z.B. Durchlaufbegrenzer in Wasserhähnen, Toilettenspülung mit Spartaste)

Öko-Management als partieller Qualitätsansatz

- sanitäre Einrichtungen regelmässig warten
- Wasserspartipps für Gäste und Mitarbeiter publizieren

5. Abfall-Entsorgung
- verpackungsarme Produkte im Einkauf bevorzugen
- auf Einweg- und Portionenpackungen, Folien, Plastiktüten und andere Kunststoffverpackungen verzichten
- Abfallverwertung durch Mülltrennung verbessern
- Seifenrecycling sicherstellen resp. Flüssigseife verwenden
- Tipps zur Minderung von Abfall für Gäste /Mitarbeiter publizieren

6. Food & Beverage
- regionale Nahrungsmittel bevorzugen, direkt bei Landwirten einkaufen
- Lebensmittel aus biologischem Anbau und artgerechter Tierhaltung bevorzugen
- hauseigener Gemüse- und Kräutergarten pflegen
- Speiseangebot auf saisonale Frischprodukte ausrichten
- biologische und vegetarische Gerichte in Menukarten aufnehmen
- Getränke aus der Region und aus biologischem Anbau anbieten
- Gäste/Mitarbeiter über gesunde, natürliche Ernährung informieren

7. Etage
- Etagenpersonal in umweltschonenden Reinigungsmethoden ausbilden
- gut abbaubare Wasch- und Putzmittel konsequent einsetzen
- Wäschewechsel erst auf Wunsch der Gäste vornehmen

8. Freizeitprogramme
- umweltschonende Verkehrsmittel propagieren
- naturnahe, aber umweltverträgliche Aktivitäten und naturkundliche Exkursionen und Führungen anbieten
- Abholdienst (mit Solarmobil) ab Bahn-/Postautostation organisieren
- Gästemitarbeit in Wald und Garten durch Rabattangebote fördern
- Verhaltenstipps für „Naturlauber" geben

9. Geschäftsführung/Werbung/Preisgestaltung
- ein Umweltteam oder einen Umweltbeauftragten einsetzen
- Geschäftsbeziehungen mit umweltverantwortlichen Unternehmungen bevorzugen
- neue ökologische Erkenntnisse ständig berücksichtigen – Öko-Innovationen fördern
- Mitarbeiter zu eigenverantwortlichem und umweltbewusstem Handeln animieren
- in Unternehmerverbänden für vermehrte Umweltverantwortung einstehen
- Öko- resp. Energie-Bilanzen erstellen
- konsequent Recyclingpapier verwenden
- Umweltverantwortung als wichtiges Verkaufsargument einsetzen
- Umweltverträglichkeit in der Preisgestaltung berücksichtigen.

Quelle: FIF 1992a

Eine Studie über die Umweltschutzmassnahmen in der Hotellerie (Huber 1998) hat ergeben, dass sich nur ein Viertel der Hoteliers ernsthaft mit einer ökologischen Betriebsführung auseinandersetzen. Begründet wird dies hauptsächlich mit dem zusätzlichen personellen und materiellen Aufwand und mit der Furcht vor negativen Reaktionen der Gäste.

Die positiven Effekte von Umweltschutzmassnahmen im Hotel werden insgesamt als gering angesehen. Zwar geben fast 50% der Hoteliers an, einen Umweltverantwortlichen im Betrieb zu haben, doch beschränken sich dessen Aufgaben mehrheitlich auf das Auffinden von technischen Schwachstellen im Hotel.

Umweltentlastende Massnahmen werden vor allem dann ausgeführt, wenn sie sofort messbare Resultate liefern. Am deutlichsten zeigt sich dies im Bereich Waschen und Reinigen, können doch dort mit entsprechenden Massnahmen finanzielle Einsparungen realisiert werden. Die Hoteliers profitieren zudem davon, dass die Lieferanten von Wasch- und Reinigungsmitteln im Zusammenhang mit dem Gewässerschutz zur Produktion von umweltgerechteren Produkten gezwungen wurden.

Im Weiteren wird den technischen Einrichtungen grosse Aufmerksamkeit geschenkt. In Hotels, welche kürzlich umgebaut worden sind, erfolgte die Auswahl der Baumaterialien und der Einrichtung unter Berücksichtigung des Umweltschutzes. Dabei standen aber in erster Linie wirtschaftliche und weniger ökologische Überlegungen im Vordergrund.

Konzepte zur Verankerung von umweltschonenden Massnahmen auf Betriebsebene existieren kaum. Konzeptlose Einzelmassnahmen garantieren jedoch keine höhere Öko-Effizienz.

Öko-Management als partieller Qualitätsansatz

Abbildung 70: Ausgeführte Öko-Massnahmen in der Hotellerie

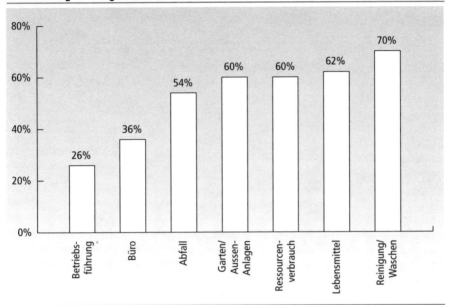

Quelle: Huber M.: Bestimmung des Ökologisierungsgrades der Berner Hotellerie, Lizentiatsarbeit FIF, Universität Bern 1998

10 Grundsätze auf dem Weg zu einer neuen Qualität im Tourismus

All die Einsichten, Instrumente und Vorsätze zur Sicherung und Pflege der Qualität sind wirkungslos, wenn wichtige Voraussetzungen nicht erfüllt sind oder wenn man versäumt, sich ernsthaft – Schritt für Schritt – auf den Weg zu begeben. Dieses Abschlusskapitel will aufzeigen, was von exzellenten Betrieben mit einem eingebetteten Qualitätsmanagement gelernt werden kann, an welchen Grundsätzen sich erfolgreiche Qualitätsbetriebe orientieren, welche Prioritätenordnung zwischen verschiedenen Zielsetzungen im Management angebracht ist und welche Schritte man begehen sollte, um Erfolg zu haben.

Aus den *Erfahrungen mit TQM* in amerikanischen Unternehmungen haben Stauss/Friege (1996, S. 20) ein Fazit in zehn Lektionen gezogen:

1. Die vielfach angemahnte TQM-Verpflichtung der Topmanager reicht weiter, als die meisten Führungskräfte annehmen.
2. Die Kommunikation mit den Mitarbeitern darf sich nicht auf Merkblätter, Kleber und Schulung beschränken.
3. Der Erfolg von TQM zeigt sich auf der Mitarbeiterebene – die Probleme liegen im Management.
4. Primär zielt richtiges TQM nicht auf Methoden zur isolierten Lösung von Problemen ab, sondern auf Instrumente, die das Denken und Handeln verändern.
5. Kundenzufriedenheit gilt es nicht nur zu postulieren – sie muss als Zielgrösse der Unternehmenssteuerung dienen.
6. Die Bedeutung von Qualitätspreisen lässt sich schwerlich überschätzen – sie sind ein wichtiges Führungsinstrument.
7. Jedes Unternehmen sollte seine eigene Form von TQM entwickeln, denn ein allgemeines Rezept gibt es nicht.
8. TQM stellt eine langfristige Investition dar.
9. Die Einführung von TQM erfordert eine von Grund auf gewandelte Unternehmenskultur.
10. Die erfolgreiche Zertifizierung eines Unternehmens nach ISO 9000 ist keineswegs gleichbedeutend mit einem erfolgreichen TQM.

10.1 Erfolgsbausteine

„Wir kommen nicht zum Erfolg, wenn wir es uns nur vornehmen – wir müssen es auch tun!" Dies schrieb Manfred Kohl (1998, S. 84ff) in seinem Buch „Qualität im Tourismus" und bezeichnet neun Bausteine als Voraussetzungen für erfolgreiches Wirken. Nachfolgend eine gekürzte Zusammenfassung:

1. Qualitätsbegeisterung: Mit sichtlichem Spass durch den Betrieb gehen, mit einem Flackern in den Augen nach Verbesserungsmöglichkeiten suchen und detektivartig Möglichkeiten für ein Lob aufspüren.

2. Mitarbeiter statt Personal: Weil es die Mitarbeiter sind, die ein erfolgreiches Qualitätswachstum ermöglichen oder limitieren, sind sie als Schlüssel zum Erfolg zu bezeichnen: Qualitätsbegeisterte haben eine „tolle Mannschaft" oder ein „Superteam" um sich geschart.

3. Positives Denken: Wer selbst positiv denkt, strahlt etwas Positives aus und gibt diese Stimmung weiter auf die Mitarbeiter und auf die Gäste. Positives Denken ist die Basis von Freundlichkeit. In Qualitätsbetrieben „duftet" es von Freundlichkeit.

4. Das Ohr beim Gast: Qualität heisst, dem Gast zuzuhören, ihn zu beobachten und sich immer wieder die Frage zu stellen, ob auch wirklich alles getan wurde, um ihn zufrieden zu stellen.

5. Private Kultur: Voraussetzung von Qualität ist auch, das Familienleben und die oft spärliche Freizeit mit derselben Einstellung und Hingabe zu pflegen wie die Verbesserungsprozesse im Betrieb.

6. Konzentration auf das Wesentliche: Auf die Stärken setzen, klare Ziele vorgeben und das, was man macht, perfekt machen sind erfolgsbestimmende Handlungsmuster. Und sich immer wieder daran erinnern, dass in den meisten Bereichen mit den ersten zwanzig Prozent des Aufwandes achtzig Prozent der Qualitätsverbesserungen erreicht werden, kann helfen.

7. Experimentierfreudiges Klima: Durch Kreativität und Freude am Ausprobieren können nette Überraschungen entstehen, die Gästen oder Kollegen Freude bereiten. Voraussetzung ist eine Art kreative Unzufriedenheit.

8. Der Blick über den Zaun: Qualitätsbegeisterte weiten laufend den Blick, unternehmen regelmässig Besichtigungsfahrten, besuchen gute Fachseminare, pflegen den Erfahrungsaustausch und vertiefen sich in neue Fachliteratur. Und sie fördern diesbezüglich ihre Mitarbeiter.

9. Harmonie von Fähigkeiten und Konzept: Spitzenleistungen setzen Identifikation mit dem Betrieb voraus, Hard- und Software sind aufeinander abzustimmen, und hervorragende Leistungen zu erbringen sollte sichtlich Spass machen. Harmonie zwischen Neigungen und Konzept heisst das Erfolgsrezept (vgl. Kohl 1998, S. 84ff).

10.2 Prioritäten unterschiedlicher Management-Zielsetzungen

Im Zentrum des Qualitätsmanagements steht die Gästezufriedenheit. Die „total consumer satisfaction", also die umfassende Kundenzufriedenheit, wird zum Mass aller Dinge. Doch in welchem Verhältnis steht die Gästezufriedenheit zu andern Unternehmenszielsetzungen? Oder ist die Zufriedenheit der Gäste nur Mittel zum Zweck? Und der eigentliche Zweck ist ein guter Lohn oder eine hohe Rendite oder ein steigender Shareholder-Value?

All diese Anliegen – glückliche Gäste, motivierte Mitarbeiter, zufriedene Unternehmer sowie zuversichtliche Kapitalgeber – sind miteinander vernetzt. Doch sind sie auch alle gleichwertig? Oder gibt es zwischen ihnen Prioritäten, die das unternehmerische Handeln bestimmen? Ein Vorschlag soll die Diskussion um Zielhierarchien im Hinblick auf langfristige Erfolge anregen:

1. Gästezufriedenheit: Das Handeln soll primär darauf ausgerichtet sein, eine möglichst hohe Gästezufriedenheit zu erreichen. Es soll stets versucht werden, im Kleinen wie im Grossen die Gästeerwartungen zu erfüllen und da und dort mit einer kleinen Überraschung zu übertreffen.

2. Qualitätsorientierung: Oberste Voraussetzung einer hohen Gästezufriedenheit ist eine hochwertige Qualität – sowohl im Service-, wie auch im Küchen- und Infrastrukturbereich. Eine Qualität, die zum eigenen Betrieb passt, die gepflegt und ständig weiterentwickelt wird.

3. Mitarbeitermotivation: Um kontinuierlich eine hochwertige Qualität zu bieten, sind kompetente, motivierte und engagierte Mitarbeiter und Mitarbeiterinnen unerlässlich. Dies wiederum ist ohne eine hohe Zufriedenheit mit den Arbeitsinhalten, dem Führungsstil und den Rahmenbedingungen nicht zu erreichen.

4. Umweltverantwortung: Die natürliche Umwelt so gut wie möglich zu schonen ist nicht nur aus ethischen, sondern auch aus wirtschaftlichen Überlegungen notwendig, denn Ökologie ist Langzeitökonomie.

5. *Kostenorientierung:* Die Konkurrenzsituation zwingt uns, nicht nur über Qualitätssteigerung und Umweltschonung eine hohe Gäste- und Mitarbeiterzufriedenheit zu erreichen, sondern zusätzlich Kosten zu sparen und damit die Effizienz zu steigern. Lean-Management heisst das Stichwort.

6. *Rentabilitätsorientierung:* Im Hinblick auf eine langfristige Sicherung des Unternehmens als Dienstleistungserbringer und Arbeitsplatzgarant sind Rentabilitäts-Überlegungen unerlässlich.

7. *Innovationskultur:* Um die Sach- und Dienstleistungen den sich schnell ändernden Gäste- und Mitarbeiterbedürfnissen flexibel anzupassen, muss ein fruchtbarer Nährboden für zukunftsfähige Produkt-, Verfahrens- und Sozialinnovationen geschaffen werden. Voraussetzung für die erfolgreiche Umsetzung innovativer Ideen ist ein gesundes Mass an Risikofreude.

8. *Konkurrenzorientierung:* Die härter werdende Wettbewerbssituation und die abgeflachten Wachstumsaussichten rufen nach einer verstärkten Orientierung an der direkten Konkurrenz. Benchmarking, also die systematische Beobachtung der wichtigsten Konkurrenten, gewinnt an Bedeutung.

Dieser Vorschlag von Prioritäten innerhalb unternehmerischer Zielsetzungen ist nicht per se richtig. Er möchte eine kritische Auseinandersetzung mit vorgegebenen Denkmustern fördern, um zu eigenen Zielprioritäten zu finden.

10.3 Schritte auf dem Weg zu einem Total Quality Management

So wie jede Reise mit dem ersten Schritt beginnt, ist es wichtig, einen Schritt nach dem andern zu planen, umzusetzen, zu überprüfen und gegebenenfalls zu korrigieren. Der typische Ausspruch eines Qualitäts-Coachs sollte lauten: „Do it – just do it!" Deshalb werden in der Folge vierzehn pragmatische Schritte auf dem Weg zu einer systematischen Qualitätsentwicklung und -sicherung skizziert.

1. Sich mit der Thematik „Qualitätsmanagement" auseinander setzen

Bevor irgendwelche Entscheide gefällt werden, sollte man sich mit Kollegen, die Erfahrungen mit Qualitätsmanagement gemacht haben, unterhalten, einen Einführungskurs in QM besuchen oder einschlägige Fachliteratur studieren. Beispielsweise vermittelt John McDonald (1998) in einem Handbüchlein eine gut verständliche Einführung in sieben Tagen. Anschliessend ist ein überzeugendes Bekenntnis zum Qualitätsentwicklungsprozess im eigenen Betrieb abzulegen.

Grundsätze auf dem Weg zu einer neuen Qualität im Tourismus

2. Einen Qualitätscoach bestimmen, Qualitätszirkel bilden und eine grobe Situationsanalyse vornehmen

In kleinen Betrieben kann die Aufgabe des Qualitäts-Coachs vom Geschäftsführer übernommen werden, in grösseren Betrieben ist eine geeignete Person zu finden (vgl. Kapitel 7.2.1). Ein Qualitätszirkel soll die Kreativität fördern, die Partizipation sicherstellen und die Umsetzung garantieren. Dabei ist zu fragen: Welche internen und externen Personen

- haben kreative Gedanken?
- ermöglichen eine kompetente Auseinandersetzung mit allen qualitätsrelevanten Aspekten?
- stellen eine breite Abstützung innerhalb des Betriebes sicher?

In einer groben Selbstbewertung der Qualitätsreife lassen sich die grössten Schwachstellen aufspüren.

Abbildung 71: Qualitätsreife-Diagramm

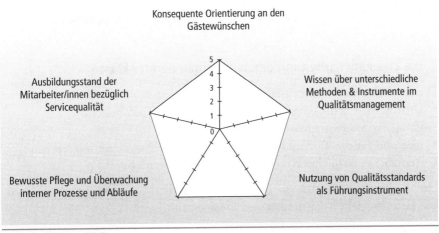

Quelle: FIF Universität Bern

3. Qualitäts-Coach resp. Mitglieder des Qualitätszirkels ausbilden lassen

Es lohnt sich, vorerst alle Beteiligte in die „Geheimnisse" des Qualitätsmanagements einzuführen, bevor weitere Entscheide gefällt werden. Die länderspezifischen Arbeitsgemeinschaften für Qualitätsmanagement, die Branchenverbände und andere Institutionen bieten unterschiedliche Kurse an, die gute Entscheidungsgrundlagen vermitteln.

4. Sinn und Zweck des Qualitätsmanagements bestimmen

Im Qualitätszirkel sollen gemeinsam die Ausgangslage, die Zielsetzung und das Vorgehen geklärt werden, damit eine „unité de doctrine" geschaffen und die Erwartungshaltungen harmonisiert werden:
- Weshalb ein Qualitätsmanagementsystem (QMS)?
- Was soll mit dem QMS erreicht werden?
- Für wen ist das QMS bestimmt?
- Welche QMS-Ansätze sind zu prüfen?
- Wie soll vorgegangen werden?

Nur wenn sich alle Mitglieder des Qualitätszirkels mit den skizzierten Antworten auf diese Fragen identifizieren, kann die Erarbeitung hoffnungsvoll vorangetrieben werden.

5. Die Zusammenarbeit mit einem externen Berater klären

Die Zusammenarbeit mit einem externen Berater ist dann empfehlenswert, wenn
- Unsicherheit beim Vorgehen oder bezüglich des QMS bestehen,
- komplexe Systemfragen zu lösen sind,
- niemand für die Vorbereitung der Arbeitspapiere freigestellt werden kann,
- zusätzliches fachliches Know-how eingebracht werden soll.

Der externe Berater muss die Fähigkeit haben, die Mitglieder des Qualitätszirkels zu animieren, Erfahrungen und Ideen einzubringen.

6. Wichtigste unternehmerische Überzeugungen (Qualitäts-Credo) festlegen

Es hilft, wenn ganz zu Beginn die Unternehmensziele und -grundsätze mit den qualitätsbezogenen Aspekten ergänzt werden (vgl. Kapitel 6).

7. Gästegruppen und ihre Erwartungshaltungen bestimmen

Aus der Sicht der vorhandenen Leistungsbereiche und -kapazitäten bzw. neuer Angebotsideen soll bestimmt werden,
- welche unterschiedlichen Gästegruppen bestehen,
- welche Bedürfnisse und Erwartungshaltungen diese Gästegruppen mitbringen,
- welche Bedürfnisse befriedigt und welche Erwartungen erfüllt werden möchten.

8. Umfeld selbstkritisch analysieren

Beurteilung des eigenen Leistungsvermögens, insbesondere bezüglich Standort, infrastrukturelle, personelle und finanzielle Ressourcen sowie des bestehenden Qualitätsbewusstseins. Wichtig sind auch Vergleiche mit den wichtigsten Konkurrenten. Dabei geht es um das Aufspüren der wichtigsten Quellen von „Nicht-Qualität" und damit der Handlungsfelder des Qualitätsmanagements.

9. Entscheid für ein Qualitätsmanagementsystem

Der Entscheid, welches QMS für die eigene Situation das passende ist, kann erst in dieser Phase sachgerecht gefällt werden. Zur Auswahl stehen (vgl. Kapitel 4):
- Qualitätsprogramme eines Branchenverbandes (vgl. Kapitel 7 und 8),
- 2Q-Methode,
- ISO 9001/14001,
- Selbstdeklaration nach EFQM,
- Teilnahme an einem Qualitäts-Wettbewerb (z.B. ESPRIX).

Es liegt jedoch auf der Hand, dass der Systementscheid vielfach lange vor den erwähnten Vorbereitungsschritten gefällt wird.

10. Anwendung der vorgesehenen Instrumente des gewählten QMS

Jedes QMS hat seine eigenen Verfahrensvorgaben, die einzuhalten sind. Im Wesentlichen geht es jedoch immer um
- prozessorientiertes Aufspüren von Fehlerquellen,
- Festlegen von Qualitätsstandards und Abläufen,
- organisatorische Vorkehrungen zur Prozesslenkung,
- Implementierung von Kontrollmechanismen.

Die entsprechenden Entscheidungen sind in Arbeitsblättern oder Qualitätshandbüchern festzuhalten.

11. Kommunikation der neuen Vorgaben

Der Kommunikation der Qualitätsvorgaben kommt eine entscheidende Rolle zu. Dabei ist der stufengerechten Vermittlung grösste Aufmerksamkeit zu schenken. Je grösser die Partizipationsmöglichkeiten während des Schritts 10, desto geringer die Anstrengungen in Schritt 11.

12. Anmeldung zur Zertifizierung

Diese Verfahren sind wiederum je nach QMS verschieden. Die daraus erfolgenden Zertifizierungsaudits oder Nachfragen/Beanstandungen sind weniger als Schikane denn vielmehr als grosse Chance für den Qualitätsentwicklungs- und -sicherungsprozess zu nutzen. Es kann nochmals von externem Know-how profitiert werden.

13. Qualitätsfeste und Qualitätsschulungen vorsehen

In der Folge ist jede passende Gelegenheit zu nutzen, um das Thema warm zu halten und die Qualität weiterzuentwickeln. Dazu eignen sich insbesondere kleine Rituale, Qualitätsfeste oder regelmässige Qualitätsschulungen „on the job".

14. Internes Qualitätsaudit vorsehen

Ein periodisches und systematisches Qualitätsaudit gehört zu den wichtigsten Führungsaufgaben. Dabei sind regelmässig
- die Annahmen (Prämissenaudit),
- die Vorgänge (Prozessaudit),
- die Resultate (Ergebnisaudit),
- die Erfolge und Misserfolge (Wirkungsaudit)

zu überprüfen und daraus die richtigen Massnahmen abzuleiten.

Nochmals sei an die Grundsätze des Qualitätsbeauftragten von Hewlett Packard erinnert:
- Der erste Grundsatz lautet: *„Nicht-Qualität senken!"* Jede Nicht-Qualität bedeutet einen verärgerten Kunden oder einen enttäuschten Gast. Nicht-Qualität führt zu Mehrkosten für die Wiedergutmachung, zu Imageverlust und zu negativer Mund-zu-Mund-Propaganda. Das Augenmerk im Qualitäts-Ma-

nagement ist damit primär auf kritische Ereignisse zu legen, um Nicht-Qualität zu vermeiden.

- Im zweiten Qualitäts-Grundsatz geht es um Aufwand und Ertrag: *„Kosten senken – Ertrag steigern!"* Qualitäts-Management hat weniger mit luxuriösen Zusatzleistungen zu tun, sondern muss vielmehr zur Verbesserung der Rentabilität beitragen. „Quality without profit is no quality at all!"
- Der dritte Grundsatz befasst sich mit der Führung: *„Alle Nicht-Qualität ist die Folge von Management-(Fehl-)Entscheidungen!"* Die Pflege und Sicherung von Qualität muss von den Vorgesetzten vorgelebt werden. „Never try to push a rope", heisst es bei Hewlett Packard. Also: Ziehen statt stossen!

Die drei Grundsätze sind einfach und können problemlos auf den Tourismus übertragen werden. Aber der Weg zu mehr Qualität (oder zu weniger Nicht-Qualität) muss selber begangen werden, Schritt für Schritt, Stufe um Stufe. Hie und da ist er mühsam. Doch er lohnt sich: Der Weg ist abwechslungsreich und die Aussicht phantastisch.

Literaturverzeichnis

ADAC (1991): Mehr wissen – mehr handeln. Bausteine für eine umweltverträgliche Tourismusentwicklung, München 1991

AIEST (International Association of Scientific Experts in Tourism (1997): Quality Managemen in Tourism, St. Gallen 1997

Albrecht, K. (1988): At America's Service – How Corporations can Revolutionize the Way they Treat their Customers, Homewood 1988

Benkenstein M. (1993): Dienstleistungsqualität – Ansätze zur Messung und Implikation für die Steuerung, in: Zeitschrift für Betriebswirtschaft, 63. Jg. Heft 11, Zürich 1993, S. 1095–1116

Bezold, T. (1996): Zur Messung der Dienstleistungsqualität, Frankfurt a/M. 1996

Bieger, T. (1998a): Von der Gästefreundlichkeit zum professionellen Dienstleistungsprozess – die Tourismuswirtschaft vor einem Pardigmawechsel, in: Institut für Tourismus und Verkehrswirtschaft: Jahrbuch der Schweizer Tourismuswirtschaft 1997/1998, St. Gallen 1998, S. 1–32

Bieger, T. (1998b): Dienstleistungs-Management – Einführung in Strategien und Prozese bei persönlichen Dienstleistungen; mit Fallstudien verschiedener Praktiker, Bern/ Stuttgart/ Wien, 1998

Bleicher K. (1992): Das Konzept Integriertes Management – St.Galler Management-Konzept, Band 1, Frankfurt 1992

Bundesverband der Deutschen Tourismuswirtschaft (1999): Masterplan Tourismuswirtschaft, Bonn/Brüssel/Berlin 1999

BUWAL (1995): Umweltmanagementsysteme – ein neues marktorientiertes Instrument des Umweltschutzes, in: BUWAL-Bulletin Nr. 3/95, Bern 1995

Buzzell R.D., Gale B.T. (1989): Das PIMS-Programm. Strategien und Unternehmenserfolg. Wiesbaden 1989

Bruhn M. (1997): Qualitätsmanagement für Dienstleistungen – Grundlagen, Konzepte, Methoden, 2. Auflage, Berlin/Heidelberg 1997

Bruhn M (1998).: Wirtschaftlichkeit des Qualitätsmanagement: Qualitätscontrolling für Dienstleistungen, Berlin/Heidelberg 1998

Campbell I., Scheibeler A. (2000): Qualitätsmanagement nach der neuen ISO 9000er Serie, WEKA Praxis Handbuch Plus, Augsburg 2000

Corsten R., Iwand W.M. (1998): Können Touristen die Natur retten? in: Politische Ökologie, Sondernummer Ökologisches Reisen, München, Juli 1998

Deming W.E. (1986): Out of the Crisis, Cambridge 1986

Dettmer H., Hausmann T., Kloss I., Meisl H., Weithöner U. (1999): Tourismus-Marketing-Management, München/Wien 1999

Dreyer A. (1997): Qualität durch Kundenintegration, in: Pompl/Lieb: Qualitätsmanagement im Tourismus, München 1997, S. 102–130

DRV (Deutscher Reisebüro-Verband) (1995): Umweltfreundliche Herstellung und Entsorgung von Katalogen und sonstigen Printmedien in der Touristikbranche, Frankfurt 1995

Dyllick T., Gilgen P.W., Häfliger B., Wasmer R. (1996): SAQ-Leitfaden zur Normenreihe ISO 14001 Umweltmanagementsysteme, Hrsg.: SAQ, Olten 1996

EFQM (1995): Selbstbewertung 1996 – Richtlinien für Unternehmungen, Bruxelles 1995

EFQM (1999): Selbstbewertung 2000 – Richtlinien für Unternehmungen, Bruxelles 1999

Fischer D. (1985): Qualitativer Fremdenverkehr, in: St.Galler Beiträge zum Fremdenverkehr Nr. 17, Bern/Stuttgart 1985

FIF Forschungsinstitut für Freizeit und Tourismus (1992): Öko-Plan – Handbuch für umweltorientiertes Handeln bei Hotelplan, Zürich 1992

FIF Forschungsinstitut für Freizeit und Tourismus (1992a): Checkliste für umweltverantwortliche Betriebe, in: FIF-Akzente, Bern 1992

Frehr U. (1993): Total Quality Management – Unternehmensweite Qualitätsverbesserung, Frankfurt 1993

Frey, K. (1994): 2Q – Dokumentation zum Vortrag, Zürich 1994

Fuchs M., Weiermair K. (1998): Qualitätsmessung vernetzter Dienstleistungen am Beispiel des alpinen Wintertourismus, in: Tourismus Journal, Heft 2, Bd. 2, Stuttgart 1998, S. 211ff

Garvin D.A. (1984): What Does „Product Quality" Really Mean? in: Sloan Management Review, Vol. 25, 1984, S. 25–43

Green Globe (1999): Umweltmanagement-System nach Green Globe, Informationsbroschüre, Bruxelles 1999

Grönroos, C. (1995): Die Herausforderung im Dienstleistungswettbewerb – Wirtschaftlichkeitsvorteile durch guten Service, in: Bruhn, M., Stauss, B. (Hrsg.): Dienstleistungsqualität – Konzepte, Methoden, Erfahrungen, Wiesbaden 1995, S. 65–79

Hamele H. (1994): Das Buch der sieben Siegel – Umweltauszeichnungen im Tourismus, Hrsg.: Deutsches Bundesumweltministerium, Berlin 1994

Hamschmidt J., Dyllick Th. (1999): ISO 14001 in der Praxis – Wirkungen von Umweltmanagementsystemen in Schweizer Unternehmungen, St.Gallen 1999, zitiert nach Caduff et al.: Chancen erkennen – Potenziale nutzen, in: Management und Qualität Nr. 2, Berneck 2000, S. 26ff

Heller M. (1996): Dienstleistungsqualität in der Reisevermittlung – Ein Leitfaden zur Verbesserung der Wettbewerbsfähigkeit kleiner und mittlerer Reisebüros, in: St.Galler Beiträge zum Tourismus Nr. 31, Bern 1996

Henschel K. (2001): Hotelmanagement, München/Wien 2001

Hentschel, B. (1992): Dienstleistungsqualität aus Kundensicht – Vom merkmals- zum ereignisorientierten Ansatz, Wiesbaden 1992

Heskett J. L., Sasser W. E. , Hart C. W. L. (1991): Bahnbrechender Service: Standards für den Wettbewerb von morgen, Frankfurt/New York 1991

Hilb M. (1992): unveröffentlichtes Manuskript, in: H. D. Seghezzi: Integriertes Qualitätsmanagement, München/Wien 1996, S. 184

Hopfenbeck W., Zimmer P. (1993): Umweltorientiertes Tourismusmanagement – Strategien, Checklisten, Fallstudien, Landsberg 1993

Literaturverzeichnis

Horvàth P. (1990): Controlling, 3. Auflage, München 1990

Huber M. (1998): Bestimmung des Ökologisierungsgrades der Berner Hotellerie, Lizentiatsarbeit am FIF, Universität Bern, Bern 1998

Hummel T., Malorny C. (1996): Total Quality Management – Tips für die Einführung, Hrsg.: G. F. Kamiske, Pocket Power, München/Wien 1996

Imai M. (1994): Kaizen – Der Schlüssel zum Erfolg der Japaner im Wettbewerb, Berlin/Frankfurt 1994

ISO (1994): International Standardization Organization, Genève 1994

Kamiske G.F. (1996): ABC des Qualitätsmanagements, Pocket Power, München/Wien 1996

Kaspar C. (1994): Management im Tourismus, St.Galler Beiträge zum Tourismus Nr. 13, 2. Auflage, St.Gallen 1994

Keller P., Weiermair K. (1997): Qualität und Qualitätsmanagement im Tourismus: Versuch einer Kongresssynthese, in: Revue de Tourisme Nr. 4/97, St.Gallen 1997, S. 12

Kobjoll Klaus (2000): Abenteuer European Quality Award, Zürich 2000

Kohl M. (1990): Qualität im Tourismus – Was macht Hotels und Restaurants (besonders) erfolgreich? Wien 1990

Kohl M. (1998): Qualität im Tourismus – Was macht Hotels und Restaurants (besonders) erfolgreich? 2. Auflage, Wien 1998

Kohl & Partner/FIF (1998): Qualität Plus Kleinwalsertal – Kriterien für alle Q-Plus-Betriebe, Hirschegg 1998

Krippendorf, J. (1971): Marketing im Fremdenverkehr, Berner Studien zu Freizeit und Tourismus Nr. 7, Bern 1971

Krippendorf J., Müller H. R. (1986): Alpsegen Alptraum – Für eine Tourismus-Entwicklung im Einklang mit Mensch und Natur, Bern 1986

Kühn C. (1999): Anforderungen an ein Qualitätscontrolling für Schweizer Tourismusbetriebe, Lizentiatsarbeit am Forschungsinstitut für Freizeit und Tourismus, Bern 1999

Kühn R. (1998): Grundlagen des Marketing, Vorlesungsmanuskript, Bern 1998

Langerweger P. (1999): Die Rolle von Qualitätsmanagementsystemen in der touristischen Gastronomie aus der Sicht des Marketings, Semesterarbeit am BWI der Universität Zürich, Zürich 1999

Lanz Kaufmann E. (1999): Wellness-Tourismus – Marktanalyse und Qualitätsanforderungen für die Hotellerie – Schnittstellen zur Gesundheitsförderung, Berner Studien zu Freizeit und Tourismus Nr. 38, Bern 1999

Limacher J. (1995): Qualitätsmanagement als strategische Führung: die 2Q-Methode, in: io Management Zeitschrift Nr. 64/7/8, Zürich 1995, S. 44–47

Mac Donald J. (1998): Erfolgreiches Total Quality Management in 7 Tagen, Landsberg a. L. 1998

Meffert H., Bruhn M. (1995): Dienstleistungsmarketing: Grundlagen, Konzepte, Methoden, Wiesbaden 1995

Meffert H., Benkenstein M., Schubert F. (1987): Umweltschutz und Umweltverhalten, in: Harvard-Manager Nr. 2/1987

Meffert H., Wagner H. (1987): Ökologie und Marketing, Arbeitspapier der wissenschaftlichen Gesellschaft für Marketing und Unternehmensführung Nr. 38, Münster 1987

Mezzasalma R. (1994): Öko-Management für Reiseveranstalter, in: Berner Studien für Freizeit und Tourismus Nr. 31, Bern 1994

Michel J. (1999): Qualitätsanforderungen an Luftseilbahnen, in: FIF-Akzente Nr. 25/99, Bern 1999, S. 5-6

Michel J. (2001): Erlebnis Berg – Qualitätsanforderungen an Luftseilbahnen und ihre Dienstleistungen, in: Berner Studien zu Freizeit und Tourismus, Bern 2001

Mok C., Armstrong R. W. (1998): Expectations for hotel service quality: Do they differ from culture to culture?, in: Journal of Vacation Marketing, Vol. 4, No. 4, Manchester 1998

Müller H. R. (1995): „Q for You" – Eine Qualitätsoffensive in Ferienorten, in: Jahrbuch der Schweizer Tourismuswirtschaft 1994/95, Hrsg.: C. Kaspar, St.Gallen 1995

Müller H.R. (2000); Qualitätsorientiertes Tourismus-Management, Verlag Paul Haupt 2003

Müller H. R., Flügel M. (1999): Tourismus und Ökologie – Wechselwirkungen und Handlungsfelder, Berner Studien zu Freizeit und Tourismus Nr. 37, Bern 1999

Müller H. R., Mezzasalma R. (1993): Transport-Energiebilanz: Ein erster Schritt zu einer Öko-Bilanz für Reiseveranstalter, in: Jahrbuch der Schweizerischen Tourismuswirtschaft 1992/93, Hrsg.: C. Kaspar, St. Gallen 1993

Müller H. R., Michel J., Strausak C., Limacher J. (1997): Qualitäts-Gütesiegel für den Schweizer Tourismus – Leitfaden, Hrsg.: Schweiz Tourismus et al., Bern/Zürich 1997

Müller H. R., Michel J., Schmid, F., Limacher J., Osusky, M. (1999): Qualitäts-Gütesiegel für den Schweizer Tourismus – Leitfaden für Stufe II, Hrsg.: Schweiz Tourismus et al., Bern/Zürich 1999

Muster, A. (2000): ISO 9000:2000: Schritte zur Prozessorientierung, in: Management und Qualität Nr. 2, Berneck 2000, S. 19ff

Parasuraman A., Zeithaml V.A. , Berry L.L. (1985): A Conceptual Model of Service Quality and its Implications for Future Research, in: Journal of Marketing, Vol. 49, Nr. 4, New York 1985, S. 41ff

Parasuraman A., Zeithaml V.A., Berry L.L. (1988): SERVQUAL: A multiple item scale for measuring customer perceptions of service quality, in: Journal of Retailing, Vol. 64, No. 1, S. 12-40

Patterson J. G. (1995): ISO 9000 – Globaler Qualitätsstandard, New Business Line, Wien 1995

Pompl W. (1996): Touristikmanagement 2 – Qualitäts-, Produkt-, Preismanagement, Berlin/Heidelberg/New York 1996

Pompl W., Lieb M. G. (1997): Qualitätsmanagement im Tourismus, München/Wien 1997

Romeiss-Stracke F. (1995): Service-Qualität im Tourismus – Grundsätze und Gebrauchsanweisungen für die touristische Praxis, Hrsg. ADAC, München 1995

Saastal Tourismus (1998): Q for you – Mit Qualitätsgarantie für Sie!, Kriterienkatalog, Saas Fee 1998

SAQ (1998) Schweiz. Arbeitsgemeinschaft für Qualitätsförderung: ESPRIX – Schweizer Qualitätspreis für Business Excellence, Informationsbroschüre 1998 (für Unternehmen mit 250 Mitarbeiter), Olten 1998

Literaturverzeichnis

Sarv S.S. (1992): Total Quality Control Essentials – Key Elements, Methodologies and Managing for Success, McGraw-Hill, USA 1992

Schaffer C. (2001): Erfolgskontrolle Qualitäts-Gütesiegel für den Schweizer Tourismus, Diplomarbeit am Forschungsinstitut für Freizeit und Tourismus (FIF) der Universität Bern 2001

Scherrieb H. R. (1999): Welchen Stellenwert hat das Clienting im Qualitätsmanagement, Vortragsmanuskript, Würzburg 1999

Schmidheiny St. (1992): Kurswechsel – Globale unternehmerische Perspektiven für Entwicklung und Umwelt, München 1992

Schwaninger M. (1989): Erfahrungen mit integraler Unternehmungsplanung im Fremdenverkehr, St.Gallen 1989

Seeli P. (1994): KaiZen: Das schrittweise Verändern. Vervollkommnen. Wo der Weg zum Ziel wird, in: Index Nr. 4/94, Zürich 1994, S. 94–95

Seghezzi H. D. (1996): Integriertes Qualitätsmanagement – Das St.Galler Konzept, München/Wien 1996

Seghezzi H. D., Caduff D. (1997): Aufbau integrierter Führungssysteme, in: Orientierung Nr. 106., Hrsg.: Credit Suisse, Zürich 1997

Shostack, G. L. (1982): How to Design a Service, in: European Journal of Marketing, Vol. 16, No. 1, S. 49–63

SHV Schweizer Hotelier-Verein (1997): Bedeutung der Klassifikation für den Gast, Zusammenfassung einer repräsentativen Gästebefragung, Arbeitspapier, Bern 1997

Siegenthaler A. (1998): Beschwerdemanagement im Tourismus überprüft am Beispiel der Schweizer Hotellerie, Lizentiatsarbeit am Forschungsinstitut für Freizeit und Tourismus (FIF), Bern 1998

Sprenger R. K. (1995): Das Prinzip Selbstverantwortung – Wege zur Motivation, Frankfurt/Main 1995

Sprenger R. K. (1998): Die Entscheidung liegt bei Dir! – Wege aus der alltäglichen Unzufriedenheit, 5. Auflage, Frankfurt/Main 1998

SSR/VCS 1992: Ein ökologischer und ökonomischer Vergleich verschiedener Verkehrsträger anhand von Städtereisen in Europa, Zürich 1992

Stauss, B., Hentschel, B. (1991): Dienstleistungsqualität, in: Wirtschaftswissenschaftliches Studium, Jg. 20, Heft 5, S. 238–244

Stauss, B. (1995): „Augenblicke der Wahrheit" in der Dienstleistungserstellung – Ihre Relevanz und ihre Messung mit Hilfe der Kontaktpunkt-Analyse, in: Bruhn, M., Stauss, B. (Hrsg.): Dienstleistungsqualität – Konzepte, Methoden, Erfahrungen, Wiesbaden 1995, S. 379–399

Stauss B., Friege Chr. (1996): Zehn Lektionen in TQM, in: Führung/Organisation Nr. 2/96, Zürich 1996, S. 20

Strausak C., Strausak N. (1996): Klassifikation 1998 – Erprobung eines neuen Klassifikationssystems anhand ausgewählter Schweizer Hotelbetriebe, Lizentiatsarbeit am FIF Universität Bern, Bern 1996

Swissair (1999): We care, 4. Swissair-Umweltbericht 1998/99, Zürich 1999

Theden P., Colsman H. (1996): Qualitätstechniken: Werkzeuge zur Problemlösung und ständigen Verbesserungen, Pocket Power, München/Wien 1996

Thomas G. (1989): Marketingcontrolling in Hotelunternehmungen, Bergisch Gladbach/Köln 1989

T.H.R. Asesores en Turismo, Hoteleria y Recreacion (1993): Quality Development in Tourism Services – Final Report prepared for EU-DG XXII, Barcelona 1993

Tirol Werbung 1993: Umweltsiegel Tirol – Konzept und Kriterien, Innsbruck 1993

Tuffli & Partner (1996): Umweltschonende Durchführung von Sportveranstaltungen – Praxisleitfaden für die Einführung eines UMS, Hrsg.: SOV, Bern/Chur 1996

Ulrich H. (1984): Management, Dyllik T., Probst G. (Hrsg.), Bern/Stuttgart 1984

Ulrich P., Thielemann U. (1992): Ethik und Erfolg – Unternehmensethische Denkmuster von Führungskräften, in: St.Galler Beiträge zur Wirtschaftsethik Nr. 6, Bern/Stuttgart 1992

Volkart M., Malzacher V. (1993): Natürlich erfolgreich, Hrsg.: Schweizer Hotelier-Verein und GastroSuisse, Bern 1993

Weiermair K. (1995): Guat-gangen, in: TIROL, Heft 2/93, Innsbruck 1995, S. 5

Weiermair K., Fuchs M. (1997): Service Quality and Tourist Satisfaction in Austria's Alpine Tourism industry, Paper at TRC-meeting, Leeuwarden 1997

Westerbarkey P. (1996): Methoden zur Messung und Beeinflussung der Dienstleistungsqualität – Feedback- und Anreizsysteme in Beherbergungsunternehmen, Wiesbaden 1996

Witt C. A., Muhlemann A. P. (1994): Development in Service Quality and the Implications for Tourism Management, unveröffentlichtes Manuskript, AIEST-Kongress, Wien 1994

Zeithaml V.A., Parasuraman A., Berry L.L. (1992): Qualitätsservice. Was Ihre Kunden erwarten – was Sie leisten müssen, Frankfurt a/M, 1992

Stichwortverzeichnis

Aktionsplan 104, 126
Ästhetik 35
Attraktivität 13
Auswertungsbericht 122

Befähigerkriterien 51, 58, 62
Benchmarks 110, 122
Bergbahnen 36
Beschaffenheit 21
Beschwerden (siehe Reklamation)
Beziehungskosten 16

Controlling (siehe Qualitätskontrolle)

Deming Preis 64
Destination 34, 73, 155, 157
Dienstleistung (siehe Service)

European Quality Award 54, 63, 164
EFQM 51, 54, 57. 64, 125, 130, 164
Einfühlungsvermögen 25, 27, 124
EMAS 190, 195
Energie 112, 205, 209
Entgegenkommen 24, 25, 114, 124
Erfolg 14, 36, 216
Ergebnis 58
 - Kriterien 62
 - Qualität 22, 23
Ertrag 17
Esprix 54, 64, 134
Ethik 184, 204

Fachkompetenz 25, 124
Freundlichkeit 25, 114, 124
Führung 20, 43, 58, 81, 110, 125, 184, 223

Gap-Modell 29
Gäste 71
 - Bedürfnisse 13
 - Befragung 118
 - Erwartung 21, 27, 71, 99, 113
 - Orientierung 43, 71, 74
 - Treue 14
 - Zufriedenheit 14, 18, 101, 110, 124, 217
Gastlichkeit 13
Gewinn 15, 18
Green Globe 195
Gütesiegel
 - Qualität 54, 92, 109, 129, 147, 152
 - Öko 201

Hardware 35
Hotelklassifikation 136, 138

Information 35, 186
Innovation 68, 218
Integration 48
ISO 21, 42, 54, 130, 134, 155, 168, 172, 175, 179, 190, 199

Kaizen 10, 54, 66
Komplementarität 34
Kongruität 28
Konkurrenzvorteile 14
Konkurrenzierung 12
Kooperation 12
Kosten 14, 15, 17, 18, 218
Kritische Ereignisse 33, 96
Kultur 35, 46, 216
Kunden (siehe Gäste)

Lebensqualität 11
Leistungsbündel 34
Leistungskompetenz 25m 27, 124

Malcolm Baldrige Award 63
Marketing 12, 187
- Öko 201
- Kosten 15
Marktanteil 15, 18
Materielles Umfeld 24, 25, 124
Messung 32, 91, 122
Mitarbeiter 59, 60, 188
- Befragung 117
- Motivation 13, 217
- Orientierung 43, 75, 82, 113, 117
- Zufriedenheit 60, 110, 124
Mystery-Person 32, 91, 120

Nicht-Qualität 17, 222
Null-Fehler-Programme 20

Ökologie
- Audit 190, 195
- Management 183, 190, 197, 200
- Marketing 187, 201
- System 189, 200
Organisation 49, 85, 146, 186

Partnerschaften 59, 101, 112
Potentialqualität 22, 23
Preis 14, 18, 202
Produktion 12, 188
Produktivität 18
Prozess 44, 55, 59, 166, 182
- Orientierung 44
- Qualität 22, 23

Q for you 133, 147
Qualität
- Anspruch 41
- Audit 222
- Begriff 20, 21, 40
- Coach 87, 93, 220
- Credo 89, 148, 220
- Entwicklung 41, 44, 92
- Kontrolle 20, 46, 49, 188
- Kosten 17
- Lenkung 53, 55
- Management 17, 39, 43, 92
- Messung 32, 33, 56
- Niveau 16
- Profil 99
- Prüfung 53
- Reife 219
- Service (siehe Servicequalität)
- Sicherung 42, 44, 53, 92
- Standard 74, 75
- Team 87
- Trainer 110, 128
- Virus 90
- Zirkel 87, 106, 220
Qualität Plus 152
Quality House 123
Quality Award 63
2Q-Programm 54, 64, 134, 159

Rationalisierung 12
Reklamation 76, 101, 114
Residenzprinzip 34
Ressourcen 59

Stichwortverzeichnis

Service
 - Kette 36, 73, 94, 97
 - Qualität 22, 25, 92
Servqual 23, 26, 28, 33, 125
Software 35
Steuerung 45, 53
Synchronität 34
System 47, 48, 49, 189

Tangibles 24, 26
Total Quality Control 20
TQM 20, 41, 42, 54, 215, 218
Touch Quality 23
Transport-Energie-Bilanz 205, 209

Umwelt
 - Management (siehe Öko-Management)
 - Schutz 186
 - Qualität 35, 43, 188, 192, 217
 - Verantwortung 217
Unternehmenspolitik 49, 56, 58, 180, 187, 220, 223

Valais Excellence 130, 133
Verbesserungswesen 54, 84
Verkauf 12

Wasser 210
Wettbewerbvorteil 17
Wertschöpfung 17

Zertifizierung 57, 129, 143, 190
Zuverlässigkeit 24, 25, 27, 124

Bitte beachten Sie auch die folgenden Seiten!

Hauptsache Alpen

CIPRA
(Internationale Alpenschutz-Kommission, Hrsg.)

1. Alpenreport
Daten – Fakten – Probleme – Lösungsansätze

472 Seiten, 88 Abbildungen und zahlreiche Karten
und Grafiken, broschiert
€ 24.90 / CHF 38.–
ISBN 3-258-05672-2

2. Alpenreport
Daten – Fakten – Probleme – Lösungsansätze

434 Seiten, zahlreiche Abbildungen, broschiert
€ 24.90 / CHF 38.–
ISBN 3-258-06371-0

Ein unerschöpfliches Nachschlagewerk für alle, die in den Alpen leben und arbeiten, planen und Politik machen. Zugleich auch ein spannender Reiseführer für alle, die nicht nur durchreisen, sondern auch durchblicken wollen.

«Wer sich intensiv mit dem Thema ‹Alpen› beschäftigen will, kommt nicht am ‹Alpenreport› der Internationalen Alpenschutzkommission (Cipra) vorbei. Hier gibt es den umfassendstens Überblick, basierend auf den aktuellsten Daten.»
Die Rheinpfalz

«Beide Bände des Alpenreports präsentieren den ‹Mythos Alpen› nicht in nostalgischer oder romantischer Form. Vielmehr werden die verschiedensten Themenbereiche auf wissenschaftlich fundierter Basis in kurzen und leicht verständlichen Artikeln dargestellt. (...) Eine lohnende Anschaffung für alle, denen unser Land am Herzen liegt und die gerne weiterdenken.»
Kirche, Innsbruck

«Eine allgemeinverständlich geschriebene, trotz der Absicht der Herausgeber im Hinblick auf geplante weitere Folgen bewusst thematische Schwerpunkte setzen zu wollen, ziemlich umfassende Schilderung der Alpen, ihrer Probleme und ihrer Chancen aus multidisziplinärer Sicht, wie ich sie aus keiner einzigen anderen Publikation in ähnlicher Form kenne, übrigens auch nicht für irgendeine andere Grosslandschaft.»
Kieler Notizen

: Haupt   **Haupt Verlag** Bern · Stuttgart · Wien
verlag@haupt.ch · www.haupt.ch

Hauptsache Alpen

François Jeanneret
Doris Wastl-Walter
Urs Wiesmann
Markus Schwyn (Hrsg.)

Welt der Alpen – Gebirge der Welt

Ressourcen, Akteure, Perspektiven

280 Seiten, zahlreiche farbige Abbildungen, gebunden
€ 38.–/CHF 58.–
ISBN 3-258-06624-8

Eine internationale Gruppe von Expertinnen und Experten beleuchtet die Alpen im Kontext anderer Weltgebirge. Es geht um die aktuellen Dynamiken und um Langzeitsignale, um Risikomanagement und Nachhaltigkeit, aber auch um Mythen und Lebensalltag sowie um Autonomie und Fremdbestimmung im globalen geopolitischen Zusammenhang. Jeweils zwei Beiträge pro Themenbereich stellen die Situation in den Alpen dar, zwei weitere beschreiben die Lage entweder in den Anden, im Karakorum und im Kaukasus oder im Himalaja, in Ostafrika oder Neuseeland.

⁞ Haupt   **Haupt Verlag** Bern·Stuttgart·Wien
verlag@haupt.ch·www.haupt.ch

Hauptsache Management & Marken

Günther Haedrich
Torsten Tomczak,
Philomela Kaetzke
Strategische Markenführung
Planung und Realisierung von
Marketingstrategien

(UTB. Bd. 1544)
3., vollständig überarbeitete, erweiterte
und aktualisierte Auflage 2003.
285 Seiten, 84 Abbildungen, kartoniert
€ 19.90/CHF 34.90
ISBN 3-8252-1544-X

Strategische Markenführung, verstanden als Aufbau und kontinuierliche Pflege von «starken» Marken mit hoher Aktualität und prägnantem Image, ist heute ein zentrales Anliegen sowohl im Konsum- oder Investitionsgüter- als auch im Dienstleistungsbereich.
«Identitätsorientierte» Markenführung bedeutet in diesem Zusammenhang, Positionierung und Markenstrategie mit den inneren Werten bzw. strategischen Erfolgspotenzialen der Marke abzustimmen und Marken so im Markt zu führen, dass «Selbstbild» (Markenidentität) und «Fremdbild» der Marke (Markenimage) möglichst gut miteinander harmonieren. Nur auf diese Weise ist der Erfolg der Marke auf lange Sicht gewährleistet.
Die Autoren stellen die wichtigen Aufgaben des Aufbaus einer Markenidentität und der Positionierung der Marke im Einzelnen dar – die ausgewählten Themen sind dazu geeignet, den Leser mit den wichtigsten Aspekten der strategischen Markenführung vertraut zu machen.
Das Buch ist in kompakter Form geschrieben und richtet sich sowohl an Studierende der Betriebswirtschaftslehre, insbesondere mit den Schwerpunkten Marketing und Management, als auch an Praktiker, die sich mit Problemen der strategischen Markenführung auseinander zu setzen haben.

⋮ Haupt   **Haupt Verlag** Bern · Stuttgart · Wien
verlag@haupt.ch · www.haupt.ch

Hauptsache Tourismus & Management

Thomas Bieger
Tourismus – Ein Grundriss

(UTB 2536)
ca. 340 Seiten, ca. 130 Grafiken und Tabellen
€ 19.90 / CHF 34.90
ISBN 3-8252-2536-4
Erscheint im Frühjahr 2004

Umfassender, wissenschaftlich fundierter Überblick über das ganze Gebiet des Tourismus. Ausgehend von einer wirtschaftswissenschaftlichen Sichtweise, wird eine interdisziplinäre Perspektive eröffnet. Tourismus wird bei Bieger ebenso als Wirtschaftsbereich wie als gesellschaftliches Phänomen und unter ökologischem Blickwinkel betrachtet.
Das Buch beruht auf modernen systemtheoretischen Ansätzen. Folgende Subsysteme werden dabei gesondert behandelt: Nachfrage, Destination, Reisemittlung und Verkehr. Das Buch weist so eine leicht nachvollziehbare didaktische Struktur auf. Klare Begriffsdefinitionen, eingängige Darstellungen und durchgehende Bezüge zum systemischen Grundmodell erleichtern das Verständnis. Handlungsorientiert werden Planungs- und Entscheidungsansätze aufgearbeitet, jeder Teil ist anhand eines Fallbeispiels illustriert.
Das Buch richtet sich an Studierende auf allen Stufen (Fachschulen, Fachhochschulen, Universitäten), die sich in das Phänomen Tourismus einarbeiten wollen. Für Praktiker und Praktikerinnen bietet es Orientierungswissen und systematisiert wichtige Begriffe.

⋮ Haupt **Haupt Verlag** Bern · Stuttgart · Wien
verlag@haupt.ch · www.haupt.ch